Versión en español ÓSCAR HIJUELOS

everest

Agradecimientos

Gracias sinceras a mi editor Caitlyn Dlouhy y a Jennifer Lyons, Karen Levinson y John Giachetti.

Dirección Editorial: Raquel López Varela
Coordinación Editorial: Ana María García Alonso
Maquetación: Susana Diez González
Diseño original: Polly Kanevsky
Diseño de cubierta: Michael McCartney
Fotografías de cubierta copyright © 2009 by Getty Images
Fotografía del autor cortesía de Óscar Hijuelos

Título original: *Dark Dude*
Traducción: Alberto Jiménez Rioja

Copyright © 2008 by Óscar Hijuelos
Spanish language copyright © 2009 by EDITORIAL EVEREST, S. A.
Carretera León-La Coruña, km 5 – LEÓN
ISBN: 978-84-441-4316-3
Depósito legal: LE. 1610-2009
Printed in Spain - Impreso en España
EDITORIAL EVERGRÁFICAS, S. L.
Carretera León–La Coruña, km 5
LEÓN (España)
Atención al cliente: 902 123 400
www.everest.es

Para Lori Carlson.

primera parte **SENTADOS EN LA ESCALERA**

DARK DUDE *n. y adj. 1. Denominación peyorativa que las personas de color aplican a los varones de piel clara; antífrasis de intención irónica (coloquialismo, Harlem, 1965-1970). 2. Alguien considerado sospechoso por su tez clara, especialmente en contextos delictivos. 3. Alguien carente de picardía o malicia. 4. Alguien de raza blanca que no está al día o pasado de moda. 5. Alguien que no se integra, particularmente en el contexto de la sociedad del gueto.*

DICCIONARIO HIPOTÉTICO DE
SLANG NORTEAMERICANO

uno

Mira, incluso si la gente dice que la vida puede ser una mierda, no tienes ni idea hasta que no has limpiado un retrete exterior. Era la cuarta vez en los últimos doce meses que me tocó la faenita, y estaba más que harto, harto como para ponerme a llorar a gritos. Pero lo estaba haciendo por Gilberto, mi viejo socio del barrio, y no solo porque me hubiera arreado un buen golpe si no lo hubiera hecho, sino como forma de agradecerle que me hubiera permitido quedarme en su granja durante tanto tiempo. Sí, exacto, una granja.

Así que deja que te cuente cómo este chico de Nueva York dobló una esquina y terminó a casi dos mil kilómetros de casa, en Wisconsin.

En primer lugar, tienes que estar oyendo música en este momento: nada de cursiladas con violines y trompetas, sino tal vez algo que te flipe de la *Motown*, ya sabes, algo muchísimo mejor que el *country* insignificante o las polcas pesadas que te vuelves loco intentando evitar en las radios de por aquí. Entonces tienes que imaginarte que el tiempo retrocede, que todo camina como los cangrejos, hasta llegar a unos pocos años atrás; tampoco es que tengas que volver a la época de los dinosaurios ni a la de los caballeros medievales, esos que se dedicaban a cargarse dragones.

Ahora imagíname en la entrada de mi edificio, en una calurosa tarde del verano neoyorquino, con dos cómics, uno de *Spiderman* y otro de los *Cuatro Fantásticos*, enrollados en uno de mis bolsillos traseros y pidiendo a gritos que los leyera. Unos cuantos chicos juegan al béisbol en la calle, unos metros más abajo, pero yo no puedo moverme de aquí porque se supone que voy a acompañar a mamá al supermercado A&P, aunque está tardando muchísimo en volver de dondequiera que haya ido.

Esta tarde voy de monaguillo buenecito a pesar de los cómics que acabo de "tomar prestados" de la papelería; llevo una expresión pía en mi jeta, la que siempre pongo cuando lo que me gustaría de verdad es estar organizando alguna buena, como tirar globos llenos de agua o vaciar cubos de basura sobre transeúntes despistados desde la azotea, cosas que, en realidad, nunca tengo las narices de hacer.

Así que no hacía más que estar sentadito allí, cuando vi subir por la cuesta, desde la Avenida Amsterdam y balanceando sus 180 centímetros con el paso vacilón de costumbre, a mi socio Gilberto Flores, exhibiendo la mayor sonrisa de felicidad que he visto en mi vida.

No hay nadie con el mismo aspecto que Gilberto: lleva un gigantesco peinado afro, tiene una cicatriz que le baja por un lado de la cara, grandes orejas y sonríe todo el tiempo.

Siempre me alegraba de verlo.

—Vaya, Gilberto, ¿a qué viene estar tan contento? —le pregunté.

Se contenía a duras penas.

—Rico, socio —me contestó, con un palillo entre los labios mientras se acariciaba la perilla de igual modo que lo hacía siempre que veía una jeva con buen trasero—, ¡estoy forrado!

—¿Qué quieres decir con "forrado"? —pregunté, habituado como estaba a que me colara todo tipo de mentiras.

Se acercó hasta donde yo estaba, plantó una de sus deportivas del número 44 en el escalón más alto y preguntó:

—¿Recuerdas aquel billete de lotería que compré hace unas semanas en la tienda de Jack?

—Claro, estaba contigo —respondí asintiendo.

—Pues, mira —comenzó acercando aún más a mí su desmedrado armazón—, me ha tocado el premio gordo. ¡Te estoy contando justito lo que ha pasado!

—¿Me tomas el pelo? —dije dando un salto—. ¿Quieres decir un millón o así?

—No, chico. No coincidían todos los números —dijo meneando la cabeza—. ¡Pero sí los suficientes como para pillar un montón de pasta! —añadió chocando sus cinco con los míos.

—¿Como cuánto es un montón? —seguí preguntando.

Primero miró a la calle y luego, sin decir nada, sacó una libretilla de un bolsillo trasero y escribió una cifra.

—¿De verdad? —exclamé dándome una palmada en la cabeza—. ¡Coño, Gilberto! ¿No me tomas el pelo? ¿Me estás diciendo que has ganado 75 000 dólares?

—¡Oye, no tan alto! —dijo—. Y nada de irse de la lengua, ¿estamos?

—Pero, ¿de verdad de la buena? —pregunté de nuevo sintiendo que enrojecía.

—Puedes creértelo —me aseguró con una sonrisa de oreja a oreja—. Y, para que veas, tengo algo para ti, hermano.

Rebuscó en otro de sus bolsillos y terminó extrayendo unos cuantos billetes, bien apretados, como si fueran drogas, que puso en mi mano.

—Ahí van doscientos dólares, pero no largues que te los he dado yo, ¿de acuerdo?

¡Doscientos dólares! Ni siquiera los miré; me limité a guardármelos en el bolsillo.

—Pero, ¿por qué me los das? —pregunté.

—¡Porque estabas conmigo cuando compré el billete! ¿Recuerdas cómo te lo froté en la cabeza? ¡Funcionó, socio! ¡Me diste suerte!

—¿Sí? —le pregunté, sintiéndome muy orgulloso de mi cabeza.

—¡No me cabe duda!

Dicho esto, me agarró del cuello y empezó a frotarme la cabeza como si quisiera revivir el momento. Yo odiaba el penoso pelado casi al cero que mamá me obligaba a llevar cada verano, pero, mira, ¿no había terminado convirtiéndose en su amuleto de la suerte?

Me hizo girar unas cuantas veces y luego dijo:

—Vete a comprarle a tu madre un vestido nuevo o cualquier otra cosa que se te ocurra, y cómprate de paso unos cuantos cómics de esos de ciencia ficción que te flipan tanto, ¿de acuerdo?

—Joé… nadie me había dado nunca tanta pasta junta —dije.

Sentía ganas de dar saltos arriba y abajo.

—¡Gracias por la lana!

—Bah, no es nada —dijo dándome un golpe en el hombro—. Eres mi socio, mi hermano pequeño, eso es todo.

Pues era bastante cierto. Con dieciocho años, y llevándome tres, Gilberto era el hermano mayor que yo nunca había tenido. Quiero decir, siempre estaba enseñándome cosas como, por ejemplo, la forma de volar una cometa desde una azotea sin precipitarme al suelo o cómo domesticar palomas con un palito y un pañuelo rojo, o a tallar coches de juguete en madera de balsa, o a silbar realmente fuerte, o a entrar por el morro en el cine de la Calle 110 los sábados por la tarde, o cómo las jevas confían en los tipos que llevan mocasines, o cómo averiguar si alguna gasta tetas de pega ("las falsas se quedan así, como arrugadas").

Gilberto intentó incluso enseñarme a patinar sobre hielo (más o menos) en una ocasión: me llevó al Wollman Rink de Central Park donde él, que patinaba de primera, solía quedar con sus novietas del East Side. No importaba que me cayera una y otra vez: allí estaba él diciéndome siempre "inténtalo otra vez, Rico, ya verás como a la próxima te sale clavado".

Quiero decir que, de no ser por Gilberto, probablemente yo nunca hubiera salido del barrio y, además, siempre le estaba diciendo a mamá que me cubriría las espaldas, que me cuidaría. Tenía unos ojos tan cálidos y

14

tan sinceros que en ocasiones mi madre no estasba tan encima de mí si estaba con él. Supongo, por tanto, que éramos como hermanos, aunque no lo pareciéramos: Gilberto era un puertorriqueño de piel oscura y yo el *cubano*[1] más pálido que jamás pisara el planeta. No bromeo.

En realidad, Gilberto era uno de los pocos en la vecindad que no se metía conmigo por parecer un blanquito. A veces hasta se plantaba desafiante ante los tipos que me llamaban blanco HP[2], e incluso peleó con más de uno por mi causa.

Ahora nos limitamos a estar en la entrada de mi edificio, tratando de soportar el inmenso calor, un calor tan sofocante como cuando las palomas tienen ese aspecto mareado mientras picotean la acera y como cuando las alcantarillas huelen al mismísimo infierno.

—Chico, tengo que marcharme —dijo levantándose—. Tengo una cita.

Hizo eso que se hace con las manos, dibujando en el aire los contornos de una buena jeva.

—Luego te veo, Rico, ¿ok?

—Claro. Pásalo bien, hermano —contesté—. Y gracias por la plata, Gilberto —añadí, sintiéndome repentinamente ricachón. Cuando se fue silbando alegremente hacia la avenida, no sentí envidia de su superpremio,

---

1. Las palabras y expresiones en cursiva están escritas en español en la versión original.
2. HP: en el original *MF*, *motherfucker*.

como me habría sucedido con otro. Era sencillamente una de esas cosas, algo que no le hubiera podido pasar a alguien mejor que él.

Durante un rato estuve mirando el juego de pelota y a los chicos que lo jugaban con palos y guantes Spalding baratos, jurando como carreteros y fumando porros entre las carreras. Nada ni nadie les importaba un pimiento, como si no tuvieran respeto por cosa alguna. Quiero decir, por ejemplo, que estaba Popo, ese chico puertorriqueño delgaducho, que saltaba sobre el capó de un coche para atrapar las bolas altas dejando huellas y rozaduras con sus deportivas ¡y le daba exactamente lo mismo! Se podía decir quién de ellos era yonqui, como ese al que llamaban Bumpy. Le llevaba un montón de tiempo prepararse en la base (que era una tapa de alcantarilla). Con un cigarrillo sin encender colgando entre los labios se movía despacio de verdad, como un submarinista bajo el agua o uno de esos astronautas que caminan por la Luna.

Pero esperar a mamá empezaba a resultar pesado y, como ya he dicho, hacía mucho calor, tanto que sentí la tentación de ponerme a dar saltos delante de la boca de riego del otro lado la colina –mi casa quedaba justo al final de la calle– con todos esos niños que corrían entrando y saliendo del chorro de agua para refrescarse. Y déjame que te diga, el agua resultaba invitadora a más no poder. Pero supongo que pensé que empezaba a ser demasiado mayor para ese tipo de cosas, aunque me apetecieran muchísimo, así que me limité a entrar en el portal y a subir las escaleras, pensando que mamá volvería más pronto o más tarde.

dos

Siempre me sentía bien después de ver a Gilberto, pero en cuanto llegué a nuestro apartamento en el cuarto piso –sin ascensor– mi estado de ánimo cambió. Excepto por la sala de estar, que daba a la calle, era sombrío, a causa de que mamá apagaba las luces continuamente para ahorrar en la cuenta de la compañía eléctrica, y eso siempre me daba miedo. Lo primero que veía al encender la luz del vestíbulo eran las imágenes enmarcadas de Jesucristo llevando en la mano su corazón resplandeciente, luego las viejas fotografías familiares de Cuba, donde yo jamás había estado –para mí era simplemente la isla en forma de cocodrilo que mostraban los mapas al sur de Florida–, y por último unas cuantas fotos de menda posando con mi familia.

Mamá, cuya piel estaba entre la canela y *el café con leche*, era morena, igualita que Isabel, mi rechoncha hermana pequeña; papá tenía el pelo oscuro y ondulado y ojos castaños. Mis ojos, sin embargo, eran color avellana, tenía el pelo rubio, la piel blanca y pecas, ¡por Dios, pecas! Era el rarito, por así decir ¡y con gafas! Mis primos solían llamarme *blanquito*, "rosadito", y otras cosas.

Lo que quiero decir es que lo llevaba en la cara: mientras me dirigía a mi cuarto me parecía oír los comentarios que las visitas hacían al verme por primera vez.

—Vaya, qué chico tan blanco y guapo.

—¿Es tu hijo de verdad?

—¡*No me digas!* Pero, ¡es tan... tan... distinto a ti!

Y encima me dio por pensar en algo que mamá me había dicho una vez.

—*Mamá* —le pregunté—, ¿por qué soy tan diferente?

—¿*Qué?* —me respondió en español.

—¿Por qué soy tan blanco?

—¡*Es nada!* —contestó volviendo a su lengua materna—. *Tienes que tener orgullo de ser tan blanco* —terminó.

—¿Pero cómo así?

—¿Cómo?¿Y eso qué importa? Te facilitará la vida.

—Pero quiero saberlo.

Mi madre, entonces, empezó a hacer comedia.

—Mira hijo, ya que me lo preguntas, te encontré en el cubo de basura que queda justo delante de nuestro edificio.

—¿Qué?

—*Ríe, es un chiste* —dijo—. ¡Es una broma!

Por último, cuando se dio cuenta de que yo no lo consideraba tan divertido, me ofreció la auténtica explicación.

—Es muy sencillo —me dijo—. Uno de tus tatarabuelos era *irlandés*. Llevas su sangre, *¿me entiendes?*

Asentí con la cabeza; tenía sentido imaginar a un irlandés rubio que, cien años atrás, bajaba de un barco en algún lugar de Cuba y se casaba con alguien de mi familia. Pero, seguía preguntándome, ¿yo y nadie más?

Aquello me comía mucho el coco, incluso cuando no era mi intención.

Como cada vez que iba a la bodega de otro barrio y los morenos y los latinos me miraban de mala manera, como si no tuviera derecho a estar allí. O ir a unos grandes almacenes con mamá y descubrir, mientras inspeccionábamos las rebajas, que todo el mundo nos miraba preguntándose qué hacía esa señora cubana con el chico blanco, como si fuera la encargada de cuidarme, tal vez. Y no te digo nada de todas las veces que habré ido al parque de Harlem a jugar a la pelota:

siempre llevaba encima "un poco" de dinero, porque atraía tanto a los bribones morenos como a latinos: parecían ver, destellando en mi piel blanca, un letrero fluorescente que dijera "róbame".

Me sucedía tan a menudo que anhelaba disponer de una máscara, como las de los superhéroes, para que no me jorobaran.

Y había otros fantasmas con los que lidiar en nuestro recibidor. Cada vez que entraba en él pensaba en cómo papá, cuando llegaba a casa borracho, tardaba muchísimo en abrir la puerta con la llave, y cómo una vez se cayó encima de una estantería y lo tiró todo al suelo, los animales de cristal y las figuritas de porcelana barata que mamá coleccionaba y guardaba, por la razón que fuera, en el vestíbulo, y lo triste, pero triste triste, que ella se sintió.

Y luego lo enfadada, pero enfadada enfadada.

En cualquier caso, mi cuartucho estaba al final de aquel vestíbulo largo y estrecho, cerca del de mi hermana. Guardaba en él mis cosas favoritas: mis cómics, mi maltratada guitarra Stella, mi radio de transistores y montones de novelas del espacio y de terror de segunda mano.

Chico, qué calor hacía allí dentro. Saqué unas tenazas del cajón de mi mesa para abrir la ventana porque, como mi cuarto daba a una salida de incendios, mamá había hecho que el de mantenimiento agujereara el marco de la ventana para meter en él grandes clavos de doce centímetros y clausurarla, por si alguien pretendía entrar de nuevo a robarnos; el verano pasado lo habían hecho, y se habían llevado las pocas cosas de cierto valor que había en el apartamento. La cadena de oro y el crucifijo de mamá, un anillo de oro, un par de relojes de pulsera Timex de papá y, por el motivo que fuera, el barómetro con las figuras de Hansel y Gretel que uno de nuestros vecinos nos había regalado cuando mamá no pudo soportar más el antiguo barrio y nos vinimos a este.

A mamá le asustaban muchas cosas, pero que hubieran entrado en casa a robar fue el colmo y, de repente, le dio por cerrar todas y cada una de las ventanas cuando salíamos, incluso en verano, lo que me volvía loco. Aparte de que el apartamento se convertía en un horno, cada vez que quería abrir mi ventana tenía que extraer aquellos enormes clavos con las tenazas.

Cuando lo hice, me asomé a ver si veía a Jimmy, mi otro socio.

—¡Eh, Jimmy! ¿Estás por ahí? —grité.

Jimmy vivía en el sótano del edificio situado tras el mío y al que se llegaba cruzando un patio; su padre era el encargado de mantenimiento. Era un agujero lóbrego, en el que bien pudiera haber subsistido Drácula;

no entendía cómo Jimmy podía vivir junto a un cuarto de calderas y de ruidosos contadores eléctricos, pero lo hacía. En los últimos tiempos tenía un aspecto especialmente malo.

Supongo que todo aquello le iba comiendo terreno poco a poco: podría jurar que olía a sótano a cenizas, a cables eléctricos, a combustible de calefacción. No me gustaba nada ir allí, así que cuando quedábamos, Jimmy acostumbraba a venir a mi encuentro.

—Jimmy, ¿estás por ahí? —grité de nuevo.

Al principio no oí nada. Pensé que tal vez andaba en algún otro sitio del edificio, barriendo el piso, pero después de unos momentos lo vi salir por el pasillo del sótano. Medio irlandés y medio puertorriqueño, era un tipo flacucho vestido con una camiseta sin mangas y unos vaqueros; llevaba una mano haciendo visera sobre los ojos, como un explorador indio, y parpadeaba a través de los cristales de sus gafas por el cambio de luz. Del cuello le colgaba una cadena fina con un crucifijo, y sujetaba una escoba en la otra mano.

—¡Eh, Rico! ¿Qué pasa? —gritó.

—¿Tienes un momento? ¡Quiero contarte algo!

—Bueno, pero se supone que tengo que trabajar, para mi padre —dijo Jimmy como si se tratara de un martirio.

Mientras esperaba, saqué los billetes que Gilberto me había dado y los extendí sobre mi cama. ¡Doscientos dólares! Veinte billetes nuevecitos de diez dólares. Guardé cien en un calcetín debajo de mi cama para cuando vinieran mal dadas. Pensaba que podría darle cuarenta a papá que andaba bastante justo desde que tuvo que dejar uno de sus dos empleos cuando enfermó el año pasado, y tal vez unos cuantos dólares a mamá para que se comprara un vestido, y diez a Isabel para que pudiera darse un buen banquete con las barras de chocolate y caramelo que tanto le gustaban. Con todo ello, a mí me quedaría aún lo suficiente para comprar aquella vieja y estupenda guitarra Harmony que había fichado en el escaparate de la tienda de empeños de la Calle 125; me la podía llevar por quince dólares y era muchísimo mejor que mi Stella barata.

Pensé entonces que tal vez pudiera regalarle veinte a Jimmy, para que se comprara material artístico de primera, como auténtico papel de dibujo y buenas plumas de entintar en lugar de los bolígrafos y el papel amarillo malo que le servían para ilustrar nuestros cómics caseros. Yo los escribía y él los ilustraba. ¡Oye, es que el chico "dibujaba"! Cualquier cosa: desde mujeres del *Playboy* hasta escenas de nuestro barrio, y no le suponía ningún esfuerzo utilizar personajes como Betty y Verónica, de las historietas de *Archie*, para dibujarlas desnudas. Y cuando se trataba de copiar personajes como Spiderman o el Increíble Hulk, nadie podía comparársele. Sus dibujos llegaron a ganar incluso unos cuantos premios escolares, pero eso había sido antes de que tuviera que dejar los estudios para ayudar a su viejo en el edificio; acarreaba la basura y barría y fregaba pasillos, escaleras y vestíbulos. Cómo se las arreglaba Jimmy para aguantar a su padre quedaba fuera de mi comprensión.

Una vez fui testigo de cómo Jimmy le enseñaba a su padre una acuarela asombrosa que había hecho en Riverside Park. Su viejo, casi sin mirarla, le dijo: "¿Y esto cuánto vale? ¿Diez centavos?".

Y le tiró a su hijo una moneda de ese valor.

Otra vez Jimmy apareció con la cara como un mapa, cubierta de moratones, porque su viejo era la clase de tipo que te golpeaba simplemente porque pensaba que no le mirabas bien. Hay que ver qué "mala" suerte. Pero incluso aunque su padre le hacía sentir como si fuese mierda, cuando se trataba de dibujar nuestras historietas Jimmy aún cumplía, refugiándose en mi cuarto durante horas y trabajando sin parar. Uno de nuestros superhéroes se llamaba *El Gato*, y era un tipo que se transformaba en una criatura felina repleta de enormes músculos que podía ir donde quisiera –trepar por muros, descender por huecos de ascensor, desplazarse por los tejados y hasta volar– de esa guisa. Habíamos hecho un cómic de ocho páginas en el que El Gato se enamora de una mujer perro, y nos gustaba tanto cómo había quedado que imprimimos cuarenta ejemplares en el mimeógrafo de la escuela. De acuerdo que saliera azulado, borroso y con un olor a tinta muy parecido al de las hojas de los exámenes, pero nos sentíamos tan orgullosos de "Las aventuras de *El Gato*" que nos pusimos a vender los ejemplares en la entrada del metro de nuestra calle a veinticinco centavos cada uno.

Cuando vendimos exactamente doce, Jimmy se sintió muy fastidiado, como si todo aquel trabajo no hubiera merecido la pena.

—¿Y a quién le va a interesar, eh? —me preguntó Jimmy la última vez que le hablé de una nueva historieta.

—¡Pues a una de esas grandes editoriales de cómics, por ejemplo! —contesté—. Mira, Supermán fue cosa de dos chicos de nuestra edad, y fíjate dónde ha llegado, ¿no?

Me pasaba la vida recordándole a Jimmy que todo era parte del proceso de aprendizaje, que teníamos que empezar en alguna parte.

Él se limitaba a encogerse de hombros, como si le diera igual.

Así que, cada vez que yo tenía una nueva idea, no me quedaba más remedio que convencerle para que moviera el trasero y se pusiera a trabajar en ella.

Bien, llegó Jimmy, llamó a la puerta, le abrí y le hice pasar. Estaba sudando como un cerdo, tanto que sus gafas, pegadas con cinta adhesiva, se le deslizaban nariz abajo una y otra vez.

—¡Maldita sea, qué calor, Rico! —exclamó—. ¡Es que no me lo puedo creer!

Era tan brutal que ni siquiera las moscas se movían con la viveza de costumbre por el marco de la ventana, y las baldosas de linóleo que cubrían el suelo –que eran de las baratas–, se despegaban y se curvaban en las esquinas como si quisieran largarse a tomar viento.

—¿De qué se trata? —preguntó.

—Tengo algo para ti —le dije, señalando mi cuarto con un gesto.

Me moría de ganas de contarle lo de Gilberto, pero me lo reservé por el momento.

Se dejó caer en mi cama y yo le dije:

—¿Te acuerdas del material de dibujo que siempre decías que querías comprarte?

—Sí, ¿y qué?

—Pues que tengo el dinero.

—¿De verdad?

Le di dos billetes de diez dólares.

—¿De dónde has sacado esto?

—Me lo dio un pajarito —contesté conteniendo la risa.

—¿Qué dices de un pajarito?

—Oye, ¿pero qué importancia tiene?

Entonces miró los dos billetes de nuevo y preguntó:

—¿Y no tengo que devolvértelos?

—Qué va, son para ti. Y buen provecho te hagan, hermano —dije.

Antes de metérselos en el bolsillo los dobló hasta convertirlos en pequeños cuadrados; entonces encendió un cigarrillo. Llevaba fumando siete años, desde los diez.

—Pero, Jimmy —dije—, te doy esto para que puedas comprar ese papel especial y demás.

—Claro, papel Bristol y todo ese rollo —contestó asintiendo con la cabeza.

—Y en cuanto lo tengas —proseguí entusiasmado—, vamos a montar un auténtico cómic profesional para enseñárselo a las editoriales, ¿me oyes? —añadí, y chocamos los cinco—. ¡Somos un verdadero equipo!

Pero él no parecía muy emocionado.

—Oye, en serio. Podría ser nuestra oportunidad, ¿no te parece?

De acuerdo, no me esperaba que se pusiera a saltar arriba y abajo de alegría o que me fuera a comer el morro por el regalo que acababa de hacerle, pero ver que le traía tan sin cuidado empezó a pesarme.

—Claro, Rico —dijo exhalando algo parecido a un suspiro—. Lo que tú digas.

—Si quieres —respondí—, mañana te acompaño a comprar lo que necesites.

—Bah, no te preocupes —dijo, enjugando su sudorosa cabeza con la camiseta—. Hace demasiado calor. Cualquier otro rato, ¿ok?

Dicho esto, rebuscó en sus bolsillos hasta dar con un porro y se dispuso a encenderlo.

—Jimmy, ten cuidado —dije—. Mamá tiene nariz de sabueso. Y créeme, conoce muy bien el olor de la *yerba*.

—Bueno, pues vámonos a la azotea.

Aunque siempre me preocupaba que alguien, como el conserje, el señor Casey, nos pillara, a Jimmy le importaba un bledo. Le encantaban las vistas de Harlem con todas esas torres de agua y los tejados de las iglesias brillando al sol –especialmente si estaba fumado– como si fuesen de oro. Pero cuando nos dirigíamos a la salida, la puerta delantera se abrió y entró mi madre.

—Vaya, hola, *Chimi* —dijo amablemente—. ¿Cómo estás?

Conmigo, sin embargo, se mostró mucho menos agradable:

—*Ay, pero Rico, ¿por qué no me estabas esperando?* —dijo sacudiendo la cabeza—. ¿Por qué me hiciste subir las escaleras?

—Mamá —contesté—, estaba hablando un rato con Jimmy.

—Ah, hablando —dijo—, pero ahora nos vamos al A&P.

Así que Jimmy se largó y mientras mamá pasaba al baño quejándose de mí en voz baja, empecé a tener dudas no sobre lo de Jimmy, sino en gastarme el dinero en un vestido para ella.

tres

Jimmy nunca fue
a comprar el papel de dibujo ni las demás cosas,
pero yo no se lo eché en cara. Pasó un mes y, por
entonces, el barrio ya estaba al tanto de la suerte
de Gilberto. Si se suponía que su premio tenía que
mantenerse en secreto, no lo estuvo durante mucho
tiempo. La madre de Gilberto había empezado a pa-
vonearse de hijo en el salón de belleza donde la mía
trabajaba, jactándose de que le había dado dinero
suficiente para comprarse una casita en Puerto Rico
si quería.

Gilberto, por su parte, no pudo resistirse a comprar
toda clase de juguetes para los más pequeños de nuestra
calle, en especial saltadores de muelle, la última locura.
No había forma de caminar unos metros sin ver a todos
esos niños botando como locos en las aceras o en las
cunetas, o descendiendo por las escaleras de los sóta-

nos con las cabezas balanceándose arriba y abajo como balones de baloncesto.

Desde luego si podían permitirse formar parte de la locura de los saltadores de muelle era gracias a él, pero también era generoso con otras cosas, como invitar a helados a los niños cuando la camioneta aparecía con su soniquete, "clin clin din din". Llegó a regalar unos cuantos billetes de veinte a algunos de los vecinos más pobres, que recibían asistencia pública.

Daba la impresión de estar tan forrado que yo mismo esperaba que apareciese en algún momento con un Mustang nuevecito o con una Harley Davidson, pero nunca lo hizo.

Un día, que me tropecé con él en la calle, iba en su busca justamente para preguntarle qué pensaba hacer con todo aquel dinero.

—¡Mira, chico, la cosa más inteligente del mundo! —respondió echándome el brazo por el hombro mientras subíamos la colina hacia la entrada de mi casa—. ¡Sí, hermano, a finales de septiembre comenzaré en una pequeña universidad de un simpático pueblecito del Medio Oeste!

—¿Universidad? ¿Vas a ir a una universidad? ¿En el Medio Oeste? ¿El "Medio Oeste"? Me estás vacilando, ¿no?

—No, chico. Es un colegio de Wisconsin del Sur.

Casi me atraganté. ¿Wisconsin? Lo primero que me vino a la cabeza fue un trabajo de cuarto que había hecho para la Hermana Hilaria, "la hermana Hilarante", como solíamos llamar a la rechoncha monja dominica. Tuve que construir un modelo de cartulina de una granja de Wisconsin con silos, campos de maíz y, faltaría más, vacas Guernseys o Holsteins, siempre las confundo. De algún modo me resultaba imposible imaginarme a Gilberto en aquel entorno. No era capaz.

Me rasqué la nariz.

—Pero, ¿por qué demonios Wisconsin? ¿No es ese sitio donde no hay más que vacas por todas partes? —pregunté.

Gilberto sacudió la cabeza como si le estuviera haciendo una pregunta idiota.

—Ven, deja que te enseñe algo.

Echó mano a uno de los bolsillos traseros de sus pantalones y sacó de él un folleto impreso en papel satinado. Estaba arrugadísimo, como si lo hubiera doblado y vuelto a doblar un millón de veces. Nos acuclillamos en la entrada de mi edificio, desplegué el folleto en mi regazo y me encontré con que debajo de las palabras "Universidad Milton, ¡donde los sueños se hacen realidad!", se veía la más bonita de las imágenes: verdes prados, frondosos sauces llorones y grupos de chicos blancos saludables y bien vestidos que, sentados en el impecable césped que rodeaba a un estanque, leían libros y charlaban. Al fondo se asomaba uno de esos edificios de piedra tan agradables, parecidos a iglesias, con ventanas en arco. Por lo demás, todas las fotos mostraban fragmentos de risueño cielo azul, radiante a más no poder, repleto de rayos de sol, vaya, como si fuera el futuro luciendo esplendoroso sobre los estudiantes.

—¿Qué te parece, pues? —me preguntó Gilberto, mientras justo en ese momento una rata salía a toda carrera del sótano, nos dejaba atrás y se perdía en la calle.

—¡Qué dices! Es horrible, chico —contesté mirando los ojitos como cuentas de la rata, ahora al acecho bajo un coche aparcado. Gilberto me golpeó la rodilla.

—¡Eso no, idiota, la universidad!

—Sí, tiene buen aspecto —respondí mirando de nuevo el folleto—. Pero, ¿es eso lo que quieres? Me refiero a que parece de lo más aburrido.

Gilberto empezó a pasarse los dedos por el pelo, tal como era su costumbre cuando yo hacía algo que le irritaba.

—¿Aburrido? ¿Y cómo demonios lo sabes?

Tenía razón, pero no podía admitirlo. Supongo que la idea de que se marchara ya empezaba a fastidiarme.

—¿Y qué vas a estudiar allí, a ver? —le pregunté ojeando el folleto de nuevo—. ¿Cría de ganado?

Era uno de los "Cursos principales" consignados en el folleto, junto a "Estudios hortofrutícolas", "Técnicas agropecuarias" y "Otras interesantes áreas de estudio".

Gilberto se limitó a menear la cabeza.

—Mira, Rico, me importa un bledo lo que termine estudiando; vamos, ni eso siquiera. Se trata de empezar a vivir.

Entonces me tomó por los hombros.

—Déjame preguntarte algo —dijo con su mejor expresión de "más te vale pillarlo, chico"—. Si estuvieras en mi pellejo y tuvieras la posibilidad de alejarte de toda esta mierda, ¿no querrías hacerlo?

—Sí, supongo que sí —contesté, aunque no podía ni imaginarme viviendo en otro sitio.

—Quiero decir, ¿qué se supone que tengo que hacer? ¿Quedarme en este barrio para siempre?

Se levantó y se puso a andar arriba y abajo por la acera, comprobando las ruedas de un Oldsmobile estacionado, por si le servían de refugio a la rata.

—Todo lo que sé es que me he buscado una auténtica oportunidad. De hecho, cuando llamé a estos tipos de allí y les dije que uno de mis profesores me había puesto en la pista de su escuela, no pudieron mostrarse más agradables. En cuanto tenga el certificado de estudios medios puedo matricularme, incluso con tan poco margen. Y además —añadió, acariciándose la perilla—

me han ofrecido una media beca con el rollo de que los tipos como nosotros somos marginados y tal.

—Supongo que está bien —concedí.

—A lo que me refiero es que es un sitio normal, donde la gente hace cosas normales y donde no tienes que estar todo el día mirando por encima del hombro. Ni bandas, ni drogas, ni navajeros, ni trenes subterráneos apestosos, ¿entiendes?

Se había dejado llevar tanto que parecía un predicador.

—Así que, ¿quién que no esté cuerdo va a desperdiciar una oportunidad como esta? —prosiguió—. Es más bien oportunidad y media, una forma de que mi menda logre meter un poco de marcha "nueva" en sus venas.

Y por fin añadió, señalándome con su palillo:

—Solo quiero ver algo distinto a este barrio, y no me gustaría terminar en Vietnam para conseguirlo.

Yo me miraba los zapatos, pero sabía que Gilberto tenía razón. Intenté sonreír y no pude.

—¿A qué viene esa cara de vinagre? —preguntó Gilberto—. ¡Tendrías que alegrarte por mí!

—Ya lo hago, pero…

—Rico —dijo Gilberto rodeándome con su brazo y haciendo muecas como un hermano—. Si lo que te preocupa es que me marche y me olvide de mi socio *cubano*, quítatelo de la cabeza, ¿de acuerdo?

Pero yo no podía evitarlo. Sentía lástima de mí mismo y, al mismo tiempo, tenía claro que me estaba comportando como un perfecto comemierda y que no me quedaba otra que alegrarme, así que forcé una sonrisa como pude y le dije a Gilberto que lo de ir a aquella escuela de Wisconsin era, sin duda, una de las mejores cosas del mundo.

cuatro

Otra noche de calor insoportable, un sábado, aprovechando que su madre estaba fuera –de visita a su hermana de Albany–, Gilberto organizó su fiesta de despedida. Me pasé la tarde ayudándole con los fiambres, las papas fritas, los refrescos y las cervezas. Después, cuando ya estábamos en el apartamento de su madre, a Gilberto no se le ocurrió otra cosa que darme una clase de baile latino.

—¿Y eso? —le pregunté.

—Porque ya te va tocando. Tal vez no lo parezcas, pero eres cubano al cien por ciento, y un buen cubano tiene que saber menearse, ¿no?

No me quedó más remedio que asentir. Después de todo, se supone que los cubanos estamos entre los mejores bailarines del mundo.

—Además va a ser un fiestón de primera, ¿verdad, mano?

Asentí de nuevo, humildemente y todo eso. La verdad era que, por alguna razón, mis padres nunca se habían molestado en enseñarme a bailar y ¿qué podía hacer yo? Sobre todo teniendo en cuenta que iba a ser mi primer guateque fuera de casa.

Por consiguiente, me limité a esperar mientras Gilberto pasaba revista a la colección de discos de mambo y chachachá de su madre apilados sobre el mueble del fonógrafo, hasta que eligió uno de aspecto ajado.

Movió unos diales y en la radio resonó a todo volumen "¡Plis, plas, me bañaba no más, ba ba ba pa búm!". Pasó el equipo a fonógrafo, el disco bajó con un golpe sordo y la aguja empezó a recorrer los surcos: arañazos, unos calientes acordes de piano, más arañazos, el sollozo de unas trompetas y entonces los tambores, los bongós y un cencerro enloquecido. El ritmo iba "da da dat, da dat", a todo meter, y yo me sentía confuso como nunca.

—Venga, chico, te toca —dijo Gilberto levantándose.

Y allí estaba yo, de pie frente a Gilberto y sintiéndome tan recatado como el que más (traducción: con un ataque de timidez alucinante y comido por el miedo a parecer un comemierda). En cualquier caso, nos pusimos a ello.

—Lo primero que tienes que aprender son los movimientos latinos básicos —dijo—, como el giro de caderas. Luego haces así con los pies, el derecho hacia delante, como si te estuvieras inclinando ante alguien, atrás, luego el izquierdo, atrás, te recolocas con el pie derecho y giras sobre los talones pero a compás, uno, dos, tres, uno, dos, y meneando siempre las caderas. ¿Lo entiendes, Rico?

—Más o menos —respondí dócilmente.

—Por encima de todo, socio, tienes que imaginar que bailas con la mejor jeva del mundo. Quiero decir, tienes que mostrar tus *huevos*, ¿lo entiendes?

—Supongo —contesté, encogiéndome de hombros.

Tropecé muchas veces y confundía los pasos, como si llevara sacos de arena atados a las piernas. Lo que mejor se me daba, aunque sin mucha gracia, era el *rock and roll*, pero Gilberto me seguía sin cesar, repitiendo como un instructor del cuerpo de marines: "¡Uno, dos, tres, uno, dos!" y "¡Flexiona las rodillas, mueve esas caderas!" y "¡Menos mariconería!" y "¡No! ¡No es como bailar el maldito puré de papas!".

Estuvimos en estas durante una hora, y durante todo ese tiempo no dejé de preguntarme lo que la gente que pasaba por la calle y miraba hacia la ventana de Gilberto podía pensar ante el cuadro que hacían un chico blanco y con dos pies izquierdos, y otro moreno, intentando bailar el mambo.

Como era mi primer bochinche –si no se hubiera celebrado en casa de Gilberto mi madre nunca me hubiera dejado ir–, me pasé muchísimo rato acicalándome frente al espejo del cuarto de baño. El suficiente como para que mi hermana pequeña empezara a burlarse.

—¡Rico está enamorado! ¡Rico está enamorado! —decía Isabel una y otra vez convirtiendo "enamorado" en una palabra de unas doce sílabas.

Me cepillé los dientes tres veces, me mojé el pelo con el Vitalis de papá y me administré grandes cantidades de Old Spice, tanto que me dio un ataque de estornudos. Me puse una camisa nueva, unos pantalones imposible de arrugar y unos zapatos de ante negro, esperando que mi aspecto resultara de lo más chulo, pero cada vez que me miraba en aquel espejo deseaba tener un botón que pudiera apretar y que oscureciera mi piel varios tonos, convirtiera el color de mis ojos en castaño oscuro y volviera negro mi pelo, igual que ajustábamos el brillo y el contraste del televisor.

Llegué a la fiesta más o menos a las ocho, después de soportar el tercer grado de mi madre:

—No quiero que fumes cigarrillos, ¡ni ninguna otra cosa! —me advirtió—. ¡Y mantente alejado de los golfos! Y a las once de la noche, en casita. Si vuelves más tarde, atente a las consecuencias.

—Pero, *mamá*, si voy al otro lado de la calle.

—¡Me da igual! ¡Si no estás aquí a las once mando a tu padre a buscarte! *Me prometes, ¿verdad?*

—Ok, ok.

Pero en realidad no tuve que preocuparme por eso. Cuando llegó a casa después de un turno doble en el restaurante Havana-Seville, papá se echó a dormir en el sofá del cuarto de estar: el calor del día y las dos grandes cervezas heladas que se bebía nada más entrar por la puerta pudieron con él. Incluso cuando me alejé unos metros le oía roncar por encima del sonido de nuestro gangoso televisor en blanco y negro, que retransmitía algún estúpido concurso. Con suerte, dormiría la noche entera. En cualquier caso, cuando entré en el apartamento de Gilberto con Jimmy –que llevaba su típico ritmo lento– a mi lado, había tanta gente saltando y yendo de un lado a otro que te costaba moverte, por no decir nada sobre la dificultad de ver algo con claridad gracias a las bombillas de colores que habíamos puesto en todas las lámparas. La gente chorreaba sudor a pesar de que todas las ventanas estaban abiertas y de que Gilberto había instalado varios ventiladores que funcionaban a todo meter. De la sala llegaba una mezcla de *soul* y música latina y algunas de las jevas más guapas del barrio, junto a otras a las que nunca antes había visto, bailaban el *watusi*, o el *twist*, o el bugalú latino en un enloquecido revoltillo de cuerpos, donde todo el mundo llevaba el ritmo y todo el mundo se movía en todas direcciones. Un montón de chicos del barrio se distribuían en distintos grupitos, enrollándose entre ellos; contaban chistes, se chocaban los cinco y se lo pasaban bien. Tragaban el ponche especial de Gilberto con ron y ginebra como si fueran camellos ante el único manantial del desierto. Por todas partes se oía "a la mierda" y "joder con aquello". Si se acercaba alguna de las chicas, se ponían aún más burros, intentando llamar su atención (los que llevaban uniforme militar se llevaban la mejor parte). Resultaba caótico y estimulante al mismo tiempo, especialmente cuando este tipo, Chops, se desmayó debido a los tragos y al calor. Se desplomó contra una pared de la sala, haciendo caer unas cuantas fotos de familia; al principio todo el mundo se rió, y luego aplaudieron cuando se levantó del suelo sin ayuda.

Por fin llegó el momento en que solo se ponían discos de música latina; Gilberto me arrastró hasta llevarme ante una guapa *cubanita* llamada Alicia, que me examinó de arriba abajo recelosa. Estaba tan buena que lo único que pude hacer para sacarla a bailar fue animarme bebiendo el ponche atómico y matasiete de Gilberto, su mejunje misterioso. Me eché un trago, y otro más.

La verdad es que se podía mandar un cohete al planeta Krypton utilizando aquello de combustible. Casi instantáneamente me sentí tan suelto que me dio la impresión de que podía levitar por encima de la pista de baile. Durante unas cuantas canciones fui el mejor bailarín del mundo, incluso cuando ocasionalmente le daba pisotones a la pobre Alicia. Aunque intentaba mantenerme tranquilo, sencillamente no lo conseguía: me refiero a que, con todo aquel ponche dentro, se me pusieron piernas de elefante y ni siquiera lograba seguir el ritmo.

Alicia se perdió pronto entre la multitud.

En realidad no me importó; mi atención estaba casi toda en aquel ponche: daba unos sorbos y aparecía el fondo del vaso de plástico. Entonces, como por arte de magia, alguien me lo rellenaba. Y, chico, no me soltó aquel brebaje la lengua ni nada; le contaba a todo el mundo cómo Jimmy y yo íbamos a hacernos los amos del mundo del cómic un día u otro. Y lo de mi guitarra, lo de cómo mi vecino, el señor López, me había enseñado los primeros acordes cuando solo tenía siete años. Estuve jactándome de ser capaz de tocar cualquier cosa: canciones de los Beatles, de Dylan, de los Temptations, pero en realidad nadie me creyó.

Después de un rato perdí la noción del tiempo, y tampoco me daba cuenta de dónde estaba Jimmy: en un momento estaba junto a mí, siguiendo el ritmo de la música con el pie, y al siguiente lo veía junto a la ventana, fumándose un cigarrillo. Luego se ponía a bailar, meneando las caderas como un péndulo al ritmo de un *shimmy* latino mientras acunaba una botella de cerveza. Era un zombi en un momento dado y un ser eléctrico al siguiente.

Era algo parecido a lo de Clark Kent-Supermán. A mi lado de nuevo, sus motores no parecían ir demasiado finos. Se inclinaba ligeramente, como si la fuerza de la gravedad estuviera tirando de él. Y entonces, venteando la hierba que unos cuantos fumaban en la salida de incendios, desaparecía otra vez.

Cuando volví a verlo, Jimmy subía de nuevo por la escalera de incendios. Los tipos me ofrecieron una calada, pero yo ya llevaba encima lo mío con aquel ponche.

Gilberto decidió volverse hacia nosotros en aquel momento.

—Vaya, ¿cómo lo llevas, James? Aquí mi socio Rico me cuenta que estás haciendo historietas con él.

—Más o menos. Rico es el cerebrín, el que está detrás de todo.

—Chico, olvídate de eso del cerebrín —contestó Gilberto—. ¡Es el talento lo que cuenta! He visto algunas páginas ya terminadas ¡y son chévere de verdad!

—Bah, solo es copiar...

—¡Sé que yo no podría hacerlo! —dijo Gilberto—. Así que dale un poco más de crédito a tu talento, ¿ok?

Ahí fue cuando Gilberto entró en el modo hermano mayor, acercándome a él, casi aplastándome.

—Una cosita, Jimmy —dijo medio estrangulándome con su brazo—. Voy a largarme de aquí dentro de nada y tengo que pedirte algo, y va en serio: quiero que cuides aquí a mi hermano. Quiero decir que no me gustaría que se metiera en líos y, sobre todo, nada de hacer el comemierda con drogas, nada de caballo, ¿captas?

Jimmy asintió subiéndose las gafas, que se le escurrían nariz abajo.

Gilberto presionó el pecho de Jimmy con un dedo y añadió:

—En serio, socio, porque mientras esté fuera alguien tiene que cuidar de mi amigo.

—Claro —contestó Jimmy medio estremeciéndose.

—¡Muy bien! —dijo Gilberto.

Y le dio tal golpe en la espalda que las gafas se le cayeron al suelo.

Me quedé allí unas cuantas horas más. Bailé con jevas que parecían radiantes globos rosas de helio. Estuve oyendo "jojojos" toda la noche, porque los amigos de Gilberto se partían de risa viendo cómo Rico, el amigo de 15 años de Gilberto, se tambaleaba de un lado a otro.

La habitación empezó a girar sin parar.

Vomité dos veces.

Por último, cuando miré al reloj me di cuenta de que era incapaz de distinguir la hora: las manecillas daban vueltas como si fueran raros animalillos de dibujos animados, incluso aunque me pusiera bizco para distinguirlas. Jimmy se había ido ya, con diez dólares que le había prestado. Adónde, lo ignoro.

Entonces sucedió algo tremendo.

El timbre de Gilberto empezó a sonar. Nada de "ring ring", como alguien que llega tarde, sino con un timbrazo continuo, como alguien que lo aprieta sin levantar el dedo. Nadie reaccionaba. Entonces empezaron a golpear la puerta y se oyó una aguda voz femenina que gritaba una y otra vez, en español:

—*¡Abre la puerta!*

Como no tenía reloj de pulsera le pregunté la hora a un tal Eddie:

—La una y media de la mañana.

"¡Dios santo!", pensé.

Los golpes en la puerta eran cada vez más fuertes, hasta que por fin alguien abrió.

Pues nada, que allí apareció mi madre blandiendo una escoba, ¡y vaya si estaba alterada! Abriéndose paso entre la gente llegó hasta mí y lo primero que hizo fue darme una bofetada, y empezó a darme un discurso en español de a mil palabras por minuto. Entonces me agarró de la oreja derecha sin hacer ni caso a Gilberto, que había llegado corriendo para explicarle que todo era diversión inofensiva.

—¿De verdad? ¡Tendría que llamar a la policía! —contestó ella.

Dejé el apartamento de Gilberto oyendo más risas. En la calle mamá se ensañó a fondo conmigo, dándome de escobazos en la espalda y en el trasero, como si en lugar de estar divirtiéndome un rato, haciendo lo que la mayor parte de los chicos del barrio hacían, hubiera robado un banco o algo así. Mientras me daba con la escoba, yo me preguntaba a qué venía aquello. Al oírla gritarme en español, deseé construir un cohete espacial con el que largarme a la Luna o arrastrarme hasta los cubos de basura de la acera para esconderme en ellos o, sin duda, claro que sí, limitarme a desaparecer en otro espacio o tiempo, como Flash o un Linterna Verde.

Unos días después, estaba ayudando a Gilberto a bajar sus maletas. Un tipo, que hacía negocito con su coche llevando a gente de acá para allá, esperaba para conducirlo al aeropuerto; vi cómo besaba a su madre despidiéndose. Era de lo más raro, porque ella lloraba y lloraba como si su hijo se fuera a la guerra.

Aunque yo también tenía ganas de llorar un poco.

Nos dijimos adiós, o hasta luego, o cualquier cosa que los chicos se dicen cuando se van a la universidad. Quiero decir que era algo muy gordo. El *Amsterdam News* había mandado un fotógrafo para retratar a Gilberto marchándose (el periódico del día siguiente publicaría una foto de Gilberto diciendo adiós con la mano desde la ventanilla del taxi ful con un pie en el que podía leerse "El afortunado ganador de la lotería local parte hacia la universidad").

Un montón de amigos vino a desearle que todo le fuera bien, y a un lado y a otro de la calle podía verse gente en las ventanas, diciendo adiós con la mano.

Era tan alucinante y tan triste al mismo tiempo...

—Oye, ¿estás bien, no? —me preguntó Gilberto justo cuando se disponía a marcharse.

—Sí, es solo que...

—¿Qué?

—No te olvides de mí —contesté en voz baja.

Gilberto levantó las cejas y sonrió.

—¿Olvidarme de ti? Ni lo pienses, chico. Te llevo aquí —dijo golpeándose el pecho.

Entonces me dio un gran abrazo.

—Cuídate, y no te metas en líos, ¿de acuerdo? —dijo mirándome a los ojos—. Como si me entere de que te tuerces, me planto aquí en un pispás y te pateo el trasero hasta que te salgan callos.

Sonreí, porque sabía que era muy capaz.

Y entonces, sin más, abrazó de nuevo a su madre, se metió en el taxi y partió en dirección al Bronx y después hacia el aeropuerto JFK, a subirse a un avión que lo llevaría a esa tierra mágica de leche, mantequilla y maíz llamada Wisconsin.

cinco

Loco. Asqueroso. Atestao. Una chorrada.
Estas palabras correspondían a mi nuevo colegio de la Avenida Columbus, el *Jo Mama*, como los estudiantes lo apodaban.

Empecé aquí en septiembre; había dejado de asistir al colegio católico del Bronx para ahorrarle a papá los gastos correspondientes.

Imagínate una enorme cazuela color mostaza repleta con unas cinco mil frijoles pintos y negros, con unas pocos blancos diseminados aquí y allá. La mayor parte se ocupa de sus cosas, pero unos cuantos van a dar caza y a hostigar a los frijoles blancos. Imagínate que algunos de estos frijoles andan tan arriba que se salen de la cazuela o adquieren raros colores de putrefacción, mientras que alguno de los otros les piden dinero a los blancos cada vez que tienen oportunidad. Imagínate uno de esos frijoles blancos mirando por encima del borde y pensando que ojalá pudiera salirse de aquella cazuela como un frijol saltarín comprado en una tienda de artículos de broma.

Pues bien, aquel frijol blanco era yo.

Una noche, aproximadamente dos meses después de la marcha de Gilberto, estaba en nuestra cocina ante un plato de *frijoles negros*, cuando aquel pensamiento de los frijoles se me coló en la cabeza.

—Rico —preguntó mamá—, *¿qué te pasa?*

—Solo pensaba, mami.

—Sí, siempre pensando —respondió ella—. ¡Pues mira, en lo que tendrías que pensar es en lo mucho que papá trabaja para poner comida en la mesa y terminarte eso!

—Ya lo sé, *mamá* —contesté.

—¡Fíjate en tu hermana, que no deja ni las migas!

Nunca lo hacía. Mi hermana pequeña, la *gordita*, se aplicaba en aquel momento a una pata de pollo.

—La mentalidad correcta, ¿no, Rolando? —dijo mamá dirigiéndose a papá—. Agradece lo que conseguimos con el sudor de nuestras frentes, no como *el príncipe*, aquí, que siempre lo ha tenido fácil.

—Lo que tú digas, *mi amorcito* —dijo papá tomando un sorbo de cerveza.

Era una de las respuestas más habituales de mi padre para cualquier cosa que mi madre dijera. Solía guiñarme un ojo y entonces meneaba levemente la cabeza, como diciendo "no la provoques".

Y, sin embargo, yo siempre lo hacía. Cada maldita noche.

—Pero, *mamá*, ¿cómo puedes decir eso si por las mañanas trabajo, y un día a la semana también por las tardes, y te doy la mitad de lo que gano todas las semanas?

—*¿Qué?* —dijo ella, como si no pudiese entender mi inglés, que era lo que hacía cuando yo decía algo que no quería oír.

Intenté repetir lo que había dicho en español, pero dominaba esta lengua la mitad que el inglés.

—¿Qué ha dicho? —le preguntó a mi padre. Supe lo que pensaba por su expresión: "Otra vez lo mismo. Mi propio hijo, nacido de cubanos y criado por ellos, no quiere hablar español, como si fuese superior".

Papá suspiró.

—Solo trata de ayudarnos lo mejor que puede —le explicó.

—Bueno, es lo menos que puede hacer —dijo ella en español—, después de la carga que ha traído a esta familia.

Oh, sí, "la carga". Siempre terminaba volviendo a "la carga". Prácticamente todos los días. Como si de algún modo hubiéramos sido ricos si no me hubiera puesto enfermo cuando era pequeño. Mis recuerdos de todo aquello son muy vagos porque solo tenía cinco años. Únicamente que mamá entró en el baño un día y encontró sangre por todas partes; se precipitó entonces a mi cuarto y me encontró durmiendo en unas sábanas empapadas en sangre, que salía de mí a chorros. Alucinó, claro, y corrió a casa de unos vecinos –nosotros no teníamos teléfono– suplicándoles que llamaran a un médico. Terminó siendo algo que estaba verdaderamente mal en mi interior, así que de repente me vi entrando y saliendo de distintos hospitales durante dos años. ¡Sí, eso es, dos años!

Por fin me puse bueno, pero hubo un montón de cosas que se fastidiaron entonces.

1. (o *número uno*) Me sentí tan solo y asustado como nunca en la vida.

2. Echaba de menos a mi familia, pero no les veía mucho porque uno de los hospitales estaba nada menos que en Massachusetts.

3. Mientras estuve allí nadie me hablaba en español y cuando volví a casa y lo oí nuevamente me sonaba muy raro. Por aquel entonces fue cuando mamá empezó a

poner caras raras porque no siempre podía entender qué demonios decía yo.

4. Papá le echaba a mamá la culpa de mi enfermedad y mamá me culpaba a mí por ser una nenita tan delicada. Ni siquiera me dejaba salir del apartamento cuando llovía, como si el que me mojara o algo fuera a hacer que toda aquella sangre empezara a salir otra vez de mí. Entonces fue cuando empecé a emitir todas esas vibraciones de pequeño Lord Fauntleroy (y cuando decidí perderme en la tierra de los cómics de ciencia ficción y empezó mi amistad con Jimmy y Gilberto).

Pero lo peor de todo fueron las cuentas. Las estancias en el hospital, las medicinas, los médicos (*los gastos*)... papá no conseguía cubrir los gastos ni siquiera con sus dos trabajos. Su rostro cobró una expresión de preocupación permanente y mamá, sin importarle lo mucho que yo intentara ayudar, seguía comportándose como si mi enfermedad fuera algo que yo les hubiera traído a propósito.

Sí, "la carga".

Me limité a mirar debajo de la mesa. Entonces, vi una cucaracha que cruzaba el linóleo, dirigiéndose sin duda a algún festival de cucarachas que tenía lugar detrás del rodapié.

Cuando no le contesté, mamá me preguntó:

—¿No has oído lo que te he dicho?

Asentí con la cabeza.

—Entonces, ¿por qué no muestras respeto y me contestas?

—No me preguntaste nada, *mamá*. ¿Qué quieres de mí?

—¿De ti? Nada.

Y se quedó mirándome como si todo fuera culpa mía.

Supongo que verdaderamente odiaba vivir donde vivíamos. Cuando conoció a mi padre, en Cuba, años atrás, era un tipo guapetón, un líder; la cortejaba, y lo último que ella podía esperar era terminar en un agujero como nuestro apartamento. En una ocasión me contó que se había criado en una finca en el campo en Cuba, con altas palmeras y bellas flores creciendo por todas partes. Me refiero a que, sin ser rica, ella era feliz. Fue entonces cuando apareció papá con todas aquellas ideas de mudarse al norte, a Nueva York, donde se suponía que incluso un tipo como él, de una zona remota y sin mucha formación, podía encontrar una vida mejor (a propósito, hablo de los años anteriores a la revolución). Así que, sin saber mucho inglés, se instalaron en Nueva York, donde yo nací, y papá aceptó todos los trabajos que pudo encontrar. Un día se hizo camarero y nos trasladamos a este edificio tan cutre donde vivimos. Nunca ganó mucho dinero y las cosas ya eran lo bastante duras para todos para que encima hubiera enfermedades. De algún modo yo me había convertido en parte de la magia negra que le había arrancado sus antiguos sueños a mamá.

Supongo que, en su cabeza, relacionaba unas cosas con otras: el que papá hubiera tenido que desempeñar un trabajo extra durante tantos años para pagar nuestras deudas explicaba el ataque al corazón que casi había acabado con él el invierno pasado.

Pero, fuera como fuera, siempre me daba la lata, incluso antes de que papá cayera enfermo, y no puedo imaginarme el porqué. A veces se limitaba a mirarme de hito en hito, como si envidiara mi piel blanca. Me hacía sentir rarísimo verla contemplarme con aquella expresión de perplejidad en el rostro, como si yo fuera un chico blanco rico viviendo a costa de los pobres inmigrantes latinos de nuestro apartamento. Era exactamente como me estaba mirando en este momento.

—De ti nada espero —dijo de nuevo retirándome el plato.

—Tú a vivir tu vida, a lo loco —añadió—. Toma todas las drogas que te quieras o te dé la gana y pásalo de miedo. Me da igual.

¿Drogas? Ese era otro de sus temas.

—*Mamá*, yo no tomo drogas.

—No, tú eres tan inocente como un corderito. *Un santo.* ¡Por eso te encontré borracho perdido y *quién sabe qué más*, en el apartamento de Gilberto!

Llegados allí podía entender de verdad porque papá tenía siempre a mano una pinta de whisky de centeno. Podía entender por qué se detenía tan a menudo, a la vuelta del trabajo, en uno de los bares del barrio, el del señor Farrentino.

Antes, incluso, de su ataque al corazón.

Aquella noche, antes de irme a la cama, papá se acercó a mí y me puso sus manos, grandes y calientes, en la cara, y susurró:

—*Sin embargo, Rico, no olvides que tu mamá es una mujer buena.*

No lo dudo, pero que dura era a veces.

Esa noche no pude dormir así que, mientras mis padres veían la televisión –se oía la música de la serie *Los nuevos ricos...*–, me puse a leer mi gran montón de guiones, todos escritos en cuadernos de papel amarillo y a bolígrafo, buscando uno que estuviera bien.

Es que hacía algunos días, había tenido la cara dura de llamar a una editorial de cómics, DC Cómics, los que publicaban *Supermán*.

Fue así:

"Ring, ring, ring, ring".

Una telefonista atendió la llamada.

—¿Y con quién quiere hablar?

—Con el señor Julius Schwartz —dije yo, dando el nombre que había visto impreso en cuerpo diminuto en las primeras páginas de todos los cómics DC.

—Un momento, por favor.

Tenía el estómago hecho un nudo y sentía las piernas como rellenas de plomo.

Entonces, alguien con voz profunda que sonaba como si fuera un fulano corpulento y con tórax en forma de tonel, respondió:

—Sí, Julius Schwartz al habla.

Yo le conté todo el rollo, principalmente que Jimmy y yo teníamos en preparación todo tipo de historias con diferentes caracteres. Le hablé de *La Montaña* y de *Lord Relámpago*, pero cuando mencioné *La Daga Latina* pareció particularmente interesado.

—¿*La Daga Latina* has dicho? Me gusta como suena. ¿De qué trata?

—Bien, señor, es un superhéroe del gueto. Me refiero a que es un puertorriqueño, o tal vez un cubano...

—¿Sí?

—Pero en realidad es una combinación de El Zorro, Batman y Zeus. Quiero decir que es un personaje moreno, pero muy *cool*.

—Por tu voz me pareces joven —dijo él—. ¿Lo eres?

Mentí.

—Tengo dieciocho.

—Bien, eso es ser joven, créeme.

Y oí una risa gutural que le salía del pecho.

—Pero tengas la edad que tengas —añadió—, te diré lo que tienes que hacer.

—Ok.

—Te preparas unas cuantas páginas estándar de 30 × 50 en papel Bristol y me mandas una historia diagramada. No tiene que estar pasada a tinta, pero la dibujas con buenos lápices, ¿de acuerdo? Y adjuntas un sobre franqueado y dirigido a ti con tu dirección, ¿entendido?

—Sí, señor.

—Pues nada, adiós entonces, y cuando me las mandes me recuerdas esta conversación, ¿te parece?

Y colgó.

Me moría de ganas de contarle a Jimmy aquello, pero pensé que antes de hacerlo lo mejor sería decidir qué historia de cómo *La Daga Latina* había conseguido sus poderes era la más interesante.

Leí una de arriba abajo y me siguió pareciendo buena.

Trataba de un latino tullido y esmirriado llamado Ricky Ramírez. Su barrio era terrible, con yonquis y delincuentes por todas partes pero, como él era un buen chico, deseaba cambiar todo eso. Una noche de lluvia que vuelve a casa apoyándose en sus muletas, se topa con este viejo hispano al que unos tipos le han dado una buena paliza y lo han dejado tirado en un callejón. El viejo ha estado pidiendo ayuda a gritos, pero nadie se ha parado a echarle una mano hasta que Ricky lo hace. El viejo lleva una larga barba blanca y no viste en absoluto como una persona normal: parece más bien un sabio sacado de una historia del rey Arturo, y realmente es un español con setecientos años de edad y poderes mágicos. De modo que, en pago de la ayuda que le ha prestado a Ricky, el viejo mago le promete un remedio que devolverá sus maltrechas piernas a la normalidad: un conjuro, nada menos.

Pero el asunto es que, a cambio de este don, Ricky debe consagrarse a las buenas obras. El mago le comunica Ricky que si el Destino lo ha enviado a él es por una razón, y que esa razón es que el mundo necesita un nuevo héroe para combatir las fuerzas del Mal. Además de curarle las piernas, el conjuro le proporciona armas muy poderosas para librar ese combate.

¡Una daga mágica y una capa de indestructibilidad!

Oh, escucha mis palabras, joven.
Cada vez que repitas el conjuro, durante una hora de día o de noche, serás más fuerte

que cualquier otro mortal. ¡Serás grande,
pero con tus poderes vendrá mucha
mayor responsabilidad!

Entonces, después de indicarle a Ricky que recite el conjuro frente a una iglesia, donde las fuerzas del bien son evocadas más fácilmente, el anciano muere y tan pronto como cierra los ojos, se desvanece.

¡Puf!

Así que Ricky hace lo que los aspirantes a super-héroes acostumbran. Siguiendo las instrucciones del anciano se dirige a una iglesia y comienza a recitar el conjuro, lo que hace que un montón de fuerzas místicas provenientes del cielo caigan, retorciéndose, sobre él. Elevándose, siente cómo cambia: su cuerpo deja de ser débil, sus piernas adquieren una fuerza repentina y lo mismo sucede con el resto. Cuando aterriza de nuevo entre una niebla blanquecina, no viste ya su ropa de calle, sino un conjunto negro y ceñido y una capa plegada sobre los hombros. El toque definitivo es una daga resplandeciente que cae a sus manos desde el cielo. La daga le dice lo siguiente:

Fui forjada en los campos de batalla de la locura
humana, pero conmigo enmendarás los entuertos
e injusticias que, cada día, veas perpetrarse ante ti.

Su primer gran combate tiene lugar esa misma noche, contra unas gárgolas de piedra salidas del mismísimo infierno:

¡Porque el mal anhela destruir lo bueno
antes de que pueda florecer!

Ricky se enfrasca en una espectacular batalla y hace pedazos las gárgolas con su daga mágica, solo para ver cómo de esos trozos nacen otras gárgolas nuevas, pero en ese momento descubre el modo de librarse de ellas: con su superfuerza las lanza al espacio, donde se quedarán, en órbita alrededor de la Tierra, petrificadas e inocuas para siempre.

Cuando la hora pasa vuelve a su natural esmirriado anterior y aunque ahora puede andar sin las muletas, decide que debe continuar usándolas como parte de su identidad secreta. Prometiéndose a sí mismo usar esa hora diaria de superpoderes para llevar a cabo buenas acciones, se encamina a casa para cenar con su madre viuda. Cuando ella le pregunta "¿Qué hay de nuevo?", él le responde "No gran cosa, mamá. Un día más de mi aburrida vida de siempre", si bien le guiña un ojo al lector mientras pronuncia esas palabras.

Bueno, no era Spiderman, pero se trataba de una idea bastante buena; era lo que necesitábamos. Emocionado, abrí mi ventana y saqué la cabeza al patio, llamando a Jimmy con gritos y silbidos. No me respondió.

Ahora que lo pienso, el mes pasado lo había visto bien poco.

seis

Por la mañana, después de hacer el primer turno en la lavandería del señor Gordon, tomé el autobús que me llevaba al colegio. Aproximadamente cuando faltaban diez minutos para las nueve atravesaba la entrada del *Jo Mama*, donde algunos estudiantes estaban siendo registrados en busca de armas o de drogas. Subí las escaleras que llevaban a una de las aulas del tercer piso donde mi maestra, Ernestina Thompson, una señora negra, estaba intentando pasar lista. No era fácil: los estudiantes gamberreaban, se tiraban cosas, escuchaban radios, masticaban chicle y más que nada la ignoraban; era casi como si no existiese.

Justo en el momento en el que iba a sonar la campana que daba comienzo oficialmente a la jornada escolar y justo cuando la señora Thompson empezaba uno de sus discursos ("Tal vez ahora odien la escuela, pero no lamentarán estas circunstancias en el futuro"), llegó de la calle el ruido de tres disparos: "bang bang bang". Luego, unos instantes más tarde, se oyeron dos más, más fuertes, más cercanos y con eco, como si vinieran del vestíbulo de la entrada, que quedaba escaleras abajo.

Diciéndole a todo el mundo que permaneciera quieto, la señora Thompson salió del aula a la carrera, mientras nosotros, los chicos, nos volvíamos locos de excitación.

—¿Eso era un 45? ¿O una 9 milímetros? —preguntó un chico.

—O una repetidora. Eso sería *cool*. ¿Tú qué crees?

En ese momento saltó una la alarma de incendios y los altavoces empezaron a emitir un mensaje. El director, el señor Myers, comunicaba a todo el mundo que "había tenido lugar un incidente con armas de fuego" y que debíamos mantener la calma. Algunos de mis compañeros, unos cuantos chicos negros de aspecto duro, se levantaron y echaron a correr hacia el vestíbulo como si tuvieran que rescatar a un socio, pero el resto de nosotros se limitó a esperar.

Entonces volvió la señora Thompson con el notición. Parecía tan abrumada que ni siquiera los más listos hicieron observación alguna. De repente ni una goma, ni el envoltorio de una golosina siquiera, volaron cruzando el aula.

—Queridos chicos —empezó con una expresión grave—, como ya han oído ha habido otro tiroteo en nuestro colegio.

"¿Otro tiroteo? ¡Pues mira que bien!", pensé.

Organizando unos papeles que tenía en su mesa y exhalando un gran suspiro, continuó:

—Pero recuerden siempre que, sin importar cuán a menudo ocurran este tipo de sucesos trágicos, hemos de permanecer positivos, ¿entendido?

Algunos de los estudiantes soltaron "ah-ahs" y cosas como "sí, señora Thompson", mientras que a la mayoría –se podía sentir– lo único que le interesaba era tener libre el resto del día. En ese momento, mientras la señora Thompson se disponía a leernos un libro en voz alta, ese deseo se hizo realidad: el director nos largó un segundo comunicado diciendo que las clases se suspendían. Ya formados en el pasillo se veía que, aunque algunos chicos tenían expresiones atribuladas, la mayor parte se mostraba feliz, como si se tratara de una vacación repentina sin más.

Arrastrado por la multitud bajé hasta el primer piso, cuyo pasillo estaba acordonado en parte por cinta amarilla. Aunque los de seguridad se esforzaban porque todo el mundo saliera del edificio, no podías dejar de mirar. Y allí estaba, un chico negro tendido sobre un charco de su propia sangre; sus pies, enfundados en zapatillas Converse, se agitaban como locos. La enfermera del colegio intentaba detener la hemorragia con unas vendas muy grandes, mientras que los ojos del chico, abiertos como platos, estaban vidriosos y tenían esa expresión de "aydiosmío" que el shock produce; temblaba. Los de seguridad seguían gritándole a todo el mundo que se moviera, pero yo no podía dejar de contemplar al pobre chico.

Exactamente en el momento en que un grupo de policías entraba corriendo seguidos de un equipo médico de urgencias, un guarda me hundió la porra en un hombro y me soltó:

—¡Eh, chico!, ¿estás sordo? ¡Lárgate de ahí, maldita sea! ¡Hablo en serio, ahora mismo!

Así que, sintiéndome como anestesiado, me dirigí a la calle.

Entonces fue cuando la señora Thompson, que me vio entre la multitud, se me acercó. Tenía un rostro amable, moteado de pecas, de rasgos dulces y tiernos excepto por los ojos, que miraban como si hubieran visto toda clase de cosas tristes y se retrajeran cuando te hablaba. Su voz era suave.

—Me parece que eres nuevo aquí, ¿verdad, hijo?

—Sí, señora. Es mi primer semestre.

—Bien, no quisiera que este tipo de cosas te inquiete; ocurren. Algunos de los chicos que vienen aquí no tienen ni pizca de sentido común.

—Seguro que no —contesté, intentando sonar tranquilo.

Ella sonrió y dijo:

—Mira, te las arreglarás si te mantienes alejado de los problemas y no pierdes de vista tu meta, que es tu educación —dijo, arrastrando la palabra hasta convertirla en algo así como "ee-du-cah-ssión".

—Sí, señora.

—A propósito, Rico, siempre que necesites consejo me encontrarás en mi despacho.

—Gracias, señora Thompson —respondí con mi tono de voz más pío y sincero.

Se marchó y yo me quedé muy pensativo y demás, y por algún motivo me pareció buena idea pasarme por una papelería a echarle un vistazo a los últimos álbumes de cómics, porque había algo en los superhéroes que me levantaba el ánimo. ¿No sería estupendo si existieran en el mundo real y no solo entre las tapas de los libros de historietas? Dejándome arrastrar por aquellos pensamientos, empecé a darle vueltas al asunto del Bien contra el Mal y me dio por pensar que el de arriba era el maldito mayor superhéroe de todos. Pero si era así, me pregunté por qué no se tomaba un poco más en serio aquello de que no reventaran a los muchachos, ¿verdad?

En cualquier caso, me quedé en la calle el tiempo suficiente como para ver a los enfermeros meter al chico, que iba en una camilla, en la ambulancia, con una vía para plasma tomada en un brazo y una mascarilla de oxígeno sobre la cara. Sus zapatillas seguían estremeciéndose como locas.

siete

Más tarde, de vuelta a la parte alta, bajaba andando la colina de avenida Amsterdam de camino a la biblioteca de la calle 125; iba leyendo un libro realmente estupendo para mi clase de lengua, *Las aventuras de Huckleberry Finn*, la historia del chico este que se larga con un esclavo en busca de la libertad de los dos, lo que representaba algo diferente para mí. Quería comprobar si había otros libros de su autor, Mark Twain, en las estanterías de la biblioteca.

Y en eso que me tropiezo con Jimmy en la esquina con la 119. Lleva un impermeable hecho polvo y una gorra de béisbol de los Yankees.

Se sobresaltó tanto como yo.

—¿Dónde te has metido, James? No se te ha visto mucho últimamente —dije mientras nos saludábamos con un choque de puños.

—Bueno, ya sabes, por ahí.

—¡Pero ha pasado como un mes!

—Sí, hombre, es que mi viejo me daba el coñazo todo el tiempo y yo dije "al infierno", y me conseguí un nuevo trabajo, en el bar del señor F. Ya sabes, ayudar en la cocina y eso.

—¿En serio? —contesté sorprendido.

Echamos a andar.

—Y a ti, ¿cómo te va? —preguntó Jimmy—. ¿Y por qué no estás en el colegio?

Le conté lo del tiroteo y luego lo del editor de DC que parecía interesado en *La Daga Latina*.

Pero la expresión de Jimmy permaneció casi inmutable.

—¿No te parece flipante? —le presioné.

Él se limitó a encogerse de hombros mirando impaciente a su alrededor.

—Mira, ya no sé si todo eso me sigue interesando —contestó finalmente—. Me refiero a que, a veces, no tienes más remedio que pensar en otras cosas.

El asunto es que parecía estar nervioso por algo: se subía las gafas una y otra vez y tenía la frente cubierta de sudor.

—Pero Jimmy, ¿no sería fantástico ganar algo de dinero haciendo algo que te gusta hacer? —le pregunté, dándole un golpecito en el hombro; eso pareció sacarle de sus casillas.

—Venga, Rico —dijo—, ¿crees de verdad que va a salir algo de todo eso?

—Tal vez no, pero no nos hace ningún daño intentarlo.

Sacó un cigarrillo y lo encendió, aunque un autobús nos soltaba en ese momento una bocanada de humo.

—Mira, no tengo ganas de discutir contigo, ¿entiendes? —se frotó la nariz y añadió—: Simplemente ahora no estoy en esa vaina.

Mientras me decía eso, yo podía ver palizas y palizas en sus ojos, pero había también otra cosa, algo enfermizo.

—Oye, ¿pero qué te ha dado últimamente? —le pregunté.

—¿De verdad quieres saberlo? —me contestó, acercándose a la cuneta para escupir.

Se quedó mirándome de fijamente.

—Acompáñame entonces. Además me vendrá bien alguien que me cubra las espaldas —dijo arrancando a andar avenida abajo.

Con ese misterioso mensaje dando vueltas en mi cabeza, caminamos unas cuantas manzanas colina abajo hasta llegar a los bloques de la calle 124 con la avenida Amsterdam. Eran unos edificios grandes, en forma de caja, de ladrillo rojo, quizá con veinte pisos cada uno y filas y filas de apartamentos provistos de ventanas idénticas; todos tenían el mismo aspecto. Con todos los inconvenientes de vivir en una casa como la nuestra, nuestros edificios al menos tenían carácter, cosas como columnas o ángeles de piedra tallada o estrellas que decoraban la entrada, pero en estos bloques no había nada bonito. Jamás había entrado en ninguno; siempre los dejaba atrás rápidamente cuando iba de camino a las tiendas de la calle 125.

Como que no apetecía pasar nada de tiempo en aquel sitio.

Hasta mi padre me lo había advertido: "Hagas lo que hagas, nunca te metas en sitios como esos".

Pero eso era exactamente lo que estábamos haciendo, metiéndonos en un pasillo con el pavimento destrozado que nos llevó a un patio donde había unos chicos negros enormes –pero enormes de verdad– con grandes pañuelos de colorines atados a la cabeza y zanganeando junto a unos cuantos ginkgos esmirriados, de cuyas ramas larguiruchas colgaban bolsas de marihuana.

—Eh, oye, ¿qué hacemos aquí? —le pregunté a Jimmy.

—¿Querías saber de lo que iba, no?

—Sí.

—Bueno, pues vas a saberlo. Pero tienes que mantener la calma.

Cuanto más nos acercábamos, menos me gustaba la forma en que aquellos negros me miraban. Puedes creerlo: tenía más miedo que vergüenza.

Pero al llegar donde estaban, uno de los tipos chocó los cinco con Jimmy, como si llevara tiempo sin verle.

—¿Vienes a ver a Clyde? —le preguntó a Jimmy.

—Sí, justo.

—Sígueme entonces.

Nos acercamos a una entrada lateral; el que venía con nosotros golpeó la puerta metálica. Unos ojos inyectados en sangre nos escudriñaron a través de una mirilla con el cristal astillado; después el tipo de dentro nos abrió. Al hacerlo se sacó un revólver del 22 del cinto, nos lo mostró rápidamente y, sonriendo, lo devolvió al lugar de donde lo había sacado. Después de eso nos franqueó la puerta de par en par.

Entramos. O, dicho de otra manera, Jimmy entró primero y yo me escurrí sigilosamente tras él. Durante unos minutos esperamos bajo unos fluorescentes amarillo hepatitis, que se encendían y se apagaban todo el tiempo. Apoyado contra la pared, mantenía los ojos fijos en mis mocasines: cualquier cosa mejor que encontrarme con todas las miradas que se clavaban en mí. ¿Y mi socio Jimmy? No dejaba de jugar con las monedas que llevaba en los bolsillos de su impermeable mientras golpeaba el suelo nerviosamente con el pie derecho. Por fin, un negro corpulento que llevaba un parche como de pirata sobre el ojo derecho, pareció materializarse desde las zonas más oscuras del pasillo.

Supuse que era Clyde.

Mirándome ferozmente de arriba abajo, me dio la "impresión" de que se enfadaba de verdad; sus labios se crisparon como si hubiera mordido algo realmente desagradable.

—¿Y este blanquito de mierda quién es? —gritó, con expresión de asco a Jimmy, que retrocedió hasta un rincón.

Yo solo quería salir pitando de allí.

—Oye, Jimmy, te lo estoy preguntando ¿de qué va este *dark dude*? —preguntó de nuevo golpeándole en el pecho con el índice.

—Se llama Rico, es *cubano* —dijo por fin Jimmy sacando un pañuelo y enjugando su frente.

—¿*Cubano*? —repitió escupiendo—. ¿Y a mí eso qué mierda me importa? Es un HP blanco.

Entonces fijó su aviesa mirada en los ojos de Jimmy. Este temblaba.

—Sí, lo sé, lo sé, pero juro que es *cool*.

—¿Legal? Una mierda es lo que es —respondió Clyde haciendo sonar muy fuerte los nudillos—. ¡No hay un blanquito en la Tierra que lo sea!

Al oír aquella palabra dicha de aquel modo, como si ser un blanquito fuera lo peor del mundo, medio sonreí y me encogí de hombros –por qué, lo ignoro–, pero eso hizo que Clyde me echara una mirada todavía más venenosa, como si el hecho de que yo estuviera allí no fuera en absoluto motivo de broma.

—Mira —dijo entonces Jimmy levantando las manos—. Es mi socio. ¿Piensas que yo te iba a meter en algo chungo?

Y de repente, examinándome de nuevo y tal vez considerándome inofensivo, Clyde pareció calmarse y sus modales se transformaron:

—Ok, ok —dijo.

Como si fuera un comerciante amistoso, le pasó el brazo a Jimmy por los hombros y le preguntó:

—¿Y qué es lo que puedo hacer hoy por ti, hermano?

—Bueno, lo que teníamos hablado, ¿no?

—Seguro —contestó Clyde asintiendo—. Lo tengo preparado. Pero primero dame la lana.

Volviéndose Jimmy sacó un fajo de billetes sujetos por una goma del bolsillo izquierdo de su impermeable. De alguna manera, el hecho de que no me mirara, mientras se lo daba a Clyde, hizo que me crispara aún más.

—¿Están los trescientos? —preguntó.

—Claro, socio, cuéntalo si quieres.

Y Clyde lo hizo, dos veces. Cuando terminó se dirigió a un rincón donde guardaba una caja de metal detrás de unas tuberías, la abrió y sacó de ella un sobre, que dio a Jimmy.

Cuando Jimmy lo abrió para examinar su contenido, Clyde dijo:

—Confía en mí, colega, está todo ahí. Y es gloria pura, lo mejor de lo mejor, material de primera al ciento por ciento.

—Ya lo sé, hombre —contestó Jimmy dándole un apretón de manos de macho, mientras Clyde y yo sonreía, aunque yo estaba a punto de mearme en los pantalones.

—Todo perfecto entonces, ¿no? —dijo Clyde.

—Sí —contestó Jimmy—. Pero dame dos sobres para mí.

—Ah, claro, tendría que haberlo supuesto —contestó Clyde riéndose. Jimmy sacó dos billetes de diez dólares del bolsillo y Clyde extrajo un paquete de cigarrillos del bolsillo de su camisa, solo que no contenía cigarrillos, sino un puñado de sobrecitos de papel traslúcido, del tamaño de hojas de afeitar, que contenían un polvo blanco. Clyde depositó dos de ellos en la palma de Jimmy.

Era heroína; lo supe por los envoltorios vacíos que había visto tirados en el suelo de los retretes de *Jo Ma-*

ma y por una película que nos pusieron una vez en el colegio sobre las drogas y cómo evitarlas. La mitad de la audiencia, por cierto, estaba fumada y se pasó la proyección burlándose en voz alta.

Pero sabía también lo que era porque podía leerlo en los ojos de Jimmy. Parecía avergonzado de sí mismo, aunque al mismo tiempo, le daba completamente igual.

Todo lo que yo sabía era que quería largarme de allí cuanto antes; pero Jimmy, con los sobrecitos en la mano, preguntó:

—¿Puedo meterme un chute ahora?

—¿Aquí? —preguntó Clyde con aspecto de estar molesto de nuevo. Entonces respondió—: De acuerdo, pero vete debajo de las escaleras. ¡Y más te vale haberte traído tus trastos!

—Lo he hecho.

Jimmy, se volvió hacia mí y me dijo:

—Venga, Rico. Y nada de sermones, por favor. Solo quiero que me ayudes.

Lo siguiente que supe es que estaba de pie junto a Jimmy bajo una escalera, sin saber todavía del todo lo que "ayudes" podría significar. Cuando Jimmy sacó un pequeño estuche de cuero y lo abrió, no daba crédito a mis ojos: contenía un tapón metálico de botella, un par de pinzas, una pequeña botella de plástico llena de agua, un encendedor y una jeringuilla hipodérmica fina, del tipo que una tía mía utilizaba para su diabetes.

—Mierda, Jimmy —dije.

Por lo que a mí respecta pensaba que Jimmy tenía que estar totalmente *loco* para meterse aquello. ¿Yo? ¡Ni hablar! No me metería una aguja en el brazo ni por un millón de dólares. Había visto bastantes agujas durante mis estancias en hospitales como para toda una vida, pero eso era precisamente lo que Jimmy estaba a punto de hacer. En cualquier caso, chicos, así lo preparó: primero, puso el polvo en el tapón de la botella, que sujetó con las pinzas, añadió agua y cocinó la mezcla con un mechero Ronson; a los pocos momentos comenzó a hervir. Tomó entonces la jeringuilla y empezó a llenarla con aquel fluido. Luego sacó un trozo de goma gruesa de un bolsillo, me lo tendió y me dijo:

—Hazme un favor: átame esto al brazo, bien fuerte. ¿De acuerdo?

Como yo dudaba, pensando que aquello era un mal rollo, tipo película de terror, Jimmy me miró medio indignado y dijo:

—Oye, coño, no te hagas el santo.

Así que hice lo que me pedía aunque seguía pareciéndome terrible. Cuando las venas sobresalieron en su antebrazo, azuladas y gruesas, sentí que me ponía enfermo. Iba a chutarse heroína, caballo, jaco, nieve,

H. El ángel blanco. Nunca había visto a nadie chutarse heroína, para no decir nada de mi mejor amigo. Quiero decir que ¿cómo demonios había empezado a meterse aquella mierda?

—Rico, desata la goma —me indicó Jimmy.

Entonces apretó el émbolo. Para ser sincero, tengo que decir que era interesante de ver: la heroína, clara como agua, entrando en una dirección y la sangre de Jimmy saliendo en otra, hasta que apareció un ojo rojo en el centro del tubo y se quedó flotando allí. Habían pasado aproximadamente treinta segundos. En ese lapso los ojos de Jimmy adquirieron un aspecto alucinado, con las pupilas tan dilatadas como si fueran canicas mientras la piel de su cara se aflojaba, como si los músculos se hubieran volatilizado.

—Oh, Rico, qué bien me siento —exclamó mientras la sustancia inundaba su sistema.

Entonces echó la cabeza hacia atrás y puso los ojos en blanco igual en esos cuadros de nuestra Iglesia donde se ve a San Francisco en éxtasis.

Salimos de allí, Jimmy caminando a cámara lenta y yo intentando ignorar las miradas. Cuando la puerta se cerró detrás de nosotros –¡gracias a Dios!–, le eché una última mirada a Clyde. Aunque era un desgraciado me guiñó su ojo bueno como diciendo "Si a ti también te da el punto, vente por aquí, que serás bienvenido, ¿de acuerdo? ¡Sin rencores!".

De nuevo en la avenida Amsterdam tuve que ocuparme de que Jimmy no se desplomara en la acera. Unas cuantas veces vi que la cabeza se le iba hacia atrás y las rodillas se le doblaban, como si fuera a caerse allí mismo, pero entonces, como quien hace una rara clase de ejercicio, echaba los brazos por encima de la cabeza y los estiraba, y eso le ayudaba a recuperar el control. No sé lo que sentía o dónde estaba, porque en un determinado momento era como un zombi y al siguiente resultaba más o menos normal.

—¿Todo bien, Jimmy? —le pregunté.

—¿Bien? Qué dices, me siento de puta madre... tan de puta madre como el que más en la faz de la Tierra.

Sí, "en la faz de la Tierra", eso dijo.

Entonces, encendiendo un cigarrillo, añadió:

—Vámonos.

Andábamos despacio, quiero decir despacio de verdad, volviendo colina arriba cuando decidimos detenernos en el A&P del barrio. Compramos chicle y una botella grande de refresco de cereza; Jimmy robó un aerosol de nata y un paquete de chocolate *Mallomars*; se limitó a metérselos en los bolsillos de su impermeable. Imagino que chutarte H te da un ansia irreprimible de algo dulce, porque en cuanto llegamos al parque,

Jimmy abrió el paquete de chocolates. Me dio uno y procedió a comerse el resto, añadiéndole a cada uno un montón de nata.

Durante un rato se limitó a quedarse allí, sentado, con los pies apoyados en una barandilla como si estuviera en alguna playa estupenda.

Pero entonces empezó a rascarse como un loco.

—¿Por qué te pica tanto? —le pregunté.

—Te pones así, eso es todo —respondió—. Como si tuvieras pequeñas bolitas de gelatina que te recorren todo el cuerpo, justo debajo de la piel.

—¿Como la carne de gallina? —pregunté, intentando hacerme el gracioso, como si no me acojonara a tope.

—Para nada, chico, es solo parte del subidón, de sentirte bien —dijo cerrando los ojos en asentimiento.

—¿Cómo de bien?

—Estupendamente bien, como correrte con todo el cuerpo.

—Vaya —contesté.

Se rió, "jur jur", y me miró como si estuviera borracho.

—Pero lo principal es que te ayuda a olvidar toda la mierda de tu vida.

—Sí —dije yo. Si yo tuviera un padre como el suyo, tal vez también hubiera querido ese tipo de subidón.

Entonces, mirando al cielo, se perdió en la tierra de los sueños durante un rato.

—De acuerdo, te hace sentir muy bien —dije yo cuando aterrizó de nuevo—. Pero, ¿cuándo demonios empezaste a meterte esa mierda? —tuve que preguntar.

—¿Cuándo? —se rió—. ¡Fue un milagro!

—¿Cómo?

—Lo que te digo, un jodido milagro. Hace unos seis meses iba por la calle sintiéndome una mierda —dijo, rascándose la barbilla—. Me sentía tan mal que me limitaba a mirar la acera, como si no pudiese levantar la cabeza, ¿sabes lo que digo?

—Más o menos.

—Y de repente, qué es lo que veo, una sobrecito con mi nombre escrito, tirado en la cuneta. ¡Allí tirado, sencillamente! Así que lo recogí. Lo llevé en mi cartera durante una semana hasta que decidí probarla. Rompí el papel y la esnifé: ¡chico, fue el parque de atracciones instantáneo! Así que conseguí más y, bien... —y empezó a rascarse la cabeza otra vez—. Y nada, así fue. Poco a poco me fui metiendo mayor cantidad. No todos los días, solo cuando podía pagarlo.

—¿Pero cómo puedes pagarte esa mierda? Quiero decir, es cara, ¿no?

Volvió a reírse echando la cabeza hacia atrás. Por encima de nosotros pasaba un avión, por el oeste de

Harlem, procedente del aeropuerto de La Guardia y volando hacia quién sabe dónde.

—Déjame preguntarte algo, Rico —dijo, recuperando la sobriedad de golpe durante un instante—. Cuando me miras, ¿qué ves?

—Veo a mi socio Jimmy, un dibujante regio.

—Ná —contestó, negando con el dedo en mi dirección—. Me refiero a qué ve la gente.

—No sé.

Sí que lo sabía, pero no quería decirlo.

—Lo que ven es un chico con pinta de inútil, con las gafas y con aspecto de no matar ni a una mosca, ¿verdad?

—Supongo.

—Bueno, ahí lo tienes —dijo, rascándose de nuevo—. Mi aspecto es de un perfecto pelele que puede hacer todo tipo de recados para la gente sin atraer demasiada atención.

—Pero, oye, ¿quiénes son esos fulanos? —le pregunté suponiendo que estaba complicándose la vida con delincuentes.

—Eh, chico, no puedo decírtelo. Eso sería violar su confianza. Pero es mejor que trabajar para mi viejo, ¿sabes?

Encendió un cigarrillo.

—Creí que habías dicho que estabas trabajando en el bar.

—Sí, también eso —respondió, exhalando un anillo de humo grande y perfecto.

Cuando volví a casa estaba de muy mal humor.

Quiero decir que *La Daga Latina* había pasado al cesto de los papeles, tal vez para siempre.

Y ahora tenía la preocupación de Jimmy.

Tienes que creerme, no se me iba de la cabeza.

Sencillamente no podía dejar de pensar en cómo había ayudado a Jimmy atándole aquella goma alrededor del brazo, ni olvidar el ojo de sangre en la jeringuilla, mirándome. Pero entonces comencé a pensar en otras cosas, como en ese chico negro tan agradable, Alvin, que volaba cometas en el parque un día y, al otro, se asomaba al borde de la azotea y se caía a la calle seis pisos en vertical. O un chico puertorriqueño de nombre Miguel, antiguo boxeador de Guantes de Oro, que se rompió el cuello al caerse hacia atrás subiendo por una escalera de incendios mientras iba colocado hasta las cejas. Historias que oyes, historias que no quieres creerte.

Mi cabeza no paraba.

Estaban todos esos chicos que habías conocido que los encontraban muertos en algún retrete infecto con la jeringuilla todavía embutida en el brazo.

Y no podía olvidar al chico que había visto en el colegio por la mañana, con esa expresión de shock en los ojos que me seguían sin cesar, y con los pies enfundados en las Converse agitándose como locos...

Para rematarlo, cuando entré en casa me encontré a papá roncando sobre la mesa de la cocina, con la cabeza caída y la barbilla en el pecho, y mamá dando vueltas a su alrededor.

Chico, qué jodido andaba todo.

Pero entonces algo salvó el día: en la mesita del cuarto de estar me esperaba una carta de Gilberto.

Juro que cuando la abrí, pude oler maíz y aire fresco saliendo del sobre.

Hola, Rico:

Solo unas palabras para que sepas que sigo de una pieza y decirte algo de este sitio. Para empezar, la escuela es tal como aparecía en aquel folleto, y el pueblo es también regio. Tiene un gran parque con un lago, y los fines de semana todo el mundo va de barbacoa y a dar vueltas con las motoras para pescar y hacer esquí acuático. Hay granjas por todas partes, y también el aire es otra cosa aquí. ¡Y las jevas! ¡Oye, hablando de vivir en una pastelería! Son de lo más amistosas, e incluso hasta las más bonitas no resultan nada estiradas. Lo mejor de todo es que me prestan mucha atención, porque soy distinto de todos los demás; pro- bablemente, soy el único neoyorquino de por aquí y, sin duda, ¡el único puertorriqueño en todo el maldito estado del pan!

He estado viviendo en el campus, en uno de sus albergues, compartiendo cuarto con un tipo muy tran- quilo que se llama Chuck, pero estoy pensando en buscarme algo por mi cuenta, tal vez una granja, que por aquí son muy baratas de alquilar.

De mis clases, qué puedo decir... un centro de en- señanza es un centro de enseñanza. Lo de siempre, vamos. Lo principal es que me lo estoy tomando en serio. Oye, ¿qué puedo perder?

Bueno, chico, no tengo mucho más que contarte ahora mismo; esto continuará. Espero que estés bien y que no andes metiéndote en líos. Solo una cosita más: hazme el favor de pasarte por casa, aunque solo sea para saludar y ver cómo está mamá. No quiero que se sienta sola y todo eso.

Hasta pronto, hermanito cubano.
G.

Leí la carta tres veces, agradecido de enterarme de que algo bueno le estaba ocurriendo a alguien, aunque no fuera yo.

ocho

Muy pronto averigüé cómo se lo montaba Jimmy. Había dicho que trabajaba de friegaplatos en el bar del señor Farrentino, taberna del barrio que frecuentaba papá. Veía a Jimmy en la parte trasera cuando iba a buscar a mi padre si llegaba tarde a cenar; mamá siempre me enviaba a buscarlo para que lo trajera casa. Pero chico, no era fácil. La máquina de discos de monedas, grande e iluminada, dejaba oír siempre *rock and roll* o *soul*, y todas esas lindas camareras que se esmeraban en atender a mi padre, al que conocían como "ese cubano tan agradable, Rolando, que siempre deja buenas propinas".

Papá, tengo que decir, era un hombre atractivo, un poco gordo, de uno ochenta aproximadamente como Gilberto, pero inmenso, con esos ojos oscuros tan seductores, que matan. A veces, cuando entraba al bar, le veía con las manos unidas bajo la barbilla centrando su atención en una camarera determinada, pero eso carecía de importancia, porque todos los clientes de aquel bar hacían lo mismo.

—Vamos, papá, vamos a casa —decía yo.

—Dentro de un momento —respondía él.

Levantaba el dedo índice en dirección al barman y pedía otro whisky de centeno y otra cerveza.

A veces me hacía caso sin protestar mucho, pero otras nada lo arrancaba del taburete de aquel bar.

—Ok, papá —decía yo—. Pero ya sabes que mamá se pone hecha una furia.

Papá se limitaba encogerse de hombros calmosamente. Y yo esperaba y esperaba y esperaba.

Una de aquellas noches en que papá no terminaba de decidirse, se me ocurrió que me podría acercar a la parte de atrás para saludar a Jimmy.

Estaba lavando platos en un fregadero enorme, pero más allá, a través de una puerta abierta, vi al señor Farrentino sentado en su despacho. Era un tipo italiano calvo y rechoncho, de los llamados "mafia amable". Siempre me cayó bien. Me había dado mi primer trabajo, cuando tenía diez años, en una heladería que llevaba. Después se había comprado una tienda de comestibles en la esquina y había trabajado en ella hasta ahorrar lo suficiente para abrir el bar.

Tenía unas mejillas rosadas, muy de Papá Noel, como si fuera la imagen misma de la salud, y cuando crucé el espacio que me separaba de él para decirle hola, vi que seguían teniendo tan buen color como de costumbre.

Pero cuando miré adentro, me quedé de piedra: en primer lugar, una latina con el pelo teñido de rubio platino y con una minifalda también plateada estaba sentada junto a él y hundía una jeringuilla en su brazo. Yo me quedé helado y había empezado a darme la vuelta cuando oí que decía:

—Pasa, Rico.

Como si todo fuera tan normal. Se metió el pico, se le pusieron vidriosos los ojos y me preguntó:

—¿Qué, Rico, bambino?¿Cómo te va la vida?

Extrajo entonces la aguja de su grueso antebrazo y frotó el lugar del pinchazo con un algodón empapado en alcohol.

—Muy bien —dije yo—. ¿Y a usted?

—Estupendoooo... —dijo cuándo empezaba a subirle el pico.

La mujer de aspecto latino aguardaba con el instrumental preparado y cuando Farrentino terminó, se chutó ella; como era una dama, se volvió de espaldas.

Era todo raro a más no poder, como un episodio de *Twilight Zone*.

En cualquier caso, cuando yo iba a marcharme, caí en la cuenta: para estos compraba Jimmy la mercancía.

—Oye, Rico —gritó el señor Farrentino—: lo que me has visto hacer que quede entre nosotros, ¿de acuerdo?

—Ok —contesté.

—Es cierto, siempre has sido un buen chico —dijo agradecido—. Ahora acércate aquí.

Al principio pensé que iba a ofrecerme heroína, pero en lugar de ello rebuscó en el bolsillo, sacó un fajo de billetes, todos de 20 –puede que hubiera un par de cientos de dólares en total– y trató de introducirlos en el bolsillo de mi camisa.

—No —dije retrocediendo—. No tiene que hacer eso.

Él se echó a reír.

—No es para ti, sino para tu padre. He oído que está pasando apuros.

Como papá se gastaba tanto en aquel garito, supuse que era como recuperar su dinero de todas maneras, pero en cualquier caso insistí:

—Sí, pero no puedo, señor Farrentino. Es que está usted drogado.

Y regresé al bar lleno de humo.

Papá le estaba largando un rollo de superborracho a un fulano aún más borracho que él.

—Papi —dije yo—, tenemos que irnos.

Supongo que notó algo en mi tono de voz, porque por una vez asintió, empezó a extraer billetes de dólar de su cartera y los puso sobre la barra. Dejó cinco, pero yo recuperé tres.

Ni siquiera se dio cuenta.

Empezó entonces nuestro trayecto de tres manzanas. El bar de Farrentino estaba en un sótano y simplemente conseguir que papá subiera las escaleras era un triunfo. Debía de pesar más de cien kilos y al no tener equilibrio, cada pocos escalones que subía se deslizaba de repente otros cuantos hacia atrás, como si estuviera siendo atraído por la famosa fuerza de la gravedad. Yo continué intentando subirle por aquellas escaleras empujándole desde atrás sin ir a ningún sitio cuando Jimmy, vestido con un largo delantal, salió a echarme una mano. Con los dos empujando, terminamos por conseguirlo.

—Oye, te debo una —le grité a Jimmy cuando se volvía al bar.

—No, no me debes nada —me gritó a su vez—. Créeme, nada.

Una vez que estuvimos en la acera necesitamos aproximadamente veinte minutos para llegar a nuestro edificio donde, con los cuatro pisos que teníamos que subir, nos aguardaba la misma batalla. Subíamos seis escalones, bajábamos dos. Subíamos cinco, bajábamos tres. Y así una vez y otra. Mi padre pesaba como 500 kilos y solo gracias al señor López, nuestro vecino del tercero, que me oyó forcejear con él y salió para ayudarnos, pude dejar a papá en casa.

nueve

El resto de aquel año transcurrió como un barco lento navegando hacia China, sobre todo relacionado con el colegio: odiaba tener que ir allí. Simplemente ir a mear en los atestados servicios, donde muchos se dedicaban a drogarse, era una hazaña. Gran parte del tiempo deseaba ser invisible, pero ese deseo nunca se hizo realidad.

Y ni siquiera podía dejarme el pelo largo: mamá insistía en que me lo cortara por lo menos una vez al mes ("Rico, estás empezando a parecer una chica").

Eso era particularmente molesto en términos del colegio. Para empezar, los únicos chicos blancos a los que jamás nadie parecía molestar eran los *hippies*: de algún modo eran aceptados por los pandilleros, los yonquis y los artistas del robo. Casi todos eran chicos judíos de mejores barrios que el mío –el porqué estaban en aquel colegio era un misterio para mí–, pero me familiaricé con ellos gracias a sus "jam sessions" de después de las clases. Muchos eran aspirantes a músicos y venían a veces con guitarras, flautas y armónicas –había uno incluso que tocaba el violín– y montaban sesiones improvisadas en la calle cuando concluían las clases.

Unos cuantos además vendían yerba, chocolate y LSD; la mezcla de música y drogas les iba bien a los alumnos más revoltosos.

Había días que me llevaba mi baqueteada Stella al colegio (no quería arriesgarme a que me mangaran mi Harmony del alma) y pasaba un buen rato tocando con aquellos chicos. Tal vez no fuera el mejor guitarrista del mundo, pero tampoco lo hacía tan mal.

Y por lo menos algunos de aquellos *hippies* trataban de montárselo bien con este desgraciado; no era el caso de muchos de los otros tipos que deambulaban por el *Jo Mama*.

Como una tarde que salí con retraso. Había tratado de unirme al club ASPIRA, que era para alumnos latinos, pero treinta segundos después de haber entrado ya me había arrepentido. El chico que se sentaba detrás de la mesa me obsequió con esa mirada de arriba abajo que decía "¿Qué haces tú aquí?"

Así que me largué sin pensarlo dos veces, pues no tenía ganas de explicarme de ninguna manera. ¿Por qué hubiera tenido que hacerlo?

Entonces, cuando me dirigía a la parada del autobús, aparecieron tres chicos negros, como si se hubieran materializado de la nada.

Veamos: en aquella época ya se me habían acercado muchos chicos negros que tenían algo contra los blanquitos. Algunos se limitaban a mirarme de mala manera, otros me sonreían como si fueran gatos acechando un ratón y otros, si estaban cabreados, si habían tenido un mal día, sacaban una navaja y me pedían dinero. Si no se lo dabas o intentabas huir, la cosa podía ponerse fea: alguien podía empujarte y darte un puñetazo, pero, por lo general, en cuanto levantaba las manos como hacen los buenos en las películas del oeste cuando sufren un robo de los malos, me dejaban en paz, siempre que entregara mi billete de dólar y lo suelto. Mi actitud era "ok" y "ganaste". Si eras lo bastante *cool*, la gente te dejaba a tu aire. Un día llegué a ver incluso cómo uno de los tipos que me acababan de dar el palo se sonreía mientras echaba a correr, como si le gustaba mi actitud, o como si hubiéramos podido ser amigos en alguna otra vida. Pero estos tipos eran diferentes: lo único que querían era utilizarme de punching ball.

—¿Tienes dinero? —preguntó uno de ellos. Cuando no contesté nada e intenté seguir andando me golpeó en un lado de la cabeza. Con odio, con mala baba. Otro de los tipos me tiró al suelo, y cuando me tuvieron tumbado en la acera un tercero empezó a patearme las costillas, como si quisiera rompérmelas. Entonces uno de ellos me registró los bolsillos y me quitó la cartera, donde llevaba el pase del autobús, el carné del colegio y cuatro dólares.

Finalmente, como si fuera lo más gracioso del mundo, uno de ellos me destrozó las gafas pisoteándolas hasta convertirlas en pedacitos. Después chocaron los cinco y aullando y riendo, desaparecieron avenida abajo. Todo el asunto había durado dos largos minutos.

Poniéndome de vuelta y media por haber tenido apagado mi radar antimalagente, recogí lo que quedaba de mis gafas y levantándome como pude, inicié el camino a casa, con la nariz sangrando, las costillas fatal y la cabeza y el ego francamente doloridos. Cuando te ocurre algo de esta índole te dices todo tipo de cosas, como que sencillamente ha sido mala suerte o te llamas idiota por no haber mirado a tu alrededor, pero aquellos fulanos estaban en la calle ni más ni menos que para atizarle a alguien; me refiero a que, ocurrió tan rápido que ni siquiera podía recordar su aspecto excepto que eran negros o, dicho con expresión de mamá o papá, que había que evitar a toda costa, que eran *negritos americanos*. Esta frasecita, tanto en mi colegio como en la ciudad de Nueva York, era ridícula, claro.

Me sentía mal, porque ¿qué había hecho yo para que me apalizaran de ese modo? Nada, así que terminé diciéndome que se trataba de algo fortuito, raro, como que te atropellara un coche o algo así. Pero era muy difícil caminar junto a los campos de deporte y los bloques de la parte alta de la ciudad donde zanganeaban todos esos tipos negros, con sus radiocasetes atronando, sin desear que desaparecieran todos.

Así que, sintiendo que esa clase de ideas tampoco estaban bien, me repetí una y otra vez que tenía que ser mucho más cuidadoso (¡como si fuera a significar alguna diferencia!).

Y no hacerme mala sangre con todos los negros solo porque hubiera unos cuantos "atravesaos".

Y poner en práctica lo que los curas de mi iglesia solían recomendar: el perdón. Poner la otra mejilla y todo ese rollo, como hubiera hecho Jesús.

Estupendo.

Y, sin embargo, cuando llueve, diluvia, dice la frase.

No habían transcurrido ni veinte minutos cuando al pasar por la calle 108, un chico latino me tiró una botella de refresco y, cuando llegaba a mi bloque, Eddie el irlandés estaba peleando con Fernando, un chico puertorriqueño delgaducho. Un individuo de noventa kilos atizándole a un peso mosca; le estaba poniendo a gusto en mitad de la calle. Un corro de unos veinte tipos, la mayor parte amigos de Eddie, los rodeaba y los jaleaba con gritos de "¡Pelea, pelea!", o de "¡Pártele el trasero a ese *spic³*!". Tampoco es que estuviera chupado, porque Fernando era un chico malote y de pies ágiles que le estaba abriendo cortes en la cara al más grande largando puñetazos a la velocidad del rayo. También es verdad que lo único que estaba consiguiendo era que Eddie, uno de los peores tipos del barrio, se pusiera aún más loco. ¡Hablando de enfadarse! Eddie seguía lanzándose hacia delante, y cada vez que recibía, sonreía, se limpiaba la saliva y la sangre de la cara y decía:

—¡Venga ya! ¿No eres capaz más que de esto, *spic*?

Al principio era así como estimulante –una buena pelea esta bien siempre que no seas tú el que está recibiendo– y disfrutaba viendo cómo el de menor tamaño curraba al grandote, una cosa del tipo el-Bien-contra-el-Mal, y me distrajo de lo que acababa de pasar por un momento. Pero algo me fastidiaba al oír la palabra "*spic*" una y otra vez y percibir el odio que Eddie sentía por Fernando y viceversa; la palabra golpeaba en mis oídos como un puñetazo porque me hacía pensar en mamá y papá y en lo mal que algunos blancos los habían tratado cuando estaban recién llegados a Nueva York. Cómo se reían de ellos porque no hablaban inglés y su aspecto era diferente. El asunto del color. Así que, naturalmente, estaba del lado de Fernando, pero

---

3. Despectivo. Estados Unidos. Persona de habla hispana o de origen hispano.

me sentía raro al mismo tiempo porque si lo pensaba un momento, mi aspecto estaba más próximo al de Eddie que al de Fernando, y eso me hacía sentir una vergüenza enorme.

Pero de repente el asunto se puso feo: Eddie, harto de recibir golpes, agarró la tapa de un cubo de basura y le atizó a Fernando en la cara con ella. Le reventó los labios, le arrancó los dientes y el pobre chico cayó al suelo por fin. Eddie, entonces, empezó a patearle las costillas murmurando "¿te gusta esto, *spic*?". Era como ver una repetición de lo que acababa de ocurrirme, y era tan terrible de ver que se me retorcieron las tripas como si fuera a vomitar.

No sé qué demonios me vino a la cabeza, pero de repente me vi junto a Eddie intentando separarlo de Fernando, como en una de esas historietas en las que el chico debilucho goza de superpoderes y decide hacer lo correcto, pero la vida real no es así. En cuanto agarré a Eddie del brazo, lanzó su codo hacia atrás, golpeándome en el hombro y casi me lanza por el aire. Habría caído en la acera si unos tipos no me hubieran sostenido y me hubieran empujado de nuevo en su dirección. Eddie, separándose ahora de Fernando, se volvió hacia mí y me echó una mirada asesina.

—Ocúpate de tus asuntos, ¿ok? —me dijo—. ¡O tú serás el siguiente!

Aunque estaba muerto de miedo, tuve que abrir la bocaza.

—Deja en paz al chico —dije—. ¿Qué te ha hecho, eh?

Eddie se enfadó todavía más.

—¿Y por qué te interesa tanto este *spic*?

—No está bien, eso es todo —contesté temblando—. ¿Y por qué tienes que llamarle *spic*?

Entonces se me acercó mucho y empezó a darme en el pecho con el dedo índice.

—Ah, claro… me olvidé… ¿no eres tú también un *spic*?

Y entonces fue cuando yo me comporté peor que un dubitativo Santo Tomás, porque en lugar de decir "¡sí, qué pasa!", me limité a ponerme colorado, no porque tuviera miedo, sino porque no sabía realmente cómo responderle.

—Así que lárgate ya—me dijo.

Y en ese momento, cuando quizá iba a propinarme un puñetazo sin más, mi padre, de todas las personas posibles, que había estado viendo todo el follón desde nuestra ventana, se plantó en la calle con un bate de béisbol. Abriéndose paso entre los espectadores se colocó entre Eddie y yo y con su pinta de macho peligroso, sobrio como un palo y con aspecto de tómate-muy-en-serio-lo-que-digo, le largó a Eddie:

—Deja a mi hijo en paz, ¿entiendes?

Después se limitó a pasarme el brazo por los hombros y nos encaminamos hacia nuestro portal.

El desencadenante fue que papá pensó que los golpes de mi cara se debían a Eddie, pero le conté la verdad, lo del asalto de los chicos negros.

—Tienes que tener más cuidado, no queda otra —me dijo—. Hay muchos *sinvergüenzas* ahí fuera, muchos buscavidas. Mantente apartado de ellos, ¿ok?

—Claro, papá —contesté, como si tuviera elección.

—Y de *mierdas* como ese tal Eddie. Tenemos que vivir juntos, ¿no?

—Sí, papá, pero ese tipo es verdaderamente malo. Estaba llamando *spic* a Fernando y...

Papá me cortó en seco poniéndome un dedo sobre los labios:

—No uses nunca esa expresión, hijo mío —dijo—. Y además —añadió, cortándome como si manejara un cuchillo—, nunca te la aplicarán. Eres un americano, no lo olvides jamás.

Nos quedamos un rato sentados viendo cómo los policías –policías irlandeses–, llegaban en un coche patrulla con mucho chirrido de neumáticos y le decían a la peña que se fuera marchando a dar un buen paseo, sin hacer preguntas sobre quién había empezado o por qué. Eddie se fue de rositas y Fernando, con la cara hecha un Cristo, se largó renqueando a urgencias para que le cosieran unos cincuenta puntos. Finalmente subí al apartamento para vérmelas con mi madre, que estaba alucinando con lo que había sucedido, no porque me hubieran asaltado, sino porque mis gafas nuevas le iban a costar diez dólares.

diez

Después de aquello
empecé a saltarme clases: primero algunas aquí y allá
y luego días enteros en los que me dedicaba a caminar
por la ciudad. El Zoo de Central Park estaba genial,
especialmente los animales polares, con sus pingüinos
anadeantes. Podía pasarme horas zanganeando en la
pista de patinaje sobre hielo contemplando a los pati-
nadores trazar círculo tras círculo. Luego me daba una
vuelta por los barrios bien, en el East Side, viendo cómo
vivían los ricos, con los mayordomos que les abrían las
puertas y los chóferes que enceraban y abrillantaban los
coches. A veces les hacía una visita a mis compañeros de
clase *hippies*, que también se saltaban clases como locos.
Yo pensaba todo el rato que nadie se daría cuenta y que
a nadie le importaba, pero la autoridad del colegio (es
decir, mi profesora, la señora Thompson) lo hizo.

Un día de febrero estaba sentado atendiendo a una clase de apreciación artística –mi profesor estaba hablando de Miguel Ángel– cuando la señora Thompson entró en el aula con expresión muy seria, como si estuviera realizando una misión especial.

—Rico —dijo después de hablar con el profesor y acercarse a mí—. Recoge tus cosas y vente conmigo.

Cuando bajábamos al despacho del director que estaba en el segundo piso, comentó:

—Rico, últimamente me has decepcionado mucho.

El despacho estaba ocupado por cinco personas que se sentaban ante una larga mesa. Reconocí al director, el señor Myers, por las fotografías del pasillo, pero los otros, dos hombres y dos mujeres que me miraban con dureza, no me sonaban de nada.

El director fue el primero en hablar. Se puso en pie y me tendió la mano, que era blanda y tibia, no como la de mi padre.

—Rico —empezó—, si te preguntas por qué te hemos llamado aquí... bla bla bla…, y si te acuerdas —continuó—, bla bla bla…

El siguiente fue un fulano que me estuvo aburriendo a muerte un rato, un asistente social. Se puso a remover unos papeles.

—Te hicieron un test de inteligencia el pasado otoño, ¿lo recuerdas?

No contesté. Me limité a inspirar profundamente y a tamborilear con los dedos en la mesa.

—¡Ricooouu…! —exclamó otro irritado—. ¿Prestas atención?

Hizo una mueca cuando no contesté inmediatamente.

—Te he hecho una pregunta, jovencito —lo intentó de nuevo.

—Sí —contesté por fin, rindiéndome.

—Pues tu puntuación fue notablemente alta. Estás en el rango superior.

No tenía ni idea de lo que estaba hablando. Todo lo que sabía es que era un test estúpido.

—Bueno, ¿y qué?

Se puso a leer informes sobre mí.

—Y parece que no se te dan mal los exámenes.

¿Cuáles eran las novedades? Me limité a encogerme de hombros.

Unos cuantos "bla bla blas" más.

Volví a sintonizar.

—Joven, lo cierto es que tienes el potencial para ser uno de los mejores estudiantes del colegio —añadió el tipo—. ¿Sientes que eso te concierna algo?

—No especialmente —contesté; aquellas palabras tan finas me estaban tocando las narices.

Ignorando mi respuesta, siguió con su matraca:

—Pero el caso es que tú no estás cumpliendo tu parte del trato.

—¿Qué quiere decir? —pregunté ofendido—. ¿No me basta con sacar las mejores notas en esos exámenes idiotas?

Hasta aquel momento había sonreído, pero entonces se puso muy serio.

—No se trata de eso. Según los partes de asistencia de la señora Thompson, te has estado saltando clases en cantidad últimamente. ¿Es así? —preguntó con las cejas tiesas.

—Sí, ¿y qué? —respondí.

—¿Puedes decirnos por qué?

Me encogí de hombros.

—No sé. Me siento acosado aquí.

—Ya veo —respondió él—. Y ese sentimiento... ¿podría tener que ver con la diversidad de nuestro cuerpo estudiantil?

—¿Qué quiere decir? —pregunté.

—¿Te molesta el hecho de que la mayoría de nuestros estudiantes sean negros?

Se miraban unos a otros, asintiendo, como si hubiera formulado la pregunta más importante del mundo.

—No especialmente —contesté—. Solo se trata de que a algunos no les gustan los chicos blancos.

Suspiró.

—Y tú te consideras blanco, ¿no?

—Yo no me considero nada, si quiere usted saberlo.

—Entiendo que vienes de una familia cubana, ¿no es así? —preguntó.

Tenía una pipa sin encender y empezó chuparla.

—Sí, así es.

—Entonces, en mi opinión, deberías poner más empeño en integrarte al grupo de los otros estudiantes hispanos de aquí —dijo levantándose y señalándome con la pipa—. En este colegio tenemos diversos clubs para jóvenes hispanos como tú.

¿Como yo? ¿A quién pretendía tomarle el pelo este payaso?

—Los conozco —respondí—. Pero no es exactamente lo mío.

Entonces se pusieron a cuchichear entre ellos.

En aquel momento el director me presentó a otro tipo. Era un individuo delgado, nervioso, con traje a rayas y que usaba gafas bifocales colgadas casi en la punta de la nariz. Era el doctor Fein, el loquero del colegio. Tenía una erupción terrible en las muñecas y se había dedicado a mirarme sin decir ni mú.

—Bien, Rico, ¿puedes contarme algo? —me preguntó.

—Claro.

—¿Qué quieres hacer con tu vida en realidad?

Lo pensé unos instantes.

—Pues escribir guiones para cómics y quizá cuentos de ciencia ficción un día, pero no lo sé. Libros, en cualquier caso.

Chico, eso los espabiló de verdad.

—Pero creo que también me gustaría tocar la guitarra en un grupo como los Stones o hacer cosas serias como ese español, Andrés Segovia; puedo leer música, no se crea.

Todos asintieron, aparentemente impresionados.

—Por lo demás, no tengo la menor idea —terminé, encogiéndome otra vez de hombros.

Entonces fue cuando oí el "chu-chu-chú" de las preguntas aburridas viniendo directamente en mi dirección. "¡Uuu, uuuuú!". Era el momento de fisgar más todavía.

¿Era feliz mi vida familiar? ("Sí", contesté, pensando que no era asunto de nadie).

¿Me pegaban mamá o papá alguna vez? ("Para nada", contesté, aunque a veces lo hicieran).

¿Me sentía orgulloso de mis raíces cubanas? ("Pueden creerlo", les dije, aunque en realidad jamás había pensado en ello).

¿Y era consciente de que saltarme clases podía perjudicar mis oportunidades de ir a la universidad, incluso aunque obtuviera las calificaciones más altas en los todopoderosos exámenes Regents? ("Uh, uh", contesté verdaderamente sorprendido).

Entonces, el loquero del colegio, mirándome con mucha atención y rascándose las muñecas en carne viva, dijo que tenía que empezar a asistir de nuevo o que ellos, las autoridades, me mandarían a los encargados de vigilar el absentismo escolar.

Bien, incluso sabiendo que tenían parte de razón, iban a escuchar cuatro verdades sobre el colegio.

—¿Saben qué? Meten como a cuarenta chicos apiñados en un aula pequeña. Algunos dan cabezadas, otros les dicen a los profesores que se vayan a tomar por ese sitio. Quiero decir, ¡estuve en una clase en la que un chico empezó a meneársela en las filas de atrás! ¿Cómo puede alguien aprender una maldita cosa con todo eso encima?

Volvieron a cuchichear entre ellos durante un rato y entonces la señora Thompson, tan amable y todo eso, dijo:

—Rico, tienes que entender que solo tratamos de ayudarte.

—Ah —dije encogiéndome de hombros.

—No quiero que perjudiques tu futuro solo porque algunas de tus clases no te sientan bien, ¿entiendes? —dijo contemplándome con esos ojos tan fastidiosamente amables.

Pero, "¿no te sientan bien?".

Asentí con la cabeza, como si aquello fuera todo.

La señora Thompson, con las manos frente a ella, se limitó a mirarme. Todos los demás se quedaron contemplándome también, esperando una respuesta. Me sentía como si fuera un insecto observado a través de un microscopio.

Al pensar cómo se sentirían papá y mamá si yo terminaba fastidiándola de verdad, dije por fin:

—Bien, he captado el mensaje.

Fue como si el sol entrara de golpe en la sala: ahora todo el mundo sonreía.

Al poco, la señora Thompson salió conmigo. Había sonado el timbre de la siguiente hora y mientras los pasillos hervían de estudiantes, le dije que lo mejor sería que volviera a mi clase de historia americana, aunque en cuanto se perdió de vista, bajé con disimulo por una escalera hasta el pasillo de entrada y salí prácticamente corriendo hacia la parte alta de la ciudad.

En consideración a mis padres intenté seguir en el colegio: durante gran parte de aquella primavera fui por lo menos dos veces por semana, en ocasiones tres. Incluso así, una noche, cuando estábamos cenando, llamaron a la puerta dos funcionarios de los encargados de perseguir el absentismo escolar. Me refiero a que con todos aquellos chicos que nunca, pero que nunca jamás, aparecían por el colegio debían de estar ocupadísimos, pero finalmente me había tocado a mí.

Papá estaba a punto de zamparse un gran plato de chuletas de cerdo fritas, con papas y cebolla, cuando mamá corrió hasta el vestíbulo y abrió la puerta.

—*Ay, ay, ay,* tenemos problemas —dijo.

Los funcionarios entraron detrás de ella. Uno era un tipo blanco de aspecto gastado vestido con un traje arrugado y sombrero, que parecía harto de su trabajo; iba acompañado por una señora negra bien vestida, de aspecto impecable –me gustó de inmediato por sus bonitos ojos oscuros– que sostenía unas carpetas contra su pecho.

—Lamentamos interrumpir su cena —dijo ella—, pero nos han informado de que su hijo, Rico Fuentes, ha faltado a las clases durante un cierto tiempo y que, por consiguiente, está en peligro de expulsión definitiva.

Papá, que estaba sobrio del todo y al que habían pillado masticando un bocado, se quedó mirando a la señora.

—No mi hijo.

—Sí, su hijo.

Y por algún motivo ella me sonrió.

—¿Qué dice usted que ha hecho?

—No asistir a las clases a las que debiera haber asistido.

Papá volvió la cabeza y me echó una mirada furibunda.

—No puede ser —contestó—. Sé que mi hijo, Rico, va siempre al colegio.

—Humm... —dijo ella—. No es así según nuestros registros.

Se quedaron en casa durante unos quince minutos más explicando en qué situación tan seria me había metido.

Cuando se marcharon, mamá que, creo yo, medio entendía las cosas en inglés, empezó a hacer comentarios de la arrogancia de esa mujer negra que se atrevía a invadir nuestro hogar, lo que no le impidió caer sobre mí y abofetearme una y otra vez hasta que papá le soltó que ya estaba bien. Acto seguido papá me dijo que fuera a la sala, que teníamos que hablar de ello. Isabel estaba sentada frente a la tele viendo *Los Tres Chiflados*; papá le indicó que se fuera y ella lo hizo entre gimoteos.

Aunque yo sabía lo que se avecinaba, me alegraba de que no estuviera borracho; las facciones no le colgaban, no tenía los ojos inyectados en sangre. Quiero decir que su aspecto era el de papá cuando regresaba del trabajo y siempre traía un cómic en el bolsillo para mí. Por alguna razón, siempre elegía o *Flash* –el hombre más rápido de la Tierra– o *Adam Strange*, aventurero en otro mundo. Supongo que porque ambos llevaban ropa de color rojo brillante, y este era uno de sus tonos favoritos.

No era hombre de muchas palabras.

—Rico —dijo meneando la cabeza y con unos ojos muy tristes—, *tengo una pregunta para ti. ¿Por qué eres tan malo?* No lo entiendo. ¿Es que quieres avergonzar a tu familia?

—No —contesté.

—¿Quieres apenar a tu madre?

Negué con la cabeza.

—Entonces, ¿por qué faltas al colegio?

En realidad yo no tenía respuesta, salvo que pensaba que el colegio era una mierda, pero, cuando le miré a los ojos, no pude decírselo.

—Papá, si vieras aquel lugar lo entenderías.

Encendió un cigarrillo, un Kent, aspiró y echó el humo en dirección a mí, asintiendo; lo único que mi padre sabía de él es que era una *escuela pública*.

—Mira —dijo por fin—. Sé que no te gusta el colegio. Lo veo en tu cara todos los días. Pero debes recordar, hijo, que si dejas los estudios podrías terminar siendo uno de esos tipos que hace subir y bajar ascensores todo el día o peor, un indigente. ¿Te gustaría eso?

—No, papá —contesté sinceramente.

—Entonces ya sabes lo que debes hacer —dijo con suavidad—. ¿*Okay, mi hijo?*

Asentí con la cabeza.

—Porque si no lo haces, solo nos queda algo por intentar —dijo meneando la cabeza de nuevo—. Y es enviarte a vivir con tu tío Pepe a Florida.

Tío Pepe, el hermano mayor de papá, era un antiguo Marine y un veterano de la invasión de Bahía de Cochinos en Cuba, y dirigía una academia militar en Tampa. Oh, estupendo de verdad, pensé, intentando imaginarme a mí mismo con uniforme de cadete y haciendo la instrucción.

—Ay, papá, ¡tú no harías eso!

—Para ser sincero contigo, Rico —dijo papá—, pareces tan hecho polvo últimamente que mamá y yo hemos estado hablando de esa posibilidad.

Sí, vaya, como cuando se gritaban el uno al otro.

—Ya sé que tu *tío* no es la persona más fácil del mundo, pero te sentaría bien —entonces, como si las noticias pudieran alegrarme de algún modo, añadió—: incluso podríamos enviarte a principios de verano para que trabajaras con él. ¿Qué te parece eso?

Se inclinó para tocarme la cara.

117

—Así que, hijo, es lo que haremos si sigues yendo a tu aire. ¿Entendido?

—Muy bien, papá —dije, acojonado por el pensamiento de pasar el próximo año viviendo con el Mussolini de la familia—. Haré todo lo que pueda.

—*¿Me prometes?*

—Claro, papá —contesté.

Entonces, mientras papá se estiraba en su mecedora, volví a mi cuarto; me sentía atrapado y muy enfadado por cómo se iban desarrollando las cosas, así que le pegué un puñetazo a una pared que me despellejó los nudillos.

Un rato después saqué los clavos de mi ventana y me deslicé a hurtadillas por la salida de incendios hasta el callejón y de ahí a la calle; quería ver a Jimmy. Ya no vivía en el sótano: ahora tenía una pequeña habitación propia en la parte trasera del bar del señor Farrentino: imagino que el chico atraía la oscuridad de algún modo, porque allí tampoco tenía ventanas. Cuando lo encontré, yo apenas podía respirar; tenía un nudo en el vientre. Todo este lío me atacaba las tripas.

Como si yo fuera el malo.

Y como si no me importara nadie.

Y como, si al final, solo fuera un blanquito estirado.

Y no un latino.

Como si la gente me diera el palo por comemierda.

Y lo mereciera.

Verdaderamente lo mereciera.

Porque no podía ayudar a papá.

Y porque tenía encima a mamá.

Y porque lo del tema latino comenzaba a hacerme sentir extraño.

Como que no puedes serlo porque no lo pareces.

Y tu español es malo.

Y en realidad no perteneces a un grupo.

Ni a los irlandeses, porque aunque lleves su sangre en las venas, odian a los *spics*.

Ni a los hispanos, porque piensan que eres irlandés.

Y en cuanto a los negros, sencillamente odian a los blanquitos: no todos, pero bastantes de ellos como para acosarte hasta la muerte.

Chico, me estallaba la cabeza.

¡Quiero decir, hablar de crecer con la gente metiéndote palos por el trasero!

Ese era yo.

Lo único que quería esa noche era salir de toda esa mierda.

De verdad salir, salir, salir.

Jimmy estaba tirado en el catre de su deprimente cuartucho, con montones de cajas de botellas y toda clase de revistas con mujeres desnudas esparcidas por el suelo a su alrededor. Estaba fumando: sostenía un cigarrillo consumido casi hasta el filtro en sus dedos teñidos de nicotina, que colgaban a uno de los lados del catre. Supuse que estaba demasiado "a gustito" como para que lo molestaran con nada.

—Hey, Rico, ¿qué pasa? —dijo frotándose los ojos.

Llevaba unos calzoncillos y una camiseta; estaba en los huesos, como esos que salen en las películas donde hay prisioneros de guerra. Pensé que había estado soñando con algo porque, antes de que se diera cuenta de mi presencia, había estado mirando la bombilla que colgaba del techo sujeta a un cable retorcido.

—¿Y a ti? —le pregunté yo.

—Poca cosa, socio —me dijo—. ¿Qué te trae ante mi palaciego lecho?

—Nada, estaba buscando a mi padre. ¿Lo has visto?

—Pues no. No he salido.

Entonces me miró atentamente; mi enfado, que estaba intacto, aún debía notarse mucho.

—Oye, ¿qué quieres de verdad?

Me costaba lo mío decir lo que tenía que decir; sentía una terrible vergüenza, pero por fin lo logré:

—Jimmy, ¿puedes pasarme algo de caballo?

—¿Qué? —exclamó sentándose de golpe.

—Digo que si podrías venderme algo —pregunté, evitando mirarle a los ojos.

Quiero decir, nunca pensé que don Virtuoso, aquí presente, iba a *terminar* metiéndose esa mierda. Le eché un vistazo al cuartucho: junto a los carteles de ron Bacardi que había en la pared, con todas esas jevas tetonas en bikini, Jimmy había clavado con chinchetas algunos de sus mejores dibujos.

—¿Repite eso?

—Ya me has oído —contesté con la vista baja.

Entonces su rostro cobró una expresión que jamás le había visto.

—Me estás tomando el pelo, ¿no?

—No, en serio. Me gustaría probarlo.

Y así era. Quería una salida, quería escaparme de todo, aunque fuera durante unas pocas horas, deseaba algo así como escapar de mi propio pellejo.

Lo pensó durante el momento.

—¡Para nada, muchacho! ¡De ninguna manera! —dijo meneando la cabeza como si fuera la última cosa que él haría en el mundo. Estaba absolutamente alterado.

—Pero, ¿por qué no? ¡A ti te encanta esa mierda!

—¡A mí no me encanta nada! Además —añadió frotándose la nariz con uno de sus nudillos—, eso soy yo, no tú. Rico, no quieras meterte en esto, ¿entendido?

—¡Joder, Jimmy, venga ya! —lo intenté de nuevo.

Entonces, de repente, le dio por ponerse serio. Se colocó bien las gafas y sacó unos pantalones vaqueros.

—Sé que no quieres oírlo, pero eso no es para ti.

Oír aquello me hirió como un insulto.

—¡O sea que es muy sabroso para todos menos para mí, es lo que estás diciendo! —contesté sintiéndome aún más alterando.

—¡Venga, hombre! —dijo Jimmy—. Eres un tipo normal —añadió, ahora de pie—. ¿Y sabes qué más?

—¿Qué?

—Que no me quiero que te coloques así, eso es todo.

—Pero tú...

—¿Y yo qué diablos tengo que perder? —dijo cortándome.

Me miró a los ojos. Le pasaba algo, casi como si fuera a echarse a llorar.

—Rico, socio, una cosa es que yo esté jodido, pero si a ti te pasara algo... mira, nunca superaría una mierda así. ¡Por consiguiente la respuesta es *no*!

Lo intenté una vez más.

—¡Pero creía que eras mi amigo!

—¡Lo soy! Y por eso te digo que no. Se acabó. Final de la historia. *¿Me entiendes, hombre?*

—¡Coño, Jimmy! —dije respirando profundamente, furioso.

—Mira, si de verdad lo quieres, acércate a la calle 108; hay tipos vendiéndolo por todas partes —se limpió las gafas con la camiseta y añadió—: Hagas lo que hagas, no voy a ser yo quien te lo pase. De ninguna manera.

Entonces, como gesto amistoso, sacó un porro de una caja, que encendió y me ofreció.

—Dale, quizá esto te tranquilice.

Pero después de una sola calada, se lo devolví. Jimmy volvió a acurrucarse en el catre y con voz más suave, me dijo:

—Rico, pienses lo que pienses, no es para ti, ¿de acuerdo?

—Ok, ok, lo he entendido —respondí todavía molesto.

—Ya sé que algo te está agobiando —dijo, golpeando con fuerza el filtro de un cigarrillo Tareyton—. Me refiero a que tienes aspecto agobiado, pero no quiero que me vuelvas a pedir eso de nuevo, ¿de acuerdo?

Cuando dejé a Jimmy, todavía me sentía como si las paredes se cerraran sobre mí en todas partes –en casa, en el colegio, en las calles–, como si estuviera donde estuviera fuera a tener problemas. Me senté en un banco del parque y me puse a mirar la luna: brillaba tan grande, tan pirada y tan feliz aquella noche que le hubiera apretado un golpe en la cara si hubiera llegado tan lejos. ¿Pero qué podía hacer? Podías pasarte el día soñando despierto, me dije, sin cambiar ni una maldita cosa. Y colocarse era como apuntarse a un crucero de ensueño, y pensé que Jimmy, después de todo, tenía razón, al menos en lo que a mí se refería. Ya no estaba tan enfadado como al principio; supuse que se me estaba pasando el berrinche.

Me refiero a que tenía que centrarme en la realidad.

Pero lo más flipante de todo es que, después, cuando reflexioné sobre ello en mi cuarto, de algún modo empecé a confiar de nuevo en Jimmy.

Pero ni siquiera ahora, que papá me había dado el aviso definitivo, fui capaz de volver a asistir al *Jo Mama* de manera regular. Era como algo antimagnético y yo una pieza de metal. Me levantaba, recogía mis libros, me miraba en el espejo, me vestía, me ponía en camino hacia la parada de autobús de la avenida Amsterdam, subía al autobús y entraba en el colegio. A veces aguantaba hasta mediodía, pero no me molestaba nunca en almorzar allí, porque había tipos que te quitaban tu paquete de Ring Ding y tu sándwich de mortadela y te daban golpes en la cabeza. De ninguna manera estaba dispuesto a seguir tolerando esa mierda ni un día más.

La única clase a la que siempre intentaba asistir era la de lengua, la que daba la señora Grable a última hora de la mañana porque, me sintiera lo fastidiado que me sintiera, todavía me gustaban los libros. Los mejores, en mi opinión, eran los que habían escrito Walt Whitman y ese Mark Twain: debí de leer su *Huckleberry Finn* más de tres veces aquel semestre, porque me encantaba aquello del chico blanco ayudando al esclavo a escaparse. Aquella novela me gustaba incluso más que mis favoritas hasta entonces, las de *John Carter de Marte*; me refiero a que aunque era de lo más *cool* cómo John Carter resultaba transportado a otros planetas mediante rayos cósmicos, el viaje de Huck y Jim intentando encontrar su libertad me hablaba a mí en persona, y de qué manera. Esa idea no salía de mi cabeza.

En cuanto acababa la clase de la señora Grable daba el día por terminado.

Empecé a pasar tiempo de nuevo con Jimmy, más que nada por cuidarlo, como él aquella noche a mí. Y menos mal que lo hice.

Era una agradable tarde de primavera y Jimmy yo estábamos tendidos en el césped de Riverside Park, bajo un roble frondoso. Él contemplaba el cielo, perdido en el país de los sueños, y yo le pregunté:

—Oye, Jimmy, ¿nunca vas a dejar esa mierda?

Unas chicas mayores jugaban al voleibol allí cerca y, en la distancia, un camión blanco de la marca Good Humour se paraba aquí y allá para vender helados.

En lugar de contestarme se sentó y sacó un pito del bolsillo de su camisa. Estaba tan colocado que después de encender la cerilla se quedó contemplando la llama con los ojos entrecerrados hasta que casi se quemó los dedos.

—¡Eh, Jimmy! —exclamé, sacudiéndolo.

—¿Qué?

—¿Vas a fumarte ese pito o no?

—Sí, claro.

Lo encendió y entonces empezó a dar cabezadas; los ojos se le cerraban, tenía los labios entreabiertos y el cigarrillo fue consumiéndose solo.

Quise sacudirlo para que se despertara, del mismo modo que quería sacudir a papá cuando lo veía durmiendo sobre la mesa de la cocina. Pero papá tenía un aspecto casi apacible en aquellas ocasiones, con la nariz y las mejillas rojas, mientras que Jimmy parecía medio muerto, con la cara pálida y sin que casi se le notara respirar. Sabía también que, tan enfermo como parecía, abriría los ojos de par en par muy pronto, como siempre, así que, medio aburrido, decidí acercarme a un mirador desde donde se veía una panorámica del río Hudson, preguntándome dónde irían todos aquellos veleros y barcazas.

Y deseando estar en uno de ellos.

Estaba contemplando el ferry de la Circle Line cuando de repente oí a Jimmy que gritaba:

—¡Ay, ay! ¡Ayyy! ¡Socorro!

Cuando me acerqué hasta él, Jimmy se retorcía en el césped, con su camisa barata en llamas. Tanto ardía, que pude oler su piel que se quemaba. Con el corazón a mil por hora lo agarré y lo hice girar sobre sí mismo en el suelo, pero la maldita camisa no se apagaba. Jimmy repetía gimiendo:

—¡Voy a morir! ¡Voy a morir!

Tomé un puñado de tierra y lo eché sobre las llamas, pero aquella camisa, quizá de rayón, seguía ardiendo.

Entonces fui yo el que empezó a gritar "¡Socorro!" a voz en cuello.

Al poco tiempo se había arremolinado en torno a nosotros una buena cantidad de gente; unas cuantas chicas derramaron sobre el pobre Jimmy sus botellas de refresco, pero las llamas continuaban. Yo intenté incluso arrancársela del cuerpo, quemándome bien las manos, maldita sea, pero el fuego continuaba y Jimmy daba unos gritos de dolor como yo jamás había oído. En aquel momento, gracias a Dios, llegó un tipo del departamento de parques, un negro con rastas que conducía un carrito y que aceleró hacia nosotros. Llevaba puestos unos guantes de jardinero y, arrodillándose ante Jimmy, sacó unas tijeras y empezó a cortarle la camisa, arrancándosela a trozos. Al tirar de ellos se llevaba también casi toda la piel de la parte superior del pecho de Jimmy, del cuello para abajo. Lo que quedaba tenía el aspecto de bistec crudo y exudaba líquidos rojizos y burbujas que al estallar, producían una especie de vapor. Era lo más horrible que yo había visto en mi vida.

Cuando por fin llegó la ambulancia, lo que le llevó una media hora, Jimmy temblaba muchísimo y echaba espuma por la boca. De los ojos le salían lagrimones enormes, y no parecían enfocar a nada en particular. Habían llegado también unos cuantos policías en un coche patrulla y, chico, no tenían preguntas ni nada que hacerme. Por suerte, Jimmy no llevaba nada encima, así que no tuve que preocuparme por eso, pero en realidad no pude responderles cuando uno de ellos, a la vista del carné colegial, me preguntó que qué hacía en el parque cuando debería estar en clase, así que mientras Jimmy ingresaba en urgencias del hospital de la calle 114, yo terminé en la comisaría de la 127.

Los policías llamaron a papá a su trabajo en el centro, le demoró unas cuantas horas para venir a buscarme. Ahí estaba yo, sentado en un cuartucho, con la cabeza revolucionada sin dejar de pensar en el momento de volver a nuestro apartamento y a toda la mierda que me iba a caer encima, con mamá gritándome y golpeándome como si fuera el peor hijo del mundo. Al mismo tiempo intentaba evitar el contacto visual con los otros tipos que había allí retenidos, porque me daba la impresión de que algunos hubieran disfrutado de lo lindo pateándome el trasero.

Por fin llegó papá con el sombrero en la mano. No estaba enfadado como yo esperaba, sino que tenía la expresión más triste del mundo. Cuando terminó de hablar con el sargento de guardia y salimos de aquel lugar, no me dijo ni palabra. Se limitó a caminar en silencio meneando la cabeza, pero cuando llegamos a nuestra manzana, se volvió hacia mí y me dijo:

—Rico, estoy demasiado alterado como para hablar contigo ahora mismo, pero sí quiero que sepas que este verano te voy a enviar a vivir con el tío Pepe.

Aquella noche fue horrible; ni siquiera pude empezar a dormir. Dando vueltas y más vueltas no podía dejar de pensar en cómo me lo había cargado todo y, al mismo tiempo, el aspecto del rostro de Jimmy cuando estaba quemándose, y preguntándome si continuaría vivo, y en la cara de papá, como si tuviera el corazón roto, teniendo que ir a buscarme. Mi cabeza giraba en todas direcciones. En cuanto a lo de vivir con mi tío, no quería, pero tampoco podía quedarme. No se trataba de que yo tuviera nada contra Pepe, era sencillamente alguien frío; no es que fuera mal tipo, pero estaba lejos de ser tan cálido como papá podía ser. Las pocas veces que nos habíamos visto jamás me había abrazado: se limitaba a estrechar la mano con fuerza y a mirarme de arriba abajo poniendo cara de que yo era demasiado blandito para su gusto. Solo con pensar en verme bajo su tutela durante un año entero –marchando, haciendo instrucción, llevando uniforme y haciendo todas las malditas cosas que se supone que hacían los chicos de las escuelas militares–, alucinaba en colores.

En cualquier caso, fue entonces cuando empecé a preguntarme cómo le iba a Gilberto en Wisconsin.

¿Y Jimmy? Estuve yendo al hospital todos los días durante dos semanas intentando verle antes de que por fin me permitieran acceder al pabellón de quemados. No era un lugar feliz. Ahí estaba él, en una sala con otros veinte más, las camas en fila, pero con aspecto de estar miserablemente solo, como si ni siquiera su padre le hiciera un rato de compañía. Tenía un montón de tubos conectados y la parte superior del pecho envuelta en una especie de gasa blanca, como vendas, pero menos pesadas. La cara, llena de ampollas, la tenía cubierta de vaselina.

—¡Oye, chico, Jimmy! —dije dirigiéndome hacia él—. ¡Pero qué cabronazo más feo estás hecho!

Aunque le habían dado algo, eso seguro, el dolor debía de ser horroroso. Tenía los ojos llenos de lágrimas.

—¡Eh, Rico, socio!

Intentó extenderme la mano, pero hizo una mueca cuando la movió.

—¿Cómo lo llevas? —pregunté.

—No tan mal, aunque esta mierda duele como una HP.

—Imagino que sí.

No sabía qué decir viéndole con tantos dolores. Tenía dudas sobre si recordaba lo que había ocurrido, así que se lo pregunté.

—¿A ti qué te parece? —respondió, cerrando los ojos un momento—. El maldito cigarrillo me prendió fuego a la camisa.

—No parabas de dar cabezadas —le recordé.

—Sí —admitió.

No tuve que decir lo obvio, o sea, que la próxima vez podía ser mucho peor, así que decidí ir al grano y contarle lo que tenía en la cabeza.

—Entonces, ¿qué piensas hacer cuando salgas de aquí?

—¿Cómo diablos voy a saberlo? —respondió abriendo los ojos.

—¿Vas a seguir vacilando con el caballo?

—¿Y yo qué coño sé?

Estaba enfadándose.

Pero yo tenía que decírselo:

—Jimmy, quiero que cortes con esa vaina, ¿de acuerdo?

Volvió levemente la cabeza y frunció el ceño: si fue por el dolor o por lo que acababa de decirle, lo ignoro.

—Rico, ¿me haces un favor? —me preguntó de repente cambiando de tema—. ¿Podrías conseguirme un pito?

—Oye, ¿pero te has vuelto loco? —dije mirándolo boquiabierto. Él me devolvió la mirada casi sonriendo, con su expresión de "¿a que soy un HP loco?".

—Cuando tienes razón, Rico, tienes razón.

Llegó entonces una enfermera con un vaso de jugo de naranja y una pajita para que lo chupara. Mientras lo absorbía haciendo toda clase de ruidos, le conté mis planes.

—Mira, quiero decirte algo: como me he estado saltando clases en el colegio, papá quiere enviarme a vivir a una academia militar en Florida, pero no estoy dispuesto de ninguna manera, ¿me entiendes?

Jimmy hizo algo parecido a un gesto de asentimiento.

—En cualquier caso —continué—, en cuanto llegue el verano pienso largarme de aquí.

—Oye, ¿y a dónde? —me preguntó él repentinamente más espabilado de lo que había estado hasta entonces.

—En realidad no lo sé, pero espero que pueda quedarme con Gilberto en esa granja que tiene en Wisconsin.

—¿Se ha comprado una granja?

—Sí, bueno, ha alquilado una finca dedicada al maíz. ¿Te lo puedes creer? ¡Está tan chiflado como tú!

—Flipo, de verdad.

—Sí, aunque yo todavía no he hablado con él.

—¿Y qué tiene eso que ver conmigo?

—¿Y tú qué crees? Eres mi socio; quiero que vengas conmigo.

Intentó aparentar que no estaba interesado.

—Jimmy, de verdad. Ya es bastante malo que papá tenga que preocuparse, pero no puedo marcharme si también yo tengo que preocuparme por ti.

No estaba siendo completamente franco: tampoco yo quería hacer el viaje solo.

—¡Y si te quedas aquí, todo el mundo, pero todito, desde el señor Farrentino a aquellos tipos de los bloques, intentarán engancharte de nuevo!

Seguí con la vista a aquella enfermera tan bien formada que fue a atender a un tipo que gemía sin cesar: estaba cubierto de vendajes, como una momia. Por nariz tenía una caperuza metálica.

—¿Tengo razón? —le pregunté.

—Si, ok, la tienes —dijo intentando incorporarse un poco—. Pero, en realidad, ¿a ti qué te importa?

—¿Que qué me importa? —contesté dándome una palmada en la frente—. ¡Eres mi socio! ¡Mi hermano!

Y un día vamos a terminar vendiendo lo que hacemos a alguna de esas compañías de cómics.

—¿De verdad te lo crees? ¿Crees realmente que eso podría ocurrir?

—¡Coño, claro! ¡He estado leyendo ese material toda mi vida: sé lo que es bueno! ¡Somos buenos!

Hice el gesto de lo juro por Dios y añadí:

—Y no sé lo que va decir Gilberto, pero me voy a plantar allí donde vive.

—¿Harías eso por mí?

Yo asentí con la cabeza y Jimmy extendió la mano: aunque se le crispó la cara, me apretó la mía.

Cuando Jimmy salió del hospital, llevando un gran pañuelo rojo arrollado al cuello para tapar las cicatrices de las quemaduras, yo había arreglado las cosas con Gilberto, al que todo le había parecido bien. No es que aprobara mi huida de casa, pero detestaba absolutamente el que papá planeara mandarme a Florida. Y con respecto a que Jimmy me acompañara también le pareció perfecto, porque tenía mucho sitio en la casa, aunque claro: siempre que Jimmy no se convirtiera en el proverbial grano en el trasero.

segunda parte **RUPTURA**

once

Eran más o menos las nueve y media de la mañana de un viernes a últimos de junio. Las clases habían terminado hacía unas semanas, y mamá había ido a trabajar. Ahí estaba yo, saliendo sigilosamente del apartamento con mi guitarra Harmony, una bolsa de mano a medio llenar y un cartel de cartón que había preparado a escondidas con la palabra WISCONSIN escrita en gigantescas letras azules de rotulador. Y déjame que te lo diga, justo a tiempo, porque se suponía que salía hacia Florida al día siguiente. Solo Gilberto y Jimmy conocían mis planes, nadie más; mis padres no sospechaban absolutamente nada. Había estado fingiendo, por ellos, que en realidad estaba impaciente por irme a pasar el año con Pepe.

Vale, no es que me sintiera orgulloso, pero ¿qué se suponía que tenía que hacer? Antes de marcharme, sin embargo, tenía que dejar escritas por lo menos unas cuantas cartas.

Para el señor Gordon de la lavandería y para el señor Ramírez de la librería, disculpándome por dejar tan repentinamente mis trabajos a tiempo parcial, y una para mi hermana pequeña, diciéndole que iba a echarla mucho de menos y que no debía preocuparse por mí ni llorar por las noches, porque siempre pensaría en ella. Estuve a punto de decírselo en persona, pero al final no pude: habría sido incapaz de guardar el secreto. La que más me costó fue la de papá y mamá. No por lo que escribí –que no tendrían que preocuparse porque ya no les causaría problemas nunca más–, sino porque mientras la escribía, no dejaba de pensar en cómo reaccionarían al leerla: papá se pondría tristísimo y mamá puede que también, pero sobre todo se preocuparía tanto y alucinaría de tal modo que probablemente se precipitara a las ventanas gritando "¡Policía! ¡Policía!".

Dejé este último mensaje sobre la mesa de la cocina, salí con cuidado de mi edificio y atajé cruzando dos sótanos hasta que salí por el otro lado de la manzana sin que nadie me viera, salvo que Rusty, un pastor alemán que se puso a ladrarme, cuente. Crucé el parque hacia el oeste y desde allí me encaminé colina abajo hacia el muelle de la Calle 125, donde me esperaba Jimmy bajo los pilares de la autopista del West Side.

Llevaba su impermeable y caminaba de acá para allá, contemplando el agua espumosa llena de basura que lamía las maderas; en el aire había olor a alquitrán y a productos químicos. Por aquellas fechas tenía mucho mejor aspecto: desde que había salido del hospital había engordado casi cinco kilos, creo que sobre todo de beber cerveza, y sus ojos y su piel habían empezado a perder aquel aspecto enfermizo.

Y lo mejor de todo, era como si el viejo Jimmy hubiera vuelto. Cuando unos días antes había venido a verme y le mostré lo que tenía pensado llevarme en mi bolsa, se dedicó a burlarse. Me refiero a que, aunque yo sabía que Wisconsin se encontraba solo a algo más de 1 500 kilómetros, yo me sentía como si estuviera preparándome para partir en una misión interplanetaria.

—Rico, ¿dónde demonios crees que vamos, a Siberia? —me preguntó—. ¡Llevas tanta basura ahí dentro que se podría abrir una tienda con ella!

Intentó levantar la bolsa.

—Uh-uh —dijo, meneando la cabeza—.¡Estás listo si crees que voy a ayudarte a arrastrar esa cosa de un lado para otro! Aunque te parezca mentira, en Wisconsin hay tiendas.

—Ok, ok —contesté.

—Vamos a echarle un vistazo, ¿te parece? —dijo vaciando la bolsa en mi cama.

Lo primero que sacó fue la linterna.

—Quizá esto sí podamos llevárnoslo —dijo—, pero solo quizá. Le veo sentido a llevar esta botella de agua, ¿pero por qué tres Coca-Colas? —añadió dejando las botellas en el suelo—. Quiero decir, Rico, ¿crees que no vas a encontrar cocas fuera de Nueva York?

—Nunca se sabe.

—Y este yoyó tan estúpido, ¿de qué va?

Se refería a mi yoyó favorito, un Duncan Expert Award Butterfly, un yoyó que me permitía hacer "la vuelta al mundo".

—Eh… mi hermana me lo regaló —contesté—. Y además, ¿qué pasará cuándo nos aburramos haciendo autostop? Podríamos jugar con él, ¿no?

—No, no y no —dijo echándolo en el montón de cosas rechazadas—. Me parece que podemos pasarnos sin el yoyó.

—Supongo.

Le tocó entonces el turno a mi lupa de aumento.

—Y a menos que pienses meneártela muchísimo por esos mundos —se burló—, y probablemente lo pienses, podemos prescindir de la lupa también, ¿verdad?

Y la colocó a un lado.

—Je, je —contesté—. Muy gracioso.

Jimmy volvió entonces su atención a los libros que pretendía llevarme, unos veinte en total; casi todos eran ciencia ficción, salvo por un *Huckleberry Finn* en rústica que había añadido.

—¿Y qué piensas hacer con todos estos? ¡Me refiero a que pesan una tonelada! ¿No sabes que tenemos que viajar lo más ligeros de equipaje que podamos?

—De acuerdo —admití.

Cuando Jimmy terminó de hacer bromas sobre cada uno de los malditos objetos que yo había pretendido llevarme, así es como quedaron las cosas:

Imagen de Santa María madre de Dios
  ascendiendo a los cielos: no.
Juego de habilidad que consistía en introducir
  unas bolas de acero en los ojos de un tipo
  calvo: no ("¡Qué dices!").
Bolsa pequeña de soldaditos de juguete de goma
  verde: no ("¡Qué dices!" de nuevo).
Cuadernos y los otros libros: sí.
Lo mismo para dos de mis guiones de
  La Daga Latina.
Foto de mi familia, que casi no pesaba: sí.
Una manta: no.
Tres cómics de *Daredevil*: sí, pero los demás
  se quedaban.
Un número de la revista *Mad*: sí.
Pasta de dientes, cepillo: sí.

Radio de transistores: sí.

Dos peines: sí.

Camiseta de Mickey Mouse: sí.

Lote de cromos de Monstruos Famosos: no.

Juego de cuerdas de guitarra de repuesto: sí.

Bolsa de lápices y bolígrafos: sí.

Un paraguas: no.

Un giróscopo: no.

Una gorra de béisbol: sí.

Un jersey y otras prendas prácticas de ropa: sí.

Tres condones por-si-acaso: sí, aunque tuvieran
  mil años.

¿Y Jimmy? Lo único que llevaba con él la mañana de nuestra partida era una bolsa de bolos.

—Eh, Jimmy —dije—: ¿Estás seguro de esto?

En respuesta se ajustó el pañuelo que llevaba en torno al cuello y asintió:

—Ya lo sabes, chico.

Mientras subíamos una larga rampa que nos llevaba a la verdadera autopista, le pregunté qué se había traído:

—Unos cuantos calzoncillos y qué sé yo —contestó—. Justo lo que pude guardarme sin que el jefe lo notara.

—¿Pero qué son esos tintineos que oigo? —le pregunté.

—Bueno, ya sabes, algo de beber por si nos entra la sed.

¿Nos?

—¿Hierba no te habrás traído, verdad? Lo último que necesitamos es que nos detengan —le dije empezando a notar ya el calor del día.

—Claro que no. ¿Me crees tan comemierda?

—Solo preguntaba —contesté aliviado.

Rebuscó en un bolsillo y sacó otro cigarrillo, encendiéndolo con la colilla del anterior. Respiraba muy fuerte subiendo aquella rampa.

—Oye, ¿entonces todo bien? —le pregunté.

Se detuvo y después de recuperar el aliento, me contestó:

—¡Oye, que ya te lo he dicho! —mientras apagaba su anterior cigarrillo aplastándolo con sus Converse—. No tengo elección.

Asentí con la cabeza.

—Tenías razón, hombre —empezó, escupiendo por encima de la barandilla—. Fui a los bloques ayer por última vez para pillar por cuenta del señor Farrantino y Clyde no dejaba de preguntarme si quería algo para mí; cuando le contesté que no podía, porque estaba tomando medicación y demás debido a las quemaduras, me soltó que estaba lleno de mierda y que me quitara de su vista.

—¿Y qué te esperabas? —respondí—. Ese tipo no es precisamente San Pedro.

—Sí —contestó.

Se mantuvo en silencio durante unos instantes mirando al río. Entonces se volvió hacia mí y me dijo:

—Pero que lo sepas, Rico: no fue fácil para mí decirle que no.

—¿Qué quieres decir? —le pregunté.

—Que no importa que jures por tu madre que es lo peor del mundo, porque sigues queriendo meterte, meterte las veinticuatro horas del día. Coño, si todavía sueño que me coloco.

"Mierda", pensé. "Así que eso es tener mono".

Continuamos andando y no habían pasado ni cinco minutos cuando nos detuvimos de nuevo y dijo:

—¡Oye, pero qué sed tengo, Rico!

Rebuscó en su bolsa, sacó una botella de cerveza y la destapó entre burbujeos.

—¿Te importa?

—A vivir, que son dos días.

Una vez que llegamos a la rampa de entrada nos quedamos esperando en el codo de la autopista, inhalando gases de combustión. Yo me ponía delante: con mi camisita a cuadros y mi pelo bien peinado, levantaba el pulgar mientras Jimmy se quedaba a mi lado, de pie, sujetando el cartón que decía WISCONSIN, pero la mayoría de los conductores ni siquiera se molestaban en mirar hacia nosotros. Los coches y los camiones pasaban zumbando. Unos cuantos listos que sí se fijaban nos sacaban el dedo o nos gritaban barbaridades. Un gordinflón que conducía una furgoneta nos tiró a los pies un vaso lleno de café y colillas, y otro llegó a dar un volantazo en nuestra dirección como si quisiera llevarnos por delante. "Chico", pensé, qué "mala puede ser la gente".

Aproximadamente a mediodía, cuando empezábamos a sentirnos descorazonados y Jimmy, con expresión de perro apaleado, apenas podía sostener el cartel, se detuvo ante nosotros un Cadillac azul. Un hombre negro con un grueso cuello de boxeador y que llevaba una gorra blanca de capitán, bajó la ventanilla, que dejó escapar unas bienvenidas oleadas refrescantes de aire acondicionado.

—Voy a Newark —dijo sonriendo—. ¿Qué tal, chicos?

Miré a Jimmy, que se encogió de hombros, así que nos metimos en el coche. Tenía su puntito de emoción, porque era la primera vez que hacía dedo; en realidad que iba a parte alguna por mi cuenta. Jimmy, por lo menos, había ido a visitar a su familia en Puerto Rico una o dos veces, pero yo nunca me había alejado más de Nueva York que un día que papá me había llevado a Bear Mountain cuando era pequeño. Y a los hospitales en los que había estado ingresado, claro, pero eso no contaba.

El conductor llevaba un par de dados colgando del retrovisor y un Jesús negro, de los que venden en las tiendas de Harlem, se sentaba en el salpicadero.

Mientras nos dirigíamos hacia el norte por el puente de George Washington en nuestro camino a Nueva Jersey, el conductor nos preguntó de buen humor:

—Así que a Wisconsin, ¿eh, chicos?

—Sí, señor —respondí.

—No he estado allí, pero tengo entendido que es un sitio tan normal como cualquier otro. ¿Por qué demonios Wisconsin?

Le dije que íbamos a visitar a un amigo y se echó a reír. Entonces su tono cambió.

—Bien, los blancos están muy cómodos allí, chicos. El hombre blanco domina aquella parte, la mano maligna de Dios, los demonios blancos que son la ruina de esta Tierra. Allí es donde viven.

"Estupendo", pensé, dándole un codazo a Jimmy que, sin embargo, siguió mirando el paisaje por la ventanilla como si quisiera conservarlo en la memoria.

El conductor, mientras tanto, se acariciaba una perillita que llevaba cuando le divertían sus pensamientos y soltaba risillas entrecortadas, así como "j-je-j-je". Ya en el puente, cruzándolo lentamente por la densidad del tráfico y con la ciudad tras de nosotros, empezó otra vez con lo de la maldad de la raza blanca.

—Cualquiera que lea las historias de este mundo, descubrirá que no ha habido una sola guerra que no haya sido iniciada por un demonio blanco u otro —sentenció con su voz grave y profunda—. Dios sabe que mi pueblo ha sido atormentado por los blancos ¡y que no pretendan fingir que no ha sido así!

Lanzó un puñetazo contra el salpicadero.

Le eché una rápida mirada a Jimmy y me aclaré la garganta, pero mi amigo se limitó a encogerse de hombros como diciendo "olvídalo".

El tipo continuó.

—Todo el mundo debe saber que la esclavitud, el mayor de los males del mundo, fue inventada por los blancos.

Yo no dije nada; podía ver sin embargo sus tupidas cejas muy levantadas en el retrovisor. Y me estaba mirando a mí.

—¿Me estás escuchando?

—¿Quién, yo?

—¿A quién demonios crees que me estoy dirigiendo?

—Claro, le estoy escuchando —contesté.

Entonces empezó de nuevo.

—¡Yo, como la mayoría de los negros de este país, desciendo de esclavos! Y por ello, no te lo tomes como algo personal, odio a tu pueblo.

Entonces fue Jimmy el que me miró a mí como diciendo "chico, esto sí que es bueno".

Sopesé la posibilidad de decirle a nuestro conductor que yo tenía primos en Cuba tan negros como él, con toda la gama de colores presente en las generaciones de mi familia, y que conocía a muchos tipos negros muy agradables en mi barrio –incluso aunque también me hubiera llevado mi cuota de malos rollos–, pero tenía muchas dudas de que me creyera. De repente llegué a la conclusión, mientras él seguía elucubrando sobre los diablos blancos, que el único motivo por el que nos había recogido era torturarnos con sus horribles sentimientos.

Pero qué pedazo de suerte la mía.

—Sea como sea, tú, chico, no conoces el sufrimiento. Y como veo que ignoras la historia real, del mismo modo que la mayor parte de los blancos, deberías estarme agradecido por lo que voy a enseñarte. Y tu amigo también.

Siguió divagando sobre la historia de África y cómo los europeos, de acuerdo con los árabes, iniciaron todo el asunto de la esclavitud. Quiero decir que gritaba y gritaba sobre ese asunto; sus ojos de loco echaban chispas por el retrovisor y como no podía hacer otra cosa que aguantarme, intentaba desconectar contemplando el abigarrado paisaje de la interestatal de Nueva Jersey, con las refinerías lanzando nubes de humo al cielo miraras donde miraras, cubriéndolo todo con una neblina turbia.

Cuando por fin nos detuvimos en un área de servicio cerca de Newark, juré que iba a besar el suelo, pero antes de que pudiéramos salir, descubrimos que aún tenía más cosas que decirnos.

—Bien —añadió volviéndose hacia nosotros— ahora, a acordarse de todo lo que he contado sobre el mal y la corrupción que fluye por las venas de los blancos, ¿de acuerdo?

—Claro, así lo haremos —contesté con mi estómago de blanco hecho un nudo.

—Y si fueran agradecidos y decentes de verdad, debería recibir algo por todas las molestias que me he tomado.

—¿Qué quiere decir usted con "algo"? —pregunté con la sensación de que iba a desplumarnos.

—Algo como dienero, chico. Después de todo no soy un autobús de la beneficencia para podridos niñatos blancos como tú y tu amigo.

Aquello me dejó estupefacto: Jimmy era mucho más oscuro que yo. Tenía casi una piel aceitunada.

—¿Como cuánto? —pregunté.

—¿Un billete de veinte?

—¿Veinte? No tengo ese dinero —contesté mintiendo.

—¿Seguro que no? —dijo él—. ¿Me tomas por un idiota? Tienes un aspecto demasiado bueno para estar sin plata. Ese —añadió señalando a Jimmy—, juraría que no tiene nada, pero tú, ni hablar.

—No, socio, digo la verdad.

—¿Socio? ¿Quién te da derecho a llamarme así? ¡No soy tu "socio"! ¿Quién mierda eres tú para mí?

Y justo entonces echó la mano debajo de su asiento, extrajo un garrote y dijo:

—¿Qué te parecería si te llevara hasta un sitio tranquilito y te diera un buen repaso? No sería nada raro teniendo en cuenta que aquí nadie parece apreciar la cordialidad que he dispensado.

Estampó con fuerza el garrote contra el asiento del copiloto.

—Sí, señorrrr, no le haría ningún asco a usar esto un rato.

De repente se me representó la imagen del tipo llevándonos hasta el extremo más alejado del aparcamiento, donde no se veía a nadie y los coches estaban alineados en un silencio neblinoso; podía ver cómo se desahogaba con nosotros y se marchaba tan contento.

Yo casi no podía hablar, y se me había encogido la pinga hasta prácticamente desaparecer.

—Pero puedes dar gracias a tu buena estrella de que hoy estoy de buen rollo y no soy ningún ladrón —añadió, pronunciando algo así como ladrrrón—, así que vengan esos veinte dólares y todos tan contentos. ¿De acuerdo?

—De acuerdo, de acuerdo —contesté yo con la cara completamente roja.

Llevaba unos cuarenta dólares en uno de mis bolsillos y otros doscientos más o así en el zapato, los ahorros que había hecho trabajando y lo que me quedaba del dinero que Gilberto me había dado para cuando vinieran mal dadas. Aunque no quería entregarle ni un céntimo, tampoco me apetecía que nos moliera a palos, así que saqué dos billetes de diez de mi bolsillo; me los arrebató enseguida.

—Ahora fuera de aquí, antes de que cambie de opinión.

Mientras salíamos tambaleándonos a la tarde asfixiante, él seguía murmurando toda clase de cosas horribles. Terminó con un:

—Bueno, buen día.

—¡Menuda mierda! —le dije a Jimmy.

—Ya puedes decirlo —contestó, echando mano al bolsillo para sacar un cigarro.

El asfalto de la estación de servicio estaba cubierto de charcos de grasa; unos empleados desastrados, sucios, llenaban los depósitos de gasolina de enormes camiones. Nos lavamos en unos servicios grimosos y luego nos tomamos una cerveza: quiero decir que nos bebimos las botellas dos y tres a toda velocidad en los servicios mismos; como no habíamos comido nada, se me subió a la cabeza, de un modo medio chispeante, que me bastó para fingir que no nos habían dado el palo. Luego nos encaminamos a la rampa de salida del área de servicio, donde sostuvimos por turnos nuestro patético cartel, mirando cómo pasaban por nuestro lado camiones y camiones y otros tantos turismos.

Finalmente Jimmy dejó caer el cartel y se sentó en la barandilla.

—Oye, Rico, esto es una mierda.

—Ya lo sé, pero no me vas a dejar tirado, ¿verdad?

—No, hombre, pero qué calor hace.

Después de un rato saqué un libro de la bolsa, una novela de Edgar Rice Burroughs y me puse a leer, sosteniendo el libro con una mano y balanceando el pulgar de la otra.

—¿Qué es esa mierda? —preguntó Jimmy.

—Ya lo ves, uno de mis libros de *John Carter de Marte* —contesté.

Me echó una mirada extraviada y sacudió la cabeza como si se estuviera preguntando en lo que se había metido.

Pero resultó que lo de leer fue una buena cosa, porque mientras seguíamos sentados en la barandilla, cocidos y desamparados, oímos un bip-bip: nuestro segundo coche se detenía ante nosotros. En esta ocasión el conductor no era un negro iracundo, sino una señora rubia con gafas de sol. Conducía un Ford Mustang descapotable blanco y supongo que le dimos pena o tal vez le tranquilizó el hecho de que yo parecía estudioso.

En cualquier caso se detuvo y nos dijo que subiéramos.

Cuando arrancamos, con los cilindros atronando, sus cabellos se convirtieron en una bandera que ondeaba tras ella. Aquel coche, con cromados relucientes y capó dentado, me recordaba a los que papá solía mirar cuando pasaban por la calle, como si en lugar de coches fueran mujeres atractivas, esa clase a la que silbaba admirativamente y que hubiera conducido si hubiera aprendido o hubiera podido permitírselo. Era algo con un cierto toque cubano.

Y allí estaba yo, bien cómodo en el mullido asiento de aquel descapotable, con la guapa señora al volante.

—Y bien, chicos, ¿por qué exactamente Wisconsin? —preguntó de la mejor manera.

Le conté lo de Gilberto.

—¿Una granja? —dijo—. ¡Me da la impresión de que va a ser muy divertido!

Conectó la radio; emitía música surf.

—Yo voy hasta Tylerville, un pueblecito de Pennsylvania central. Si no hay problema, me gusaría ir por una ruta mucho más agradable que esta interestatal. ¿Está bien, chicos?

—Ningún problema, pero... ¿tendremos que pagarle? —pregunté sintiéndome avergonzadísimo pero, al mismo tiempo, necesitando saberlo.

—¿Qué? ¡Pagarme! ¡Qué tontería! —contestó riendo.

Le conté entonces que nos habían dado un palo de veinte dólares.

—Hay gente que solo puede pensar en el dinero —dijo—, pero yo no soy de esa clase.

Volvió a reírse y añadió:

—Por cierto, me llamo Jocelyn.

—Yo, Rico, aquí mi amigo, Jimmy.

Le eché una mirada a Jimmy y le dije:

—¿Ves? No todos van a ser tarados.

—Ahora, chicos, a relajarse —respondió ella mientras pisaba el acelerador y nos lanzábamos por la interestatal de Nueva Jersey adelante.

Pasaron unas cuantas horas antes de que Jimmy y yo empezáramos a notar que íbamos realmente a algún sitio. Contemplábamos el paisaje y cruzábamos bajo las pasarelas con un zumbido; las salidas a las ciudades y las carteleras que pasaban en forma de manchas borrosas eran definitivamente geniales, y si cerraba los ojos y me concentraba en el viento que me daba en la cara, me sentía como si estuviera volando. Pero lo que me emocionó de verdad fue cuando por fin abandonamos la autopista y entramos en una carretera donde había una señal que decía:

BIENVENIDOS A PENNSYLVANIA.

¡Un nuevo estado! ¡Caray, me sentía como si fuera Colón con las costas de América a la vista!

El paisaje, entonces, empezó a hacerse cada vez más verde y más frondoso, como si fuera un país encantado de praderas, hermosos bosques y apacibles granjas. Veíamos pequeños huertos, bonitos establos y silos allá donde mirábamos, y vacas y más vacas que nos observaban pasar, la clase de cosa que solo se ve en los anuncios de las revistas y en las películas. El aire olía a árboles, a tierra y a agua: nada de agua del grifo, ni agua de boca de riego, ni siquiera agua de lluvia, sino a las aguas cristalinas que corren en regatos y arroyos. Todo ello te hacía sentir muy bien.

Se oían además toda clase de pájaros que cantaban en los árboles y hasta el rumor del viento en sus copas.

Era tan distinto todo a lo que Jimmy y yo estábamos habituados que me dediqué a darle incesantes sacudidas cuando pretendía quedarse dormido para enseñarle las vacas sobre todo; eso hacía reír a la señora que conducía, pero de un modo amable, como si mi asombro la hiciera feliz.

Casi todo lo que pasaba ante mis ojos me parecía emocionante: aunque solo nos habíamos alejado cuatrocientos kilómetros de Nueva York, bien podríamos habernos trasladado a otro planeta.

¿Y los tipos de las granjas? La señora me dijo que eran Amish y solo con mirarlos tenías la sensación de que estabas en una película antigua. Muchos llevaban largas barbas y vestían chalecos, chaquetas y sombreros negros y corbatas de lazo de fantasía; iban de un lado a otro en carritos tirados por caballos en lugar de coches.

Quiero decir que nunca había visto nada parecido.

Con todo aquello amontonándoseme en la cabeza seguía pensando en mi socio *John Carter de Marte* y un poco en *Huckleberry Finn* y el esclavo Jim fugándose juntos, y ¿sabes qué más? Sentía que mi socio Jimmy y yo también estábamos corriendo una aventura.

Me refiero a que era como si lo que hubiéramos sido antes ya no importara en absoluto.

Por si fuera poco, la señora era de lo más agradable. Tan tan agradable en realidad, que nos preguntábamos si estaba loca. No paraba de preguntarnos si teníamos hambre, y se detenía en un puesto de hamburguesas donde nos poníamos hasta arriba, para después acercarnos a una heladería de las antiguas donde nos compraba batidos y demás. Pagaba las cuentas sin decir ni mú, como si fuera rica y se hubiera propuesto cuidar de nosotros.

Cuando por fin nos dejó en un apeadero de camiones, poco antes de las seis de la tarde, con una tormenta que se preparaba bajo el solazo, me indicó que me acercara y me dijo:

—Rico, toma esto para que puedas pagar la comida después.

Y me dio un billete de veinte dólares.

Miré el billete, la miré a ella y exclamé:

—¿Bromea?

—No es nada, realmente —contestó—. Es que no quiero que alguien tan joven piense que la vida siempre es injusta.

Y entonces, sin darle mayor importancia, se introdujo en el coche y arrancó hacia su casa, que debía de quedar por allí.

Así que nos pusimos a esperar de nuevo. Entraban y salían toda clase de camiones y camionetas a llenar el depósito de gasolina o de gasóleo, pero eran sobre todo vehículos que hacían transportes locales. Cada vez que uno de ellos entraba, Jimmy se quedaba vigilando nuestras cosas y yo corría hasta el conductor para preguntarle con mis modales más corteses:

—Señor, ¿por casualidad no iría usted en dirección de la carretera 80 Oeste?

Y casi siempre el conductor meneaba la cabeza y contestaba algo así como:

—Eso es un cierto trecho en dirección sur. Unos cien kilómetros.

Todo lo que Jimmy y yo podíamos hacer era quedarnos por allí y no perder la esperanza, pero cuando se puso el sol el propietario de la estación de servicio cerró el negocio. Estaba apagando las luces cuando nos vio allí sentados, en un banco, cerca de los servicios, aplastando unos insectos verdes que parecían salir incesantemente de la tierra e intentando pensar cuál iba a ser nuestro siguiente movimiento. Jimmy no estaba de buen humor: hablaba muy poco y estaba enfadado porque se había bebido todas las cervezas que había traído. El tipo de la estación de servicio se dirigió hacia nosotros cojeando; parecía fibroso y tenía la cara muy curtida por el sol y como con bultos.

—¡Eh, chicos, no se puede pasar la noche aquí! —nos dijo echándonos la luz de una linterna a la cara.

Jimmy se limitó a contestar con un gruñido y se rascó la cabeza.

También debimos de darle pena porque nos habló de un motel barato en los alrededores donde podríamos pasar la noche por tres dólares cada uno; estaba incluso dispuesto a llevarnos hasta allí si queríamos y como no teníamos muchas alternativas porque cada vez oscurecía más, le contesté que claro que muchas gracias.

Nos llevó unos cuantos kilómetros por una carretera donde no había ni luces, ni señales de tráfico, ni nada, solo una oscuridad interminable en torno nuestro. Supongo que es en eso en lo que los bosques se convierten por las noches, pero no podía evitar el acojone. Estaba acostumbrado a una clase de oscuridad distinta en la ciudad porque, aunque te diera el miedo que te diera, al menos veías gente, y viviendas iluminadas, y farolas callejeras.

El motel, un antro llamado Gertie's, no era más que una serie de habitaciones colocadas en fila, formando una especie de pabellón. Cuando entramos en nuestro cuarto y vi las dos camitas, el viejo ventilador y una baqueteada tele en blanco y negro sostenida por un taburete, se me cayó el alma a los pies. ¿Qué clase de aventura era esta? Jimmy, sin embargo, se desplomó en su cama; el colchón se hundió bajo su peso. Agarró entonces su bolsa y sacó de ella un frasco de píldoras, desconocidas para mí. Se echó unas cuantas en la palma de la mano y cuando iba a llevárselas a la boca, se dio cuenta del modo en que yo le miraba.

Se puso nerviosísimo.

—Rico, ¿por qué coño estás mirándome de ese modo? Las tomo para mis quemaduras.

—¿Qué son?

—Son para el dolor *tisular*.

—¿Cómo?

—Sí, para los dolores del interior del cuerpo, socio. Y en cualquier caso son legítimas; cien por ciento legales. Llevo las recetas en el bolsillo.

—Ok, ok, no te hernies.

Me ofreció una, pero yo no quise.

Jimmy, más tranquilo, se acurrucó en la cama y pronto estuvo dormido. ¿Pero yo? Seguí pensando y pensando.

En primer lugar sobre el olor de aquel cuarto, a moho y al limón del Lysol al mismo tiempo. Después empecé a preguntarme cuánta gente habría estado haciendo el idiota en aquella cama, lo que me desveló del todo. Intentaba dormir, pero no podía: cada vez que cerraba los ojos veía a papá y mamá alucinando. Papá recorriéndose el barrio y preguntándole a todo el mundo si sabían algo de adónde podría haberme ido… luego vi a la policía llegando hasta nuestra puerta y supuse todos los chismorreos que se producirían en el bloque a causa de la visita de aquel policía.

Me levanté y me puse a jugar con la tele, ajustando su antena de cuernos y pasando de un canal a otro con la esperanza de que hubiera algo bueno, pero la mayor parte de las emisoras eran o muy malas o solo se veían estáticas. Por fin logré sintonizar una película que medio me puse a ver a pesar de los saltos de la imagen. Era de Godzilla, ese monstruo tan *cool* que estaba despedazando Tokio, pero tampoco me fue de gran ayuda. Veía todos esos edificios de apartamentos derrumbándose y el monstruo que los aplastaba y seguía pensando en mi casa y en papá de pie frente a la entrada y preocupado a más no poder.

El resto de los días que pasamos en la carretera, bien, terminaron convirtiéndose en una especie de potaje de trayectos variados, con unos cuantos tipos agradables y otros que no lo eran.

Aprendí unas cuantas cosas:

Puedes desplazarte centenares de kilómetros sin ver negros y si hay latinos por allí, deben de estar escondidos en alguna parte, porque tampoco dan señales de vida.

Se aprende que los adolescentes son, para algunos, como pasteles de carne. En nuestro segundo día, estábamos en Ohio, en medio de ninguna parte, cuando nos recogió un tipo que llevaba un coche alemán estupendo. Cuando nos sentamos detrás, sin embargo, insistió en que pasáramos adelante con él. Así lo hicimos, aunque Jimmy y yo estábamos de lo más incómodo apretujados el uno contra el otro. El conductor parecía agradable: nos hizo las preguntas habituales mientras atravesábamos aquellas bonitas carreteras, en la radio sonaba la música clásica más aburrida del mundo y él no dejaba de mirar en nuestra dirección y de sonreír.

Entonces, de repente, le dijo a Jimmy, que se sentaba junto a él:

—¿Y tú cómo te llamas?

—Jimmy.

—Jimmy, ¿sí? Tengo un amigo que se llama Jimmy y que es director de orquesta. ¿Te gustaría conocerle?

—Humm… no, en realidad, no.

—Pues tienes que conocerlo.

Y entonces, sin dejar de conducir, se bajó la cremallera y se la sacó: la tenía tiesa y empezó a meneársela a compás de la música.

—¡Este es Jimmy! —dijo tan contento—. ¿No es una ricura?

Jimmy, que posiblemente era el tipo más pacífico del universo, se volvió y le dijo con la cara como un tomate:

—¡Guárdese eso, señor, o le pateo el trasero hasta que le salgan callos en las amígdalas!

Y levantó el puño temblando, como si realmente estuviera dispuesto a encajarle una hostia al tipo.

—Ok, ok —dijo el hombre—. Solo quería un rato de diversión.

Aunque el tipo se la había guardado, Jimmy añadió:

—¡Ahora pare de una puta vez, ya!

Así lo hizo y unos segundos después estábamos nuevamente en medio de ninguna parte con nuestras cosas tiradas sobre el asfalto.

Pero en conjunto no fue un mal viaje.

Dormíamos algunas horas en las áreas de descanso que nos íbamos encontrando y tramo a tramo, ya fuera por carreteras locales o por la interestatal, que era más rápida, parecíamos progresar.

Es verdad que algunas áreas de descanso eran verdaderamente malas, pero otras resultaban agradables, con los chicos que trabajaban en los locales de comida rápida y en los restaurantes con aspecto saludable, de mejillas sonrosadas, como si fueran felices. Pennsylvania y Ohio me dieron esa impresión, y cuanto más al oeste llegábamos, más cortés parecía la gente; muy pocos de ellos llevaban en la cara esa expresión de quítate-de-enmedio tan habitual en Nueva York.

Y tengo que decir que, al principio, como que me gustaba estar rodeado de aquellos tipos blancos. Quiero decir que no sentía que nadie me estuviera juzgando en modo alguno; me daba cuenta de que los sitios agradables tenían un efecto calmante sobre la gente, aunque también de que algunos de los chicos que trabajaban detrás de los mostradores –esto es, los que no sonreían todo el rato–, parecían muertos de aburrimiento.

Cuando tenían la radio puesta en aquellos locales de hamburguesas, no salía de ellas ni un solo verso de una canción en español: solo las voces gangosas de *cowboys* que acompañados por guitarras distorsionadas, cantaban a las muchachas exuberantes y al brillante sol. La alternativa solía ser empalagosa música ambiental. Y si entrabas en una tienda de comestibles no había forma de encontrar un racimo de bananas, o unos buenos chorizos o un sándwich cubano (ese que se hace con puerco, queso, pepinillos dulces y pan tostado) a los que hincarles el diente, así que le dije a Jimmy:

—Ya no estamos en Nueva York.

Por otra parte, incluso aunque aparecieran el mismo tipo de comercios una y otra vez, McDonalds y Burger Kings sobre todo, en unos pueblos tan pequeños había muchas bonitas bibliotecas, e iglesias, y escuelas con grandes campos de juego. Oye, que hasta los cementerios parecían agradables y cómodos.

Era como un mundo completamente nuevo.

Como si Jimmy y yo acabáramos de aterrizar en un cohete espacial.

O como si hubiéramos llegado a uno de estos lugares en una balsa.

Tramo a tramo conseguimos llegar a Chicago y Chicago, me dijo un mapa, no estaba tan lejos del sur de Wisconsin ni de un pueblo llamado Janesville, que era el más cercano al de Gilberto.

Nuestro último conductor, que nos recogió hacia las once de la mañana, era un tipo así como ángel del infierno, con la piel completamente cubierta con tatuajes de dragones rojos y púrpuras. Era un individuo enorme, corpulento, con barba y de aspecto duro. Vestido de cuero, daba absolutamente el tipo, pero si era un ángel del infierno no tenía nada que ver con los que solían frecuentar Greenwich Village; no se comportaba como si tuviera que ir de matón todo el rato, tal como hacían los ángeles de Nueva York. En realidad iba escuchando a los Beatles en la radio y cuando Jimmy y yo subimos a su camioneta, no pudo comportarse más amistosamente. Además, en aquel vehículo se percibía el dulce olor de la hierba. ¡Aleluya!, apareció impreso en toda la cara de Jimmy. El conductor, que era absolutamente *cool* y no le preocupaban nada los policías, iba tan contento colocado y acelerando, y no dejó de

167

reír ni un momento mientras nos ofrecía sus canutos a Jimmy y a mí.

En cualquier caso, aproximadamente a las doce y media, cuatro días después de que hubiéramos salido de la ciudad, aquel ángel del infierno o lo que fuera, nos dejó en una estación de servicio de las afueras de Janesville.

Me acerqué a una cabina telefónica, eché una moneda de diez centavos y llamé a Gilberto.

tercera parte **DIVERSIONES DE TODA CLASE EN LA GRANJA**

doce

Cuando sonó el claxon
de la camioneta de Gilberto anunciaron su llegada, se
acercó hasta donde esperábamos y se detuvo, no podía
creer cuánto había cambiado. ¿Era él de verdad?

Llevaba un sombrero de paja lacada y un overol de
trabajo sobre una camisa bastante ridícula con todo tipo de estrellitas y aunque conservaba la perilla, se había
dejado unas patillas muy largas, como los camioneros,
si bien había reducido el volumen de su peinado afro.
Mascaba un palillo, como siempre, y llevaba el ala del
sombrero caída sobre su alargado rostro, que estaba en
sombras; tenía una pinta tan de granjero como el puertorriqueño de Nueva York que más pudiera tenerla.

Aparcó la camioneta y salió de ella de un salto,
con la sonrisa más amistosa del mundo pintada en la
cara.

—¡Eh, locos, prueba superada! —dijo chocando los cinco conmigo y dándole a Jimmy un apretón de manos. Entonces nos miró de arriba abajo sonriendo.

—¿Qué es tan gracioso? —le pregunté.

—¡Chicos, qué pinta tan de Nueva York!

—¿Qué quieres decir? —dije mirándome a mí mismo—. ¿Es el modo en el que vestimos o algo así? —pregunté pensando que quizá fueran nuestras zapatillas Converse, que hacían furor en Harlem.

—Humm… —contestó Gilberto inclinando la cabeza a un lado—: ¡Es la expresión! Como esperando que nos dieran el palo. A ver, chicos, tengo noticias: esto no es Nueva York.

—Lo sé, lo sé —respondí.

—¡Así que alegría! ¡Quiero ver una sonrisa! Estamos oficialmente en la tierra de la leche y la miel.

Echó nuestras cosas a la trasera de su camioneta y nos dijo que subiéramos.

Salimos del pueblo por una carretera somnolienta por la que casi no pasaba nadie; veíamos campos y campos a los lados y algún tractor de vez en cuando. Uno de los granjeros nos saludó del modo más amistoso, como si fuera amigo de Gilberto.

—¿Conoces a ese tipo? —le pregunté.

—No, es la costumbre aquí —y devolvió el saludo con la mano.

Sin mostrar ninguna prisa –Gilberto no conducía a más de 25 por hora, relajado, con el codo fuera de la ventanilla–, de vez en cuando inspiraba profundamente el aire campestre, una mezcla de estiércol de vaca, maíz cortado y fertilizante, y sonreía igual que si fuera el más delicioso de los perfumes. De cuando en cuando una brisa, como procedente de un jardín, nos refrescaba. Con el cielo tan azul, sin rastro alguno de gran ciudad en torno a nosotros y con los pájaros piando en los árboles celebrando una fiesta enloquecida, empezabas a sentirte relajado y perezoso, como si por fin hubieras llegado al campamento de verano al que nunca asististe de niño.

¿Una tierra de leche y de miel? No sabría decirlo, pero era un lugar diferente de verdad, tan bonito y tan apacible, donde no se veía ni una sola jeringuilla usada por ninguna parte.

Gilberto no dejó de charlar durante todo el trayecto.

—¿Ves esa granja de allí, la del tejado rojo? —decía señalando—. Vive en ella una chica de lo más linda con la que llevo tiempo intentando quedar, pero su viejo es uno de los pocos de por aquí que a causa de esto, ni siquiera me saluda.

Gilberto se subió la manga y se palmeó la oscura piel de su antebrazo.

—Me mata de verdad, porque cuando la he visto apoyada en la cerca, me he detenido a hablar con ella y siempre me ha parecido que le interesaba conocerme mejor. No dejo de echarle el ojo, claro, aunque apostaría a que su viejo es miembro del Klan.

Miré fijamente a Gilberto:

—¿Del Ku Klux Klan? Bromeas, ¿no?

—Pues no —contestó Gilberto—. He oído que en años pasados han cometido alguna fechoría. La mayor parte de la gente de por aquí es muy agradable, no tienen prejuicios en absoluto, pero ya se sabe, algunos piensan de aquella manera.

Se rascó la barbilla.

—Me refiero a que, cada vez que el padre ve mi camioneta por los alrededores, se queda mirándome y mirándome —se encogió de hombros y añadió—: ¿Pero qué se puede hacer?

Entonces me palmeó la rodilla y me dijo:

—¿Ves eso de allí?

Señaló una cabaña de troncos a un lado de la carretera.

—Se llama Hunter's Barn. Si tienes hambre y quieres llenar la tripa, vas ahí. Por dos dólares te ponen una bandeja con filete, huevos, tortas calientes, salchichas y sirope. Lo que hay al lado es una tienda de comestibles, aunque por aquí se les llama "almacén general". Puedes comprar en ella cualquier cosa apetecible de las que no hay en el este, como buey o cecina de venado, sirope o lo que se te ocurra.

Maldición, ¿estaba imaginando cosas o Gilberto había utilizado de verdad la palabra "apetecible"?

—¿Sabes cuánto cuesta aquí una caja de cerveza de Milwaukee? —y antes de que pudiéramos adivinarlo, añadió—: dos veinticinco las veinticuatro latas. Las cosas como la leche, la mantequilla o el queso se venden por centavos. Es increíble; es que de aquí sale todo.

Yo estaba ansioso por echarle un vistazo a todos estos sitios nuevos, pero Jimmy no parecía precisamente encantado:

—Interesante, sí —comentó con cara de aburrido.

Me pregunté en qué estaba pensando.

—Pero, vamos, mi granja no queda lejos de aquí —continuó Gilberto—. Ahora vamos a ser siete en total.

—¿Siete? ¿Es que tienes una comuna o algo parecido?

—No, es que alquilo algunos cuartos —contestó Gilberto—. Es un sitio grande de la leche y se vive bien en él, pero hay algo que no te va a hacer ninguna gracia.

Me preparé para lo que viniera antes de decir:

—¿Y de qué se trata?

—Solo pago doscientos dólares al mes de alquiler. Eso incluye la gran y vieja casa, un establo y quince acres de tierra.

Yo nunca silbaba, pero lo hice entonces, como si aquello fuera lo más de lo más.

—Tenemos electricidad, teléfono y agua corriente que bombeamos de un pozo para lavarnos y cocinar, pero, el asunto es que, cuando se trata del retrete, usamos un retrete exterior[4]. Es lo único realmente malo de este sitio.

¿Retrete exterior? Jamás lo había oído, así que dije:

—Oye, siento parecer un idiota, pero, ¿qué demonios es un retrete exterior?

Gilberto se echó a reír.

—Déjame que te lo diga de este modo, Rico: ¿cómo te parece que se las arreglaban antes de que hubiera retretes con cisterna?

—Pues, no sé: quizá lo hacían en su patio trasero detrás de un arbusto o algo.

Gilberto hizo chasquear los dedos y exclamó:

—¡Huy, casi! Cavaban un hoyo profundo en el suelo y ponían encima un pequeño cobertizo, dentro del cual la gente hacía sus cosas.

Coño, estupendo. Incluso Jimmy, que estaba medio dormido, me echó una mirada.

---

4. Retrete exterior: excusado

—¿Quieres decir que no tenemos un retrete normal? —pregunté.

¿Cómo podía ser eso? ¿No había ganado la lotería?

—Pues no —contestó Gilberto sacándose el palillo de la boca y sonriendo ampliamente—. Pero no tiene mayor importancia: siempre puedes alejarte unos metros si quieres orinar, pero si se trata de algo más complicado, utilizas el retrete exterior.

Jimmy tenía pintada en la cara una expresión de "¡guuuuaaau, bien!".

—Es el principal motivo por el que el alquiler es bajo —explicó Gilberto—. Es como un retroceso a los antiguos tiempos y a consecuencia de ello, no es algo que le apetezca mucho a la gente, sobre todo cuando toca limpiarlo.

¿Qué?

—¿Hay que limpiar eso?

—Sip —contestó Gilberto asintiendo con la cabeza, y con esa sonrisa en los labios de cómo-me-lo-estoy-pasando—. Alguien tiene que hacerlo. Cada cierto número de meses, dependiendo, naturalmente, del tráfico.

—Guau —dije imaginándome lo que mamá y papá, que habían venido de granjas en Cuba, hubieran pensado de saber que había ido a dar a un sitio sin retrete. Podía oír cómo se carcajeaban por todo el territorio de Estados Unidos de América, podía verles sacudiendo la cabeza.

Gilberto vivía a medio kilómetro de una carretera que atravesaba unos maizales abandonados, donde los cuervos y otros pajarracos se daban el banquete zampándose fila tras fila de mazorcas renegridas. Haciendo sonar la bocina para espantarlos, puso una mueca cuando todas aquellas aves negras se lanzaron al cielo como flechas.

—Todo ese maíz podrido es mío —dijo riendo—. Está claro que como granjero no soy gran cosa.

—¿Cultivas maíz?

—Lo intento —contestó Gilberto con una risita—. Empecé esta primavera, pero fui tacaño con los pesticidas y, chico, los granjeros de aquí se morían de risa —continuó saludando con un bocinazo a otro camión que pasaba—. Me dio por pensar que si utilizabas la mitad del que hacía falta crecería por lo menos la mitad del maíz, pero lo que he cosechado principalmente son insectos: escarabajos del maíz, larvas de polillas y pequeños áfidos hambrientos, todo lo que se te ocurra. Y chico, cómo les gusta tragar.

—Suena como si lo hubieras tenido muy claro.

—Sip. Pero a veces, lo que parece muy fácil no lo es en absoluto.

Subimos un pequeño trecho por una carretera de tierra, dejamos atrás un viejo establo con montones de maquinaria oxidada, un carro sin ruedas, carretillas y toda clase de bidones de leche y de sillas rotas; hasta un sofá que había conocido días mejores, y llegamos por fin a la casa misma: era una edificación grande, antigua, deteriorada, con aspecto poco sólido. Tenía un techo en ángulo y la mitad de la pintura estaba levantada. En uno de los lados de la casa se veía un andamio de fabricación casera con latas de pintura en la parte inferior. Gilberto aparcó y cuando salíamos, vio cómo miraba yo el andamio:

—Oye —dijo—: ¿Alguno sabe pintar?

—Supongo —asentí.

¿Sería muy difícil?

—Estupendo, porque me vendría muy bien una mano.

No me importaba; algo tendríamos que hacer.

—Claro, ¿cuándo?

—Luego, primero hay que dejar el equipaje.

—¿Te parece bien, Jimmy?

Se estaba ajustando el pañuelo y mirando a su alrededor.

—*No problema* —dijo medio derrengado.

Pero yo me di cuenta de que Jimmy se estaba preguntando dónde demonios había ido a meterse.

En el interior se acumulaba tanta o más basura que en el exterior. La casa estaba atestada con objetos que habían dejado los anteriores ocupantes o que Gilberto había ido recogiendo por allí, como viejas mecedoras y baúles, algo que parecía la rueca de una bruja y montones de otras cosas. El suelo de madera estaba cubierto por alfombras destrozadas, en un rincón se veía una panzuda estufa y pilas de revistas amarilleaban junto a las paredes.

El sitio olía así como raro, a musgo, y empeoró cuando subimos al primer piso. Gilberto nos acompañó a nuestros cuartos: estaban al final de un pasillo donde se notaban corrientes de aire, de unos seis metros de longitud, y que llevaba, nos dijo Gilberto, al retrete exterior, separado del resto de la edificación.

—Uf, chico —dije dejando mi equipaje en el suelo, con un fuerte olor a amoníaco de ya-sabes-qué en las narices—. ¿Siempre es así? —pregunté.

—No siempre —contestó Gilberto sonriendo—. Algunos días son peores que otros: cuando hace calor puede ser realmente horrible, pero te acostumbras.

—Ya me lo imagino. ¿Y por qué está aquí arriba?

—Porque en invierno nadie quiere salir. Por aquí hace frío, pero frío en serio.

Miré a Jimmy que puso una cara como diciendo "¡genial!".

—Venga, adelante, se puede echar un vistazo —me animó Gilberto.

En cualquier caso yo tenía que mear, así que me adelanté por el pasillo, con los tablones del suelo crujiendo bajo mis pies, abrí la puerta de un empujón y el olor casi me hizo vomitar. Había unos cubos con cenizas junto a la puerta y un par de carteles en la pared. Uno de ellos decía: SI LA MIERDA FUERA DINERO, LOS POBRES HABRÍAN NACIDO SIN TRASERO.

—¿Y no hay nada en la planta de abajo? —le pregunté a Gilberto al salir; no me apetecía dormir en Villafétida todas las noches.

—Me temo que no: todas las habitaciones de la planta baja están ocupadas. Pero como he dicho, es cuestión de acostumbrarse.

Me dio un golpecito de ánimo en la espalda.

—Venga —añadió—. Luego tomamos una cerveza y comemos algo.

Mi cuarto, aunque poca cosa, era bastante agradable: un catre, una mesa, una lámpara y una silla, un espejo manchado y un suelo que crujía. Pero lo que sí era de llamar la atención era la vista: la ventana daba al oeste, y como la tierra era muy llana, podías ver otras granjas (sus establos, sus silos, las casas que proyectaban sombras) aunque quedaran muy lejos. Los campos encajaban en la descripción de "ondulantes", como algo sacado de una bonita película o de un anuncio de Gigante

Verde en la televisión. Se podían distinguir incluso los tractores, como juguetitos a lo lejos, haciendo las cosas que hagan los tractores.

Sí, claro, arando, escardando, lo que fuera.

Sólo con mirar por aquella ventana me sentía como si estuviera a un trillón de kilómetros de todo lo que me fastidiaba de la ciudad, cosas como esperar en un lóbrego andén del metro o caminar por los bloques de noche y saber que alguien, en alguna parte, que había salido a pegarte el palo, acechaba todos tus movimientos. Era fantástico pensar que aquí eso no podía ocurrir de ninguna manera. Estos amplios espacios abiertos parecían mil veces más pacíficos que cualquier lugar de Nueva York, parques incluidos.

Eso me gustaba de verdad: me hacía sentir una tranquilidad que no recordaba haber sentido antes. Levanté la vista al cielo, hacia unas pocas nubes deshilachadas que flotaban en él y quise beberme aquel hermoso azul, un asombroso azul que parecía como de otro mundo.

trece

Después del almuerzo

Gilberto nos entregó unos overoles de trabajo a Jimmy y a mí, y lo siguiente que supimos fue que estábamos en el patio intentando poner nuestros perezosos traseros a trabajar. Ninguno de los dos estaba entusiasmado. Después de la paliza del viaje, nos habría venido bien una tarde libre, pero le dije a Jimmy que no estaría bien que no echáramos una mano, teniendo en cuenta lo bien que Gilberto se había portado en lo que se refería a que nos quedáramos con él. El problema es que estábamos medio mareados de las cervezas que habíamos bebido con nuestros sándwiches de mortadela, y eso me lleva a formular un principio inamovible: no te bebas tres botellas de cerveza y te subas después a un andamio con la altura de un segundo piso una tarde calurosa a pintar una casa.

Para empezar, cuando Jimmy se puso a subir por la escalera, resbaló y se habría caído hacia atrás con cubo de pintura y todo si Gilberto, que ya estaba arriba, no lo hubiera agarrado a tiempo. Yo estaba abajo manteniendo firme la temblequeante estructura, pero cambié mi sitio por el de Jimmy. En unos segundos estaba a una altura de ocho metros, con un cubo de pintura y un par de brochas y rascadores.

—Lo que tienes que hacer, Rico —me dijo Gilberto haciéndose con un rascador—, es eliminar la pintura vieja de este modo, ¿lo ves?

Me mostró el modo de hacerlo: sus pasadas con el rascador producían una catarata de fragmentos de pintura que parecían copos de nieve.

—Pero ten cuidado al andar por esos tablones —me advirtió—. O sea, que no te muevas demasiado rápido.

No era un trabajo muy difícil, y cuando terminamos de limpiar con los rascadores aquella sección del muro, Gilberto me tendió una lata abierta de pintura blanca.

—Verás que es bien fácil —dijo revolviendo la pintura con la brocha hasta que tomó el aspecto de crema batida—. Limítate a extenderla, ¿de acuerdo? Me refiero a que esto no es el Taj Mahal.

—Entendido —contesté.

Así que pintamos y pintamos, Jimmy sujetando el andamio abajo y Gilberto silbando feliz como solía hacer cuando entregábamos periódicos juntos.

Gilberto se puso a hablarme de la gente que estaba viviendo con él, y me contó que una chica de Colorado, de dieciocho años, muy guapa, era su rollo actual.

—Luego conocerás a Wendy —me dijo—. Esta noche vuelve de Madison.

Yo le estaba contando nuestro viaje con detalle, y le decía lo contento que estaba de verle de nuevo cuando, de repente, como sin darle importancia, se volvió hacia mí y me dijo:

—Rico, tengo que preguntarte una cosa.

—¿Sí?

—¿Cuánto tiempo piensas quedarte?

Me sorprendió que lo preguntara, así que me lo pensé y, después de un momento, dije:

—Tanto como a ti te parezca bien. ¿De acuerdo?

—Claro, pero ¿les vas a contar a tus viejos alguna vez que estás aquí?

"Uh-oh", pensé, notando que la cara se me ponía como un tomate.

—No sé cómo voy a poder —contesté—. Quiero decir, que si lo hago, puedes estar seguro de que doy con mis huesos en Florida.

—Pero tendrás que contárselo más tarde o más temprano, ¿no? —me preguntó como si se hubiera convertido en mi conciencia.

—Claro —contesté, pero ni siquiera podía empezar a imaginarme lo que les diría, y no tenía ninguna gana de pensarlo en aquel momento, porque acabamos de llegar y porque, en cuanto me pusiera a ello empezaría a sentirme mal. Gilberto, que me conocía bien, lo advirtió.

—Mira, no quiero comerte el coco, pero es algo en lo que hay que pensar, es todo lo que digo. Solo se tienen unos viejos, ¿no?

Me limité a asentir con la cabeza y Gilberto, habiendo dicho la suya, se puso a silbar otra vez, aunque me daba cuenta de que mi actitud le resultaba más o menos molesta.

Esa tarde aprendí que ciertos pensamientos pueden fastidiarte de repente, como, por ejemplo:

"¿He hecho lo correcto?".

"¿Soy un mal tipo por haberme escapado?".

Y otras cosas de ese estilo.

En fin, que después de un rato empecé a volverme descuidado. Aplicaba la pintura tan rápidamente como podía, trabajando en uno de los aleros del tejado, que alcanzaba a duras penas incluso poniéndome de puntillas, cuando llegué a una especie de bolsa arrugada que colgaba de una esquina. La golpeé unas cuantas veces con mi brocha para hacerla caer pero la bolsa se puso a zumbar inmediatamente. Entonces apareció arrastrándose desde un agujero una avispa negra con una cabeza en forma de casco y muy mala pinta, y un aguijón saliéndole a medias por el trasero. Despegó como un caza a reacción y empezó a describir círculos a mi alrededor.

—¡Maldita sea! —grité, sacudiendo brochazos al aire.

Por suerte conseguí aplastarla contra el muro con la brocha pero, casi inmediatamente, empezaron a salir más de esas bolsa, como veinte o treinta más, y juro que parecía que se hubieran comprometido a acabar conmigo. Tal vez fuera el efecto de las cervezas que había bebido, pero doy mi palabra que me pareció ver en ellas las caras de mamá y papá, absolutamente furiosos e intentando picarme en el trasero. Todo lo que yo podía hacer era manotear frente a ellas y, mientras daba saltos de un lado para otro, el andamio empezó a oscilar como loco.

—¡Baja ahora mismo, coño! —exclamó Gilberto encaramándose por la escalera, mientras yo iba también hacia ella gritando "¡ajúm!" y "¡por favor, por favor!" a las avispas; en ese momento le pegué una patada a la lata de pintura y la lancé hacia un lado, medio cubriendo de blanco la cabeza de Jimmy.

Daba agobio verlo, pero también resultaba cómico. Cuando llegué al suelo, el pobre Jimmy estaba allí, de pie, quitándose aquello de la cara.

—¿Estás bien? —pregunté.

—¡Sí, estupendo, Rico, me ha encantado! —contestó.

Entonces nos echamos todos a reír, Jimmy incluido.

—Quieto ahí un momento —le dijo Gilberto a Jimmy. Agarró una manguera del jardín, y empezó a desparramar agua sobre él, intentando quitarle la pintura de encima y diciendo:

—¡Yo te bautizo en el hombre de las malditas avispas, del verano y de la naturaleza HP!

—Sigue echando —dijo Jimmy.

Así lo hizo Gilberto, y no sólo duchó a Jimmy: llevó también la boca de la manguera hacia su propia cabeza, se empapó, y después, me apuntó a mí. Puedo decir que además de sentar bien el agua fresca, también apareció un arco iris encima del chorro.

Pero a mí me dolía la cabeza: me toqué y noté un bulto que aumentaba de tamaño.

También me empezaban a doler el brazo y la pierna, y después el cuello. Me habían picado cuatro veces y cada una de las picaduras dolía como diablos.

catorce

Aquella tarde Jimmy y yo conocimos a todo el mundo. Polly era una estudiante de arte de la universidad de Gilberto, y Bonnie y Curt una pareja *hippie*. Bonnie se parecía a la chica de las cajas de las pasas *Sun-Maid*, pero con tres tallas más, mientras que el chico me recordó al cantante James Taylor, flaco como un huso, con pelo largo de verdad y unas patillas que le rodeaban las quijadas. Polly era tranquila, con una bonita cara alargada, gafas de montura de alambre y un pelo que le llegaba hasta la cintura.

La mayor sorpresa fue la chica de Gilberto. Llegó un poco después de las ocho, cuando todos nos sentábamos por allí con platos en el regazo llenos de un estrafalario guiso vegetal hecho con okra, rábanos, zanahorias y berenjenas, que Bonnie sirvió con arroz integral; lo más insípido que he comido en mi vida (con todo y eso dejé limpio el plato y le dije "¡Vaya, qué rico!").

Como Gilberto me había dicho que Wendy era de Colorado, yo esperaba una chica campestre americana típica, pero Wendy era tan negra como se puede ser. Alta y delgada, con un gran peinado afro, se precipitó en la habitación vistiendo botas altas y una minifalda de ante.

Después de que Gilberto nos presentara, sonrió y me dijo "¿cómo lo llevas?" acompañándolo con un pequeño floreo de sus dedos de largas uñas y haciendo tintinear los brazaletes de sus muñecas. Después se volvió hacia Gilberto y le soltó:

—¡Señor, estoy muerta de hambre! Gilly, ¿qué tenemos para comer?

"¿Gilly?", pensé. "¿¡Gilly!?". Diosito de mi vida.

Cuando se lo dijimos exclamó:

—¡Yupi, me encantan las verduras!

Y al empezar a comer, soltó, en serio, dos "¡rico, rico!".

Jimmy me miró, estupefacto; yo sabía exactamente lo que estaba pensando: habíamos oído de chicas negras que se comportaban como si fueran blancas, pero nunca nos habíamos encontrado con ninguna. Y ahí estaba ella, sentada frente a mí en una gran silla tapizada, charloteando feliz.

Cuando terminó la cena, sacó un trozo de papel, lo movió en el aire y dirigiéndose a nadie en particular preguntó:

—Acabo de terminar mi último poema. ¿A quién le gustaría oírlo?

Todo el mundo se apuntó entusiasmado.

Con su larguirucho armazón apoyado contra el marco de una puerta y una cerveza en una mano, Gilberto se limitó a hacer un guiño en mi dirección y a poner los ojos en blanco.

—Lo he titulado —dijo Wendy con un tono de voz de repente serio— "¿Quién soy yo?".

Se aclaró la garganta y comenzó:

¿Quién soy yo?
Solo un alguien.
Un alguien
Hecho de huesos
Tendones
De neuronas
De sinapsis
Y suculencias
Que carne negra merece...

Y continuó de ese modo durante unos diez minutos. El poema sonaba bastante bien, especialmente cuando se puso a hablar, sin pelos en la lengua, de ciertas partes de su cuerpo. Nunca había oído nada parecido. Cuando acabó y todos aplaudimos, ella hizo unas reverencias, como una bailarina, resplandeciente de satisfacción.

A aquellas alturas Jimmy y yo estábamos molidos, intentando no bostezar, y a mí todavía me dolían las picaduras. Quiero decir que había sido un día muy largo. Pero en el momento en el que Jimmy, que todavía llevaba restos de pintura adheridos a la piel, empezó a subir las escaleras detrás de mí, Curt sacó un porro y Jimmy se lo pensó mejor y retrocedió.

—Luego voy —me dijo.

Subí a mi cuarto sin importarme nada dejarlo atrás. Lo único que me apetecía era leer un rato: aquella noche iba a ser *Huckleberry Finn* de nuevo, un libro que siempre me hacía sentir bien, como si el mismísimo Huck Finn estuviera allí, en mi cuarto, contándome su historia del modo que él la contaba, que se te quedaba en la cabeza. A pesar de que todo el mundo reía en el cuarto de abajo, y yo oía la música y las pisadas de los que iban a usar el retrete exterior y los grillos de los campos, que eran como un millón de voces hablando a la vez, el libro me hizo compañía hasta que se me empezaron a cerrar los ojos.

Lo mejor era que, tumbado en la cama podía ver el cielo a través de mi ventana con todas esas estrellas, de una forma imposible en Nueva York, como si fueran sal derramada sobre una mesa negra, montonazos, y con pequeñas estelas que cortaban el horizonte de cuando en cuando, tan bonitas y tan tristes al mismo tiempo, como si el cielo llorara. No sé exactamente cuándo, pero en algún momento en mitad de la noche, mientras todo mundo dormía, tuve que bajar al patio a contemplar aquellas estrellas en toda su gloria. Me tumbé boca arriba en la hierba, levanté la vista y contemplé algunos de los planetas y las constelaciones que había aprendido en la escuela: Venus y Marte quizá, Hércules, la Osa Mayor y la Osa Menor, y la Estrella Polar plateada y reluciente como un adorno navideño.

O Casiopea, una dama sentada no en el metro y preocupada por su bolso, sino arriba, en el firmamento.

Y Capricornio, el calentón.

Y el Cisne…

Después de un rato, vi también muchas otras cosas, como caballos que saltaban a través de las galaxias, cohetes espaciales que, zumbando, dejaban la Luna atrás, hasta ángeles punteando una guitarra o dos. Entonces tracé un mapa del mundo extendido en el espacio, y allí vi una pequeña isla con forma de cocodrilo y recordé a papá enseñándome un mapa y diciendo: "Mira esta isla, hijo, es Cuba. Nunca la olvides, ¿ok?". Vi también botellas de cerveza y cubos de basura, pero desaparecieron.

Entonces, y no estaba fumado, me sentí como si nadara en la Vía Láctea. Jamás la había visto antes con tanta claridad, ni siquiera desde el tejado de nuestro edificio de apartamentos, ese inacabable chorro de estrellas, como un río que sigue su curso, tan hermoso y todo eso, estirándose como la alfombra de Aladino en todas direcciones hasta alcanzar los extremos más alejados del espacio exterior.

Como antes dije, era un mundo completamente distinto.

quince

A Gilberto, a Jimmy y a mí nos llevó dos semanas terminar de pintar la casa, tarea que me dejó la mano derecha cubierta de ampollas y a Jimmy quemado por el sol de una forma a la que no estaba acostumbrado excepto en la parte que cubría el pañuelo del cuello. Se quejaba muchísimo. Podía ponerse por ejemplo en el andamio junto a mí, y decir cosas como:

—Rico, está bien, pero no cobramos ni un centavo por lo que hacemos.

—Nos paga la habitación y la comida, ¿de acuerdo?

—Sí, pero es más bien cutre —decía Jimmy enfurruñado.

Al principio no me percaté, pero luego caí en la cuenta de que probablemente aún le dolía el modo en el que su viejo solía hacerle trabajar por nada.

—Escucha, Jimmy —le dije un día—. Gilberto se encarga de nosotros, ¿sabes? Me refiero a que paga la renta y compra la comida, ¿no?

—Pues sí —contestó Jimmy como si no quisiera oírlo.

—Así que es lo menos que podemos hacer.

—Sí, lo sé —respondió—. Pero ya llevamos un tiempo y esta mierda se me está haciendo aburrida.

—Mira, tenemos que hacer lo que tenemos que hacer, así que tómalo con calma, ¿de acuerdo?

—Ok —contestó Jimmy metiendo la brocha en el bote de pintura a cámara lenta.

Pero, a pesar de todas sus quejas, me di cuenta de una cosa: cada vez que esta jeva, Polly, salía de la casa y echaba a andar por los campos cargada con un caballete, una silla plegable y una caja de madera llena de acuarelas, óleos, o lo que fuera que usara, no lo sé, Jimmy se la quedaba mirando como alelado. La chica, que se protegía del sol con un sombrero de paja, buscaba un sitio que le gustara con una buena vista de las granjas circundantes o tal vez un campo repleto de flores silvestres, dejaba sus útiles en el suelo, se sentaba delante de su caballete y se ponía a dibujar tranquilamente.

Jimmy, en lo alto del andamio, no le quitaba los ojos de encima.

—Eh, Jimmy, ¿qué te ha dado? —le pregunté un día señalando hacía donde Polly se sentaba.

—Nada, socio, sólo intento pintar esta mierda.

—Pero si no le quitas la vista de encima a esa Polly. ¿De qué vas?

—No voy de nada, solo siento curiosidad, eso es todo. Ella dibuja, ¿no?

Enjugó el sudor de su frente; tenía los cristales de las gafas empañados.

—¿Por qué no te acercas a ella y le explicas que tú también tienes dotes artísticas? —dije.

—Olvídate. ¿Qué iba a hacer ella con un tipo raro como yo? —contestó Jimmy lanzando pintura contra el muro como si lo golpeara—. Me he fijado en cómo ella, y todos los demás, me miran porque siempre me estoy cubriendo el cuello.

—Te imaginas cosas —dije, pero al mismo tiempo pensé en cómo había noches que le oía desde mi cuarto, contiguo al suyo, gimotear en sueños, como si se estuviera quemando de nuevo—. No puedes recrearte en esos malos pensamientos. ¡Si eres un artistazo! Apuesto lo que sea a que se vuelve loca cuando le enseñes lo que haces.

—No es eso —dijo él—. ¿Qué pensaría después de ver esto tan feo? —añadió tocándose el pecho por debajo del cuello—. ¿Quién querría tener algo con alguien así?

Entonces retiró el pañuelo y me enseñó sus cicatrices por primera vez. Parecían como la Luna, con cráteres, olas y crestas, todo rarísimo. La piel era muy diferente: ni blanca, ni negra, ni algo intermedio, sino algo distinto, como el púrpura de un cangrejo frito al que le dan un pisotón.

Yo me quedé asombrado.

—¿Quieres tocarlo? —dijo con una sonrisa demente.

—¡Ni hablar!

—Ya lo ves, socio; si tú piensas que es feo —dijo Jimmy—, imagínate cómo me siento yo llevándolo permanentemente conmigo.

Se cubrió de nuevo y añadió:

—Así que, Rico, en cuanto pienso en acercarme a alguien, miro esta mierda en el espejo o le paso la mano por encima y me digo a mí mismo "ni hablar, chico".

¿Qué podía decir yo? Las cicatrices eran horrorosas, pero de algún modo conseguí articular lo siguiente:

—¡Eh, hasta el monstruo de Frankenstein tenía su punto, ¿oyes?! ¡Y Drácula también!

—Jur jur. ¡Muchas gracias, socio!

—¡No, lo que quiero decir es que hables con ella! —contesté intentando animarle—. ¿Qué puedes perder?

Jimmy se limitó a suspirar, como si eso nunca fuera a ocurrir.

Cuando terminamos de pintar la casa, se me ocurrió que podríamos no hacer nada por un tiempo, y así lo hicimos, aunque en realidad nos dedicamos a dar vueltas por la granja buscando cosas que hacer. Yo tenía mis libros, mi música, mis guiones de cómic, pero para Jimmy no era lo mismo. No paraba de fumar dando vueltas por el salón o se acurrucaba en el sofá frente a la tele para ver programas diurnos hasta que el aburrimiento le hacía subir a su cuarto a tumbarse en pleno día, con unas latas de cerveza, un paquete de cigarrillos y una radio de transistores en la mano. Se tiraba en su cama, a veces en el suelo, y pasaba de todo. Eso sabía hacerlo muy bien. Durante cinco días, uno detrás de otro, si pasabas por su puerta, allí estaba, pasado, fuera de este mundo. No sabría decir las veces que intenté ponerle en marcha —me empezaba a parecer así como paliducho, un poco zombi— pero no importaba lo que le dijera: "oye, Jimmy, ¿quieres venir a explorar los bosques de la parte de atrás conmigo?" o "escucha, Gilberto me ha dicho que hay un estanque precioso debajo de una cascada donde podemos ver a unas *hippies* que se bañan en pelotas", me miraba como si fuera un HP loco y contestaba: "no, Rico, vete tú. Yo estoy aquí muy a gusto".

Así que, siendo un genio como yo era, sumé dos y dos y caí en la cuenta de que Jimmy continuaba soportando los días gracias a los analgésicos y a la cerveza. No me imaginaba cosas: le había visto pasadísimo en su cama en mitad del día, vestido, con el hermoso cielo azul reflejándose en sus gafas.

Me ponía de los nervios; y lo que me mataba era que papá hacía exactamente lo mismo. Los fines de semana, por lo general a media tarde, solía dormitar sobre la mesa de la cocina hecho polvo, mientras mamá se iba por ahí con sus amigas. Cuando oía que entraba en el apartamento, me ponía a sacudirlo, le daba cachetes en la cara y le echaba agua, para que mamá no se enfadara del todo.

Quería hacer lo mismo con Jimmy.

Pero tenía aquel aspecto tan apacible, incluso con la boca media abierta, y yo terminaba por decidir que no iba a interrumpir sus vibraciones.

Después de todo, Jimmy, con sus quemaduras en el pecho y sus gafas destrozadas, era Jimmy. Por consiguiente, me limitaba a cerrar la puerta.

Una mañana, más o menos una semana después de que hubiéramos terminado nuestra faena de pintura, Gilberto dijo que tenía algo nuevo para nosotros: limpiar el barril que había debajo de lo que llamó "el cuarto del trono". El retrete exterior.

—¡Oh, qué divertido! —le dije sarcásticamente a Gilberto.

—Lo siento —contestó Gilberto—. Es algo que hay que hacer.

Yo estaba sentado en el porche con el overol que Gilberto me había dado; no me ponía ninguna otra ropa porque prácticamente no salía de la granja. Había ido adoptando una nueva pinta, y me encantaba, como si fuera un granjero de verdad. ¿Pero limpiar un retrete exterior? No estaba precisamente entre las diez cosas que más me apeteciera hacer.

—¿Pero hablas en serio?

—Sip, pero míralo de esta forma —contestó—. Sabrás por lo que los pioneros tuvieron que pasar durante cientos de años. Será como participar en una lección de historia.

—¡Genial! —contesté con una mueca.

Gilberto se rió.

—Mira, chico, no va ser tan malo —dijo, palmeándome la espalda—. Y tiene que hacerse.

—Ok, ok —respondí, levantándome.

—Así que vete a sacar a tu socio Jimmy de la cama, que también tiene que arrimar el hombro.

Ya, ya, pensé. Yo oigo y obedezco, aunque arrancar a Jimmy de la cama no era tan sencillo. Llamé a su puerta pero no contestó; cuando la abrí estaba de excursión por la tierra de los sueños. En el suelo vi un frasco de píldoras junto a un par de latas de cerveza vacías.

Tenía las gafas puestas.

—¡Eh, Jimmy, arriba! ¡Levántate, hombre! —dije sacudiéndolo hasta que por fin abrió los ojos.

—¿Qué hora es? —preguntó desde alguna sima somnolienta.

—Las diez pasadas —contesté.

—Ah, muy bien. Déjame otro cuartito de hora, ¿ok?

—¡No, socio, tenemos cosas que hacer!

—¿Como qué?

—¡Como limpiar el retrete exterior!

—¿Qué?

—Sí, hoy nos toca —contesté intentando parecer animado.

—Ni hablar, hermano —respondió y se dejó caer en la cama. Le tiré de un brazo y lo sacudí varias veces para que se enterara de que no estaba bromeando, hasta que por fin, se sentó y dijo—: Rico, ¿por qué tienes que hostigarme? Estaba teniendo el más bonito de los sueños.

—¡Venga, hombre! —dije impaciente—. Tenemos que montárnoslo bien con Gilberto, ¿de acuerdo?

—Ok, en unos minutos bajo, pero maldita sea —dijo sacudiendo la cabeza como si estuviera grogui—, ¿qué es esto? ¿un campamento de los marines?

De hecho yo estaba empezando a pensar que quizás la academia de mi *tío* Pepe en Florida no habría sido tan mala después de todo. Porque a ver, ¿cuántos cadetes limpian retretes exteriores?

Así es como se hace, por si os interesa.

Primero, te encajas una mascarilla de escayolista sobre la nariz y la boca y te pones en marcha como si fueras hacia el pelotón de fusilamiento. Entonces, desde el patio, entras en lo que parece un pequeño cobertizo. Enciendes una luz y ves todo aquello, mezclado con cal o con cenizas, que ha estado escurriendo desde el retrete exterior en una gruesa tina circular de madera de uno ochenta de ancho por uno veinte de profundidad. Te subes a una escalera de mano y empiezas a quitar el asunto con palas muy largas: lo que sacas lo depositas en una carretilla. Mientras haces esto, los que andan por allí van diciendo cosas como "¡pero qué asco!", "¡voy a vomitar!", "¡Dios de mi vida, es repugnante!" o simplemente "¡aaaggg!". Se oye también "¡ojo dónde echas eso!", "¡esto es de verdad!" y también "¡santa madre de Dios!". Desde luego, es inevitable sentir un enorme agradecimiento por lo especiales y lo maravillosos que los modernos retretes de cisterna –*inodoros*, los llamaría mi madre– son en realidad.

Bebes mucha cerveza, mientras el otro espera para hacer su turno con la pala.

Entre lo que se saca hay todo tipo de cosas: compresas, bolígrafos, lápices, e incluso novelas y cómics, todos ellos caídos en un momento o en otro. Aparece también dinero, con algún billete de dólar de cuando en cuando; George Washington tiene un aspecto más bien avergonzado. Pero de ninguna manera piensas en pescar nada de lo que aparece.

Cuando una carretilla se llena, y teníamos tres para trabajar, la llevas hasta una zanja cavada en el extremo de un campo de maíz podrido y arrojas su contenido en ella. Durante el trayecto se arremolinan a tu alrededor miles de moscas negras, y es sorprendente ver cuántas arañas y gusanos han hecho su hogar en lo que transportas.

Y toda clase de pájaros se acercan por allí a investigar el montón.

Todos nos sentíamos fatal.

Menos Rex, el sabueso de Gilberto, que se lo pasaba bomba. Corría en círculos venteando como si estuviera loco y meneando la cola en plan de invitado especial a una fiesta.

Nos llevó unos cincuenta viajes, quizá unas tres horas, de ir y volver con las carretillas, rematar la faena.

"*¡Mierda!*", me repetía a mí mismo.

Cuando lo hubimos sacado todo, sumamos nuestras fuerzas para cubrir con tierra la resbaladiza montaña, añadiéndole algo de cal que habíamos preparado. Si

Gilberto hubiera querido guardarlo como abono, del modo que algunos granjeros lo hacían, nos habríamos limitado a dejarlo al sol para que se secara, pero gracias a Dios no quería.

Jimmy estaba de pie junto a mí cerca de aquel "delicioso" montón fumando un cigarro.

—¡Maldita sea, socio! —dije dándole un codazo—. ¡Pero fíjate en eso! ¡Y es solo de una casa!

—Sí, da como miedo, está claro —contestó asintiendo.

—Mira, piensa en ello —dije haciendo números mentalmente—. Si todo eso sale de una casa, de millones de casas en todo el mundo, por no hablar de los edificios de pisos y las oficinas, y todos los pueblos de cabañas, y hasta de la gente que vive en cuevas, el resultado final es un montonazo de espanto, ¿no?

—Pues sí —contestó Jimmy—. Pero no nos recreemos demasiado en ello, ¿ok?

No sabía si hablaba en serio o no, pero abandoné el tema; estaba contento de que Jimmy estuviera en pie de nuevo.

Volvimos a la casa, les pegamos unos manguerazos a las carretillas y nos arrastramos al interior olfateando nuestra ropa. Me moría por tomar una ducha, pero esa era otra de las improvisaciones: la ducha consistía en unas mangueras que daban a una habitación del tamaño de un armario y que estaban conectadas al baqueteado calentador de la bodega, con lo que el agua siempre salía un poco fría.

Pero, fuera como fuera, me duché. No me quedaba otra.

Más tarde, una vez aseado todo el mundo, Gilberto se ofreció a acercarse al McDonalds de la carretera 26 como agradecimiento a la tarea que habíamos hecho.

—¡Invito a unas jugosas hamburguesas con queso y papas fritas!

Curt, que era vegetariano, soltó una exclamación muy de por allí:

—¡Yak!

—¡Venga, chicos! ¡El trabajo de hoy se merece una recompensa!

¿Una hamburguesa?

Pero, como habría dicho mi padre, "*¡qué carajo!*".

Jamás pensé que iba a llegar a rechazar una comida gratis, pero después de hacer el tipo de trabajo que habíamos hecho, y sumando dos y dos, tu apetito no es el mismo, durante unos cuantos días al menos.

Me tomé unas galletas saladas y un poco de mermelada. Curt encendió un porro y puso música de los Allman Brothers en el tocadiscos.

Jimmy, fresco después de la ducha y bien peinado, ofrecía un aspecto "maqueado" –otra de las palabras que se decían por aquí y yo empezaba a utilizar– y estaba leyendo un número de *Life* de 1943, con artículos sobre la Segunda Guerra Mundial. De vez en cuando se levantaba para mirar por la ventana y volvía a sentarse. No entendía lo que estaba haciendo hasta que Polly aparcó su furgoneta Volkswagen junto al establo. Mientras nosotros limpiamos el retrete exterior, se había acercado hasta el campus de Gilberto, donde asistía a un curso estival de dibujo; tan pronto como empezó a descargar el vehículo, Jimmy se levantó de un salto y, con la rapidez del rayo, se acercó para ayudarla a meter sus cosas en casa.

Polly entró llevando un gran cuaderno de dibujo en los brazos. Dejó que todo mundo curioseara, Jimmy incluido. Estaba lleno de dibujos al carbón de desnudos, que posaban como si fueran estatuas de museo.

—Estos son estupendos —le dijo Jimmy pasando las hojas—. ¡De puta madre!

Polly se sonrojó, no estoy seguro si por el lenguaje de Jimmy –porque nadie hablaba así en aquellos parajes– o porque tenía dudas de su sinceridad.

—¿Te lo parecen de verdad? —preguntó sonriendo.

—Sí, son *chévere*.

—¿Qué quiere decir *"chévere"*? —preguntó Polly, muy divertida.

—Pues algo que gusta, que es la bomba —explicó Jimmy siendo ordinario y *cool* al mismo tiempo—. Que no solo es genial sino que tiene una parte estilosa, elegante... como tú, ok?

—¿En serio? —preguntó ella, mirándole.

Yo me decía a mí mismo "¡Díselo, Jimmy! ¡Díselo!".

Y entonces, como si Jimmy me estuviera leyendo el pensamiento, dijo:

—Mira, sé que son buenos porque yo también dibujo.

—¿De verdad? —dijo Polly, que parecía genuinamente interesada—. ¿Puedes enseñarme algo?

—De acuerdo —contestó Jimmy mirándola atentamente—. Siéntate.

—¿Ahora?

—Claro —dijo él—. ¿Por qué no? Te lo enseñaré.

Polly se sentó con su vestido de abuela de la casa de la pradera, con las rodillas recogidas, se quitó las gafas de montura de acero y se echó hacia atrás su largo pelo ondulado, esperando.

Jimmy, que había ido a por su cuaderno de dibujo y unos cuantos lápices, encendió un cigarrillo y me pidió que le trajera una cerveza. Entonces levantó un pulgar y empezó a encajarla en la hoja como si mirara por la mira de un arma. Ajustándose el pañuelo para que se quedara en su sitio, comenzó a deslizar su mano por la hoja, con la cabeza baja, de modo que su rostro parecía delineado por las mandíbulas. Me recordó a cuando practicaba dibujando mi cara, en el tejado, con una mirada muy seria, o cuando estábamos en mi habitación y Jimmy se esforzaba al máximo intentando ilustrar nuestros cómics.

Dibujaba realmente rápido: Curt estaba dando la vuelta al disco de los Allman Brothers cuando Jimmy, trabajando como un maniaco, había llenado aquella hoja de Polly. Yo no sabía por qué estaba de pie detrás de él, sintiéndome orgulloso a más no poder, mirando.

Encendió otro pitillo, miró a Polly y, encogiéndose de hombros, le entregó el cuaderno de dibujo.

—No es gran cosa —dijo él mientras ella lo miraba—, pero lo terminaré después.

El parecido era bueno; en realidad la había hecho más guapa de lo que era. Le había dado además una figura que no era la suya, con unas tetas heroicas, enormes, como las de la Mujer Maravilla y, aunque sin sus gafas tenía una mirada tan inexpresiva como la de Mr. Magoo, Jimmy hizo que sus ojos resultaran vivos y alertas.

Poniéndose una mano en el cuello y recuperando sus gafas, estudió el dibujo con cuidado y con gran lentitud, como si estuviera intentando averiguar cómo lo había hecho con tanta rapidez. Miraba y miraba sin decir una palabra, y Jimmy empezó a mosquearse de lo lindo. Se levantó y, como se había terminado la cerveza, fue a la nevera a por otra.

—Ya te he dicho que lo terminaré más tarde —le dijo cuando volvió—. ¿Pero qué te parece?

—¡Es verdaderamente bueno! —contestó por fin sonriendo—. ¡Tienes talento!

Cuando oí aquello pensé ¡aleluya!, como si mis sueños sobre álbumes de cómics volvieran de golpe, pero Jimmy era Jimmy; capaz de cambiar de talante en un segundo, de repente se desplomó en una silla y, arrebatado por qué sé yo qué, puso los ojos en blanco, como si estuviera colocándose con caballo.

Entonces empezó a soltarle a Polly toda clase de tonterías, haciendo especial hincapié en que él no valía nada.

—Bueno, gracias, Polly, pero mis dibujos son caca de la vaca, cualquiera puede hacerlos —dijo—. Quiero decir que tengo un camino jodidamente largo que recorrer, pero en realidad no es que me importe nada, aunque... vamos, que no tienes que pasarme la mano por el lomo. Yo sé la verdad, ¿me oyes?

Polly, medio sofocada, contestó:

—Yo solo...

Ni siquiera eso detuvo a Jimmy.

—Aunque tú seas una chica con buenas intenciones, sé lo que pasa de verdad con este asunto. No vale un pimiento, ¿sabes? Yo no soy un comemierda que va de artista, oye, porque ser un hombre no tiene nada que ver con eso y...

Jimmy, para horror mío, siguió hablando sin parar, soltando la clase de basura que su padre solía soltarle a él, así que Polly terminó por levantarse y le dio las gracias de nuevo, aunque Jimmy pareció no haberla oído, y entonces, de repente, me di cuenta de lo que pasaba: debía de haberse tragado un montón de esas malditas píldoras analgésicas.

Jimmy ni siquiera se molestó en cenar aquella noche. Se limitó a quedarse sentado en una mecedora que había en un rincón, bebiendo cerveza y fumando sin cesar, retocando aquel dibujo, borrando cosas una tras otra y garabateando encima como un poseso.

Pasado un rato se levantó y se dirigió de nuevo la nevera.

—¡Eh, Rico! —me llamó cuando por fin terminó el dibujo.

Yo estaba sentado junto a Wendy.

—¿Qué te parece? —preguntó en susurros y con la voz rota enseñándome el dibujo.

Me quedé asombrado de cómo lo había echado a perder por completo: ahora era una versión demente de Polly, con líneas y más líneas entrecruzadas que formaban apelotonamientos como colmenas; parecía un duende centenario salido de una película de terror.

—Eh... bueno... —dije—. Pero yo no se lo enseñaría a Polly en este momento, ¿de acuerdo?

Jimmy se ofendió muchísimo.

—¿Tiene algo de malo? —contestó levantando mucho la voz.

—¡No, si está muy bien! Pero tendrías que esperar antes de enseñárselo —dije sentándome.

—Así que te parece una mierda, ¿no?

—No, no Jimmy, no digo... —pero antes de que pudiera decir una palabra más arrancó la hoja de cuaderno y la hizo trizas. Después tiró el cuaderno al suelo.

—Ok —dijo—. Lo he entendido.

Y se puso a mecerse adelante y atrás en aquella mecedora dándole enormes caladas al cigarrillo.

—¡Maldita sea, Jimmy! —exclamé.

Los demás se estaban dando cuenta de todo. Gilberto, Wendy, Bonnie y Polly habían interrumpido lo que estaban haciendo y nos miraban. Solo Curt que estaba junto al tocadiscos fingiendo ser Jimi Hendrix, no lo hizo.

—Jimmy —dije con mi tono más respetuoso—. Tienes que ser *cool*, ¿de acuerdo?

Pero fue como si no pudiera oírme; unos minutos después estaba dormido. Ni siquiera eran las nueve y media de la noche.

A la mañana siguiente Gilberto me llamó a la cocina; estaba guardando en una caja las botellas vacías de las cervezas consumidas por Jimmy.

—Ya sé que limpiar el retrete exterior fue muy difícil —dijo—, pero ¿qué le pasa a Jimmy, tu socio?

—No lo sé —contesté sintiéndome avergonzadísimo.

—Mira, hermano, yo te quiero, pero ¿va a ser Jimmy un problema?

—No, Gilberto —respondí meneando la cabeza—. Solo es que anda medio confundido desde que tuvo el accidente del incendio, ¿sabes?

—Ajá, pero ¿eso qué significa? —preguntó Gilberto propinándome un apretón de muerte en el hombro derecho—. ¿Se mete algo?

—Nada que yo sepa —contesté, con la cara como un tomate, lo que siempre me pasaba cuando mentía.

—Ven fuera conmigo, Rico —dijo Gilberto. Yo, viéndole empujar la puerta con el pie mientras cargaba con la caja de cascos de cerveza y con una expresión preocupada pintada en el rostro, pensé "¡ay, Dios!".

—Mira —dijo poniendo la caja en el suelo—, tengo las horas de vuelo suficientes para saber cuándo alguien se está colocando, así que no me tomes por un comemierda, ¿de acuerdo?

—No se me ocurriría —afirmé—. Lo juro. Analgésicos; pero no le queda otra, porque tiene esas quemaduras de las que te hablé —admití por fin—. De otro modo no puede dormir.

—Ajá —contestó Gilberto, al que se le notaba una vena, una vena que nunca le había visto antes, en la frente—. Mira, Rico, tengo que ser sincero contigo —comenzó—. No me importa que te vinieras aquí, y ni siquiera me importa que te trajeras a Jimmy, pero lo que "sí me importa" es ese rollo en mi casa. Me vine hasta aquí para alejarme de la mentalidad del yonqui. No la necesito, ¿te enteras?

Se interrumpió, y se puso a rebuscar por los bolsillos hasta que sacó una bolsa de tabaco Bull Durham y un librillo de papel de fumar. Yo, que estaba muy nervioso, no podía por menos que admirar la elegancia del proceso: le llevó un par de minutos liar un cigarrillo, con el cordón de la bolsa colgando de sus labios, y dejarlo tan redondo y tan simétrico como si fuera un Marlboro. Entonces, rascando una cerilla de cocina en el tacón de su bota y encendiendo el cigarro, Gilberto continuó:

—Mira, el chico me da pena. Lamento que se quemara y demás, pero no es mi problema. Todo lo que puedo decir es que más te vale tener una conversación con él y que se enderece, porque de otro modo este no es su lugar. O sea, que no quiero energía negativa en mi casa, ¿me oyes?

—Sí, Gilberto, te oigo —contesté pensando lo injusto que era que tú hicieras algo con buena intención y terminara saliendo fatal.

Gilberto me dio entonces unos golpes en el hombro, pero con suavidad.

—Hablo en serio, Rico —concluyó volviendo al interior. La puerta mosquitera golpeó contra el marco cuatro o cinco veces antes de cerrarse por fin.

Después de aquella conversación me senté en el porche viendo cómo el sol subía cada vez más por el este y preocupándome por Jimmy. Suponía que era lo único que podía hacer, porque daba igual lo que le dijera a mi socio Jimmy: no iba a suponer diferencia alguna. Me metí yo también en la casa y me dirigí cansinamente a mi cuarto. Como vi que Jimmy estaba en el país de los sueños, me hice con su bolsa de bolos.

En ella encontré una foto de la última novia de Jimmy, antes de que empezara a tontear con las drogas, una *dominicana* guapísima de aspecto angelical llamada Carmen. Guardaba también una foto de nosotros dos, tomada años atrás en la entrada de mi edificio: yo llevaba una mueca de listillo en el rostro y levantaba dos dedos de mi mano derecha por encima de la cabeza de Jimmy, poniéndole cuernos. Había además un tubo de pomada de cortisona, gasa húmeda, un frasco de colonia, unos calzoncillos, una decena de paquetes de chicle, un abridor de botellas, tres lápices y un pequeño taco de papel.

Y por fin, en el fondo mismo, envueltos en un calcetín, encontré dos frascos de píldoras.

Cuando Jimmy se despertó aquella tarde, le faltó el tiempo para venir a aporrear mi puerta, muy nervioso.

—¡Rico! —dijo—. ¿Has andado con mis cosas?

Temblaba de furia.

—Sip —contesté—. Por tu propio bien.

—¡Por favor! —dijo golpeando el marco de la puerta—. ¿Pero cómo puedes ser tan HP?

Me encogí de hombros. Entonces entró en mi cuarto y empezó a buscar en todas partes.

—¿Qué has hecho con ellas? —exigió.

—No te lo voy a decir —contesté.

—¿Por qué te portas tan mal conmigo? —me preguntó echando lumbre por los ojos—. Quiero decir, ¿qué te he hecho yo?

—Jimmy, lo hice porque soy tu amigo, ¿entiendes?

—Sí, claro, esas cosas las hacen siempre los amigos, ¿no? —contestó mirando incluso dentro de unas zapatillas mías. Cuando vio que estaban vacías, las estampó contra la pared.

—Jimmy, no están aquí.

—¿Pues dónde leches están?

Decidí decírselo, aunque solo fuera para quitármelo de encima.

—Pues si te empeñas en saberlo, las he tirado por el retrete exterior.

No habían pasado ni siquiera dos minutos cuando Jimmy estaba en el patio abriendo la puerta del retrete exterior. No soy capaz de imaginar lo que vio en aquella tina: quiero decir que la gente lo había estado usando desde la tarde anterior y los excrementos humanos están hechos principalmente de ácidos (ácidos úricos, según me habían explicado en clase de biología), que disolvían lo que cayera en ellos, pero Jimmy intentó encontrar sus pastillas; estuvo un rato mirando en la tina y aguantando la peste, para nada.

Después de aquello dejó de hablarme. Empezó a desaparecer, no hacía tarea alguna en la granja y se iba al pueblo por los campos de maíz hasta que pasaba alguien con un vehículo y lo acercaba. Fue Wendy la que me contó que había visto a Jimmy saliendo de una de las farmacias con una expresión de enorme enfado en el rostro, como si hubiera intentado comprar lo que prescribían sus recetas y no hubiera tenido éxito.

Probablemente una y otra vez.

Cada vez que le veía, le decía algo así como:

—¡Oye, que fue por tu bien!

Él se limitaba a echarme su mirada de quítate-de-enmedio-pero-ya.

O me volvía la espalda cuando yo hacía acto de presencia.

A última hora de la tarde no veía el momento de que Curt apareciera con Bonnie, para fumarse un porro con ellos. Si no llegaban, se dedicaba a beber cerveza tras cerveza en el porche o a rondar por los campos, enfurruñado y tirando los cascos vacíos en zanjas o hacia algún viejo espantapájaros al que supongo tomaba por mí.

Todo el asunto era una pesadilla, y él estaba siendo una pesadilla, pero ¿sabes qué?

Después de algunas semanas ya no aguantaba más: una tarde que volvía de repararle una cerca a un granjero (me había dado diez dólares por el trabajo) vi a Jimmy, aún sulfurado en el porche, y le dije:

—Mira, si vas a seguir estando así lo mejor es que vuelvas a Nueva York, ¿no te parece? —y añadí—: Yo te doy el dinero para el billete, si te sientes tan mal.

Al principio se limitó a fingir que yo no estaba allí.

—¡Eh, Jimmy! ¡Te estoy hablando! —dije casi a voz en cuello.

Finalmente se volvió hacia mí y me miró.

—Deja que te diga algo, chico: lo que hiciste fue una auténtica cagada —dijo—. Si se lo hubieras hecho a alguien en Nueva York, te hubiera pateado el trasero o algo peor. Lo tienes claro, ¿verdad?

—Sí —contesté ahuyentando de una palmada a un moscón negro que se me había posado en el brazo—. Pero esto no es Nueva York.

—Eso seguro —contestó Jimmy mirando al campo.

No dijo nada durante un rato.

—Oye Jimmy, como te dije, si no te gusta esto yo te doy el dinero para que vuelvas, ¿ok?

Pero incluso Jimmy, en lo más hondo, debía de pensar que esta granja tenía algo de especial, y el aire fresco, y mantenerse alejado de los malos rollos de la ciudad.

—No he dicho que quiera marcharme —contestó por fin—. Es que me cabreaste muchísimo.

Vaya, como si no lo supiera.

—Pero, ¿sabes qué? Me parece que voy a perdonarte.

¿Perdonarme por qué? ¿Por intentar evitarle un enganche verdaderamente malo a aquellas pastillas? Pero mantuve cerrado el pico.

—Qué pasa, ¿que volvemos a ser colegas? —le pregunté.

—Sí, supongo que sí —me contestó, golpeándome flojito con el hombro—. Ahora choca esos cinco.

Nos dimos un apretón de manos normal y luego, con las manos de lado, chocamos nuestros nudillos.

Pues parece que éramos amigos otra vez.

Y, chico, qué sensación más estupenda.

Casi tan buena como la que me produjo lo que vi días después.

Estaba mirando por la ventana de mi cuarto cuando vi que Jimmy salía de la casa con Polly. Ignoro qué historia le había contado, pero le llevaba su caballete y dos sillas; ella, por su parte, cargaba con el cuaderno de dibujo y una fina caja de madera. Recorrieron un buen trecho en el campo, dirigiéndose al sitio donde había todos aquellos tupidos árboles y la tierra estaba blanca por los dientes de león, de esos que tienen voladores que se pueden soplar. Colocaron las sillas y Jimmy se sentó cerca mientras ella empezaba a trabajar; entonces tomó su propio cuaderno y dibujó junto a Polly hasta que el sol se puso.

cuarta parte **LA GASOLINERA**

dieciséis

En agosto empezaba a
sentirme más que harto de andar por la granja sin casi
nada que hacer en todos los larguísimos días. No puedo
decir que echara Nueva York de menos, coño, no! Pero
sí añoraba alguna de las cosas de aquella ciudad: darme
una vuelta por la papelería de Jack para ver los nuevos
cómics que iban llegando, o tomarme un batido de chocolate con unas papas fritas salpicadas de ketchup en la
heladería de la tienda. Echaba de menos los juegos de
pelota en la calle, con los chicos vacilando a más no poder, y otras cosas, como meterme en el salón de belleza
donde trabajaba mamá, con todas aquellas señoras que
se dedicaban a pellizcarme las mejillas.

Echaba incluso de menos mis trabajos a tiempo parcial: la lavandería del señor Gordon por las mañanas
y la tienda de libros usados del señor Ramírez por las
tardes, donde podía sentarme detrás del mostrador y

227

leer durante horas. En cuanto a mi casa, a pesar de lo fastidiadas que a veces se ponían las cosas, añoraba encontrarme con papá en la calle y caminar unas cuantas manzanas con él; solía ofrecerme algún chicle y andábamos un rato de lo más amistosos, juntos simplemente, con su brazo sobre mi hombro.

En cuanto empezaba a pensar en las cosas de casa, me venían a la cabeza toda clase de historias cubanas, como el pequeño altar a la *Virgen de Cobre*, santa patrona de Cuba que mamá tenía en un rincón de su dormitorio, o la diana del juego de dardos con la foto de Fidel Castro que papá solía sacar para diversión de sus amigos, las partidas de dominó que jugaban en la cocina los colegas de papá –fontaneros, conserjes, vendedores de zapatos–, compatriotas los llamaba, que se quedaban bebiendo ron hasta las primeras horas de la madrugada y que terminaban tan borrachos que se les oía cantar tonadas cubanas en la calle cuando volvían a casa: los perros ladraban y la gente cerraba las ventanas de golpe o les gritaban cosas quejándose.

Entonces, como si se hubiera materializado de repente, veía a *mamá* trabajando en el bajo de mis pantalones, mientras yo me impacientaba y me retorcía y ella me decía en español que los *cubanos* vestían bien, que tenían que vestir bien, y cuán especiales eran los cubanos –en su altanera opinión– respecto a los demás latinos. Los puertorriqueños estaban muy bien, me decía, eran casi cubanos; los mexicanos y los dominicanos eran también buena gente, como todos los latinos pero, por lo que a ella se refería, los cubanos pertenecían a una categoría especial.

Eso me hizo recordar un trabajo que tuve que leer ante mi clase de séptimo en la escuela cuando intenté explicarle a la Hermana Horrenda (sip, todas las monjas tenían apodos) y a mis compañeros lo que significaba para mí ser cubano. Aunque saqué unas cuantas cosas de la enciclopedia que había en la biblioteca de la escuela, la mayor parte de lo que dije salió de mi cabeza; eso sí, tartamudeando casi todo el tiempo, porque tenía muchos ojos fijos en mí. Mi lista de cosas/explicaciones quedó algo así como lo que sigue (teniendo en cuenta que yo era listo y tímido al mismo tiempo):

1. Ser cubano era lo mejor porque la ciudad de Santiago, en la provincia oriental próxima al lugar donde habían nacido papá y mamá, era una de las primeras capitales del Caribe. Cristóbal Colón había descubierto su bahía en 1492 o así, después de surcar el azul océano sin caerse por la borda del mundo (genial, ¿que no?).

2. Cuba era lo máximo porque tenía montones de flores exóticas y de bonitos árboles de maderas preciosas

que crecían por toda la isla y porque... los cubanos tenían los mejores y mayores *plátanos* de todo el mundo.

3. La Habana, su capital moderna, era una ciudad grandiosa, aunque piratas y bucaneros la hubieran saqueado una vez tras otra y aquel tipo del almirantazgo británico le pegara fuego en el siglo XVI o por ahí.

4. Y como mamá me contaba, todo el país era tan bonito que a las sirenas les encantaba vivir cerca de sus playas. En cualquier caso, La Habana era conocida como el "París del Caribe", y al conjunto de la isla de Cuba se la apodaba "La perla de las Antillas".

5. Y que sus mujeres tenían los traseros *supremos* del universo (eso no podía decirlo).

6. De Cuba salían montones de puros y de azúcar, al menos hasta que, la horrible revolución cubana y el tipo ese Fidel Castro, el de la barba, llegaron y acabaron con la libertad de todo el mundo. Ese es el motivo por el que los cubanos que viven aquí tienen unas cojones muy grandes, trabajan duro y odian absolutamente el comunismo.

7. Mucho antes de la revolución que tuvo lugar en 1959, cuando yo era pequeño, había ya miles de cuba-

nos en este país, como papá, pero cuando pasó aquello, los cubanos empezaron a largarse como locos de la isla, a toda mecha; montones de primos míos salieron hacia Estados Unidos en balsas, en barcos o en aviones porque querían ser libres.

8. Y, tal como papá me había contado, los cubanos, que tuvieron que trabajar como bestias para hacerse un lugar partiendo de cero, desarrollaron el carácter, y ese es el motivo por el que tienen tan poca paciencia con los que no trabajan.

9. Y los cubanos están realmente orgullosos de serlo: sí, los cubanos son la crema del café.

10. Ah, sí, y le hemos dado al mundo a Desi Arnaz, también conocido como Ricky Ricardo (gracias, gracias).

Entonces todo aquello desaparecía tan rápida y tan extrañamente como había venido.

Sentado en el porche de Gilberto, frente a campos genuinamente americanos, al cien por ciento, que se extendían inacabablemente ante mí, me preguntaba de qué demonios iba yo. Sí, un chico blanco, hijo de cubanos, que se había escapado de casa para reunirse con su socio puertorriqueño en una granja situada en el centro del campo maicero de Wisconsin. Nada menos. Era de locos.

La mayoría de los días no pensaba demasiado en nada; tenía la cabeza como muerta. Quiero decir que no había ni una tienda de revistas, ni de música, ni de ninguna otra cosa a la que pudiera ir andando. Sin embargo, el aire era limpio y a menudo soplaban brisas muy agradables, pero incluso entonces, con los pajaritos que saltaban por la hierba y de vez en cuando con alguna ardilla que bajaba de un árbol a ver qué podía quitarme, yo no estaba a gusto del todo.

En ocasiones me aburría tanto sentado en el porche que se me iba la cabeza: me daba por pensar que los pájaros –las golondrinas, los mirlos, los gorriones y los charlatanes– que Bonnie, fanático de la naturaleza, me iba enseñando mientras saltaban de un árbol a otro, estaban llamando a una tormenta. Y puedo jurar que me hice amigo de un insecto, una mantis religiosa que aterrizó a mi lado una mañana, saltando o volando de Dios sabe dónde, y que quería pasar un rato conmigo. Era increíble, como un rey extraterrestre, siempre limpiándose las mandíbulas. Tenía unos ojos impresionantes a los lados de la cabeza, como cuentas negras, un torso fuerte y largo con la parte de arriba toda verde, del color de la capa externa del maíz.

Volvió al día siguiente, y al otro. No sabía lo que comía, pero un día, en el pueblo, compré un poco de alpiste para pájaros; al esparcirlo por el suelo las aves acudieron en tropel, una verdadera bandada que se tragaba los granos como si el mundo fuera a acabarse.

Una tarde que volvió la mantis, empecé hablar con ella, como si fuera una mascota, diciéndole:

—¿Qué puedo hacer por ti, amiguita?

Gilberto, que andaba por allí, se carcajeó:

—Oye, Rico, se te ha ido la olla. Estás hablando con un insecto, ¿no?

—Supongo que sí —contesté sintiéndome como un idiota

—¡Chico, maldita sea, tienes que echarte una novia! —exclamó meneando la cabeza.

Se acuclilló junto a mí, mientras la mantis volaba hacia los árboles.

—Rico, sea como sea, tengo buenas noticias para ti.

Sabía que acababa de empezar en un trabajo a tiempo parcial que estaba muy bien en una destilería de Milwaukee y que le había hablado al propietario de una tienda de rótulos del pueblo para conseguirle a Jimmy un trabajito, pero no tenía ni idea de que me hubiera estado buscando algo a mí.

—¿El qué? —le pregunté.

—¡Que te he conseguido un trabajo! —exclamó feliz.

—¿Haciendo qué?

—Poniendo gasolina en la gasolinera de Clark.

—¿Poner gasolina? —pregunté frunciendo el ceño. Era algo que nunca había pensado que haría.

—Sí. El turno de noche: va de las ocho de la tarde hasta las ocho de la mañana, y te pagan un dólar cincuenta la hora —Gilberto estaba claramente orgulloso de sí mismo, y añadió—: conozco al tipo que la lleva. Es buena gente.

—Pero, ¿de ocho a ocho?

—Sí, pero no te comas el coco —contestó Gilberto alegremente—. Son solo cuatro o cinco noches por semana y no se hace nada la mayor parte del tiempo. Después de las once de la noche no pasa casi nadie; camioneros, si acaso.

Me dio una palmada en la espalda.

—Los ratos de auténtico trabajo son cortos: pillas pasta simplemente por estar allí. ¿Cómo lo ves?

No parecía tan malo.

—*Okay* —dije—, ¿pero cómo llego hasta allí?

—Puedes utilizar mi bici mientras siga haciendo buen tiempo y, cuando no, te acerco hasta allí o te llevas tú mi camioneta.

—Regio, pero no sé conducir —contesté.

—Puede que todavía no, pero aprendes y te sacas el carné, ¿de acuerdo? —contestó Gilberto en plan superpositivo.

Dicho esto, Gilberto se levantó y se dirigió a la casa; a la mantis le faltó el tiempo para volver volando al porche.

Mi conversación imaginaria con la mantis religiosa:

"Así que, hermanita, ¿qué te parece?".

"¿El qué?", preguntó la criatura de aspecto espabilado.

"El trabajo de la gasolinera. ¿Te parece que será bueno?".

"Sí, todo lo bueno que puede ser un trabajo", contestó zampándose una mosca.

"Pero, ¿y todo lo demás?".

"¿Te refieres a cortar los lazos con tu familia? ¡Tú sabrás, socio!", contestó con las mandíbulas trabajando a toda máquina.

"Pero sencillamente no puedo volver a aquello, ¿lo entiendes?".

"Sé a lo que te refieres", dijo la mantis religiosa, "pero la cosa es que tienes que sacarte ese rollo de la cabeza o te vas a volver tarumba".

Quizá ya lo estuviera, porque, quiero decir, ¿qué hacía yo hablando con un insecto como aquel, aunque fuera en mi cabeza?

diecisiete

Tres días después Gilberto me llevó a la gasolinera Clark's, un islote de bombas de gasolina y brillantes fluorescentes amarillos emplazada en las afueras de Janesville y frente al nudo interestatal que daba acceso al norte de Madison, y me presentó al propietario, un individuo alto con pelo color arena llamado señor Jenkins. Era todo laboriosidad: me estuvo haciendo un montón de preguntas y no sonrió ni siquiera una vez.

—¿Así que te llamas Rico?

—Sí.

—Pero te apellidas Fuentes. ¿Eso qué es?

Lo pronunció "fou-en-tass".

—Pues bien, señor —contesté intentando sonar tan suficiente como fuera posible—. Es un apellido español; mis padres son cubanos.

—¿Cubanos? —contestó sobresaltado—. No lo hubiera adivinado ni en un millón de años por tu aspecto

—entonces, echándome una mirada de arriba abajo, añadió—: No te pareces en absoluto a los espaldas mojados que veo por aquí de cuando en cuando.

Me estremecí. Aquí vamos otra vez, pensé: la expresión del medio oeste para *spic*.

—¿Has terminado la secundaria?

—La he terminado.

—Bien, Rico, te contrato. Pareces un chico espabilado. Ven para acá que te voy a enseñar las cosas.

Lo primero fue el funcionamiento de las bombas de gasolina, que no era nada difícil. Luego el que algunos aceites de motor, que costaban más que otros, tenían sus propios estantes ("No los mezcles"). Lo tercero fue el dispensador de cigarrillos, a 35 centavos el paquete; yo tenía que llevar el inventario esmeradamente. En cuarto lugar me mostró la caja de seguridad, empotrada en el suelo, que se abría con un juego de llaves especial cada mañana para ir depositando en ella el dinero que pudiera ir entrando.

—¿Te has enterado?

—Sí, creo que sí.

Continuó.

—Bien, cuando alguien se acerque tú le dices "¿puedo ayudarle, señor?" muy cortésmente, como si ese conductor fuese la persona más importante del mundo. ¿Lo entiendes?

—Claro.

—Ahora dilo tú.

¿Cómo? ¡Hablaba en serio! Por consiguiente dije de no muy buena gana:

—¿Puedo ayudarle, señor?

El señor Jenkins no estaba satisfecho y se retorcía las manos.

—Así no, Rico. Como si de verdad te importara.

Lo repetí, intentando parecer muy interesado.

—Luego, mientras el depósito se llena, le echas limpiacristales en el parabrisas y le pasas el trapo. Muchos llevan insectos pegados en ellos, ¿sabes?

—De acuerdo.

—Y después les preguntas siempre si quieren que compruebes el aceite. ¿Sabes hacerlo?

Papá no tenía coche, así que no sabía.

—Oh, Dios mío —dijo él. Me mostró cómo utilizar el medidor.

—Por encima de todo, nada de perder el tiempo, ¿de acuerdo? Cuando haya poco movimiento espero de ti que te mantengas ocupado, quitando el polvo, barriendo. Y le tienes que pasar la fregona a los retretes por lo menos una vez por noche, además de asegurar que de que haya papel higiénico suficiente y lo que haga falta. ¿Lo captas?

—Ajá.

Guau, pensaba yo, primero un retrete exterior y ahora tenía también que limpiar retretes.

Entonces me entregó una camisa azul de la empresa, por la que dijo que tenía que cargarme cinco dólares, y un contenedor metálico de monedas para el cambio, con veinte dólares en monedas que debía llevar sujeto con un cinturón.

—Una cosa más —dijo—. Sé que vienes de Nueva York, así que probablemente te creas eso de que por aquí todo el mundo es honrado, y aunque casi siempre es verdad, hay veces que no. No te fíes de nadie, ¿entiendes?

—Claro —contesté con cierta condescendencia. Después de todo yo era neoyorquino.

—Y no vendas ni un clavo a crédito, ¿de acuerdo? Escucharás muchas historias destinadas a romperte el corazón pero acuérdate de que si te dejas timar te lo descontaré, ¿entiendes? Y si tienes problemas con quien sea, llamas a la policía del estado. El número está clavado en la pared.

Asentí, mientras me preguntaba qué entendería este por "problemas".

—En cualquier caso, no se trata de física nuclear —añadió antes de marcharse—, pero espero de ti que hagas bien tu trabajo, ¿me oyes?

—Sí, señor.

Pero todavía tenía una parrafadita final.

—Al dejarte al cargo, Rico, espero que entiendas que te estoy confiando mi negocio. Tengo una esposa y dos niños que mantener y esta franquicia que llevo lo es todo para mí. Como la pifies te la cargas, ¿entiendes?

—Sí —respondí con otra expresión del medio oeste que iba ganando terreno en mi vocabulario.

Justo cuando estaba a punto de marcharse percibí, como si los oyera, los engranajes de su cerebro dando vueltas y más vueltas a la duda de si había cometido un error confiándole el trabajo a un chico.

Una nueva lección:

Cuando te dicen que no te fíes de nadie, y te crees un tipo listo de la gran ciudad, aunque estés en un lugar aparentemente tan agradable, con tu radar apagado, es fácil que te tomen por bobo.

Era mi tercera noche en la gasolinera. Después de haber llenado los depósitos de un montón de coches, eran aproximadamente las once cuando apareció este tipo de aspecto ansioso. Me pidió el depósito lleno y me contó que estaba de camino hacia Madison, donde su mujer, ingresada en un hospital, estaba a punto de dar a luz.

—¡Qué estupendo! —dije.

—¡Sí señorrrr, estoy de lo más impaciente! —contestó dando unas palmadas—. Y tú, chico, ¿de dónde eres?

—De Nueva York.

—Bien, señor Nueva York, hágame un favorcito —dijo con el brazo colgando por fuera de la ventanilla—. Ya que estamos, ¿podrías echarme unos litros de aceite? Prefiero el de sesenta.

—Sin problemas —contesté acercándome a la bomba.

—Ah, oye, un par de paquetes de Marlboro, por favor.

—Muy bien.

Así que le llené el depósito, le eché el aceite y le entregué los cigarrillos.

Cuando terminé, le dije:

—Eso hace un total de once con veinticinco.

—Bien —contestó buscando su cartera los bolsillos pero, cuando dio con ella, la sacó y miró dentro, su rostro cobró una expresión de sorpresa.

—No te lo vas a creer, amigo —dijo poniendo cara de estupefacción—, pero se me ha olvidado el puto dinero —se atizó una palmada en la cabeza y añadió—: No soy estúpido ni nada, chico.

—¿Me toma el pelo, no? —dije yo.

—¡Tomarte el pelo! ¡Para nada! —contestó con las manos una contra otra, como si fuera a rezar—. Pero juro que te lo pago. Mañana por la noche vengo con el dinero.

—Ajá —contesté como si no le creyera.

—Mira, puedes preguntarle a tu jefe por mí, si quieres.

—¿Conoce al señor Jenkins?

—Claro, desde hace mucho tiempo. No te cortes, llámale —insistió—. Dile que Skip Hamsun anda un poco corto de efectivo y te contestará que no hay ningún problema.

—¿Y no tiene usted tarjetas de crédito? —insistí.

—Nop, jamás las utilizo. Pero como acabo de decirte, llámale. Yo me limitaré a quedarme aquí, esperando.

—Skip Hamsun, ¿no? —dije volviéndome hacia la oficina de la gasolinera.

—Eso es. O mira, mejor todavía, dile que es "Skip de Beloit". Él sabrá quién soy —añadió asintiendo con la cabeza como para animarme—. Pero date prisa, ¿quieres? Tengo que llegar al hospital.

Tenía el número del jefe pinchado en el corcho junto al número de la policía estatal pero sólo había empezado a marcarlo cuando oí el rugido del motor que se ponía en marcha. Lo siguiente que vi fue que aquel individuo ponía tierra por medio acelerando por la interestatal en dirección norte en la oscuridad de la noche.

Bueno, me dije a mí mismo. Te han timado, ¿y qué? La próxima vez estate más atento y no te fíes tanto, ¿de acuerdo?

Pero aquella misma semana llegó un cheque sin fondos que una señora me había entregado para pagar su depósito de gasolina: como era muy guapa me creí todo lo que me contó sobre cómo no había tenido una sola oportunidad de hacer efectivo el cheque de su paga, así que le permití que me diera un cheque por diez dólares más de lo que la gasolina costaba.

Pues bien, abreviando, el menda aquí presente tuvo que comerse aquel cheque.

Otro fue un camionero muy amistoso que estaba cruzando el país con su vehículo cargado, que llegó a las cuatro de la mañana, y que encontrándome medio dormido sobre la mesa dentro de la oficina de la gasolinera me dio como propina un puñado de pequeñas píldoras blancas que me ayudarían a mantenerme despierto. Después de que llenara sus grandes depósitos con aproximadamente un centenar de galones de gasolina, me pagó con dos billetes nuevecitos de veinte dólares; era tan agradable que me indicó que me quedara con el cambio sobrante, unos tres dólares.

Lo que pasó fue que los billetes de veinte eran falsos: tenían números de serie idénticos. El jefe rodeó los números de los billetes con un rotulador rojo y los fijó con chinchetas en la pared que quedaba detrás de la mesa, y yo me encontré con sesenta y cinco dólares menos en la semana.

Conferencia número dos del señor Jenkins:

—Bien, lamento decirte esto, Rico, pero tendrás que devolver ese dinero —dijo meneando la cabeza como si yo fuera el tipo más idiota de todos los que habían trabajado allí.

—Espero, al menos, que hayas aprendido la lección y que no seas tan estúpido en el futuro. La próxima vez que alguien intente pagarte menos de la cuenta, o te extienda un cheque, te cercioras de que la información coincide con la de su carné de conducir o, si se largan a toda marcha, anotas su número de matrícula de modo que los patrulleros tengan algo sobre lo que trabajar.

Entonces me miró con dureza largo tiempo.

—En cuanto a los billetes, eso es nuevo para mí y no sé qué decirte, salvo que compruebes siempre sus números, en especial si te los dan recién hechos. Recuérdalo, por tanto: te lo dije una vez y te lo repito ahora. "No te fíes de nadie", ¿entendido?

—Sí, está bien.

Y se marchó, todavía meneando la cabeza.

Gilberto se rió con verdaderas ganas cuando entré en la cocina a la mañana siguiente y le conté lo que había ocurrido.

—¿Para qué agobiarse? Considéralo como una fase de tu educación.

Entonces, sacando unas rebanadas de pan de la tostadora y untándolas de mantequilla y mermelada acercó una silla y dijo:

—Déjame preguntarte algo.

—¿Sí? —dije yo sintiéndome de lo más comemierda.

—Te han timado como te han timado; ¿crees que te lo van a hacer de nuevo?

—Nop.

—¿Y cuánto te ha costado?

—Unos cuantos dólares, supongo.

—Pues oye, es la clase de cosa que no puedes aprender en ninguna parte, ni siquiera en la Universidad, donde tienes que pagar montones de dinero por tu educación, ¿de acuerdo?

—Supongo que sí —asentí.

—Míralo de esta forma —añadió Gilberto incapaz de resistirse a hacer unas cuantas muecas—: te habrán dado el palo pero te ahorras muchos disgustos en el futuro, ¿de acuerdo, socio?

Aquello casi me alegró, aunque seguía sintiéndome avergonzado.

—Pero Gilberto, ¿cómo demonios ha podido un tipo de Nueva York como yo dejarse engatusar por unos patanes?

—Como te decía, Rico —prosiguió—, es totalmente distinto aquí, en la tierra del pan blanco; lleva un tiempo leer a la gente. Quiero decir, son distintos.

Asentí con la cabeza.

Gilberto mordió otro pedazo de aquel crujiente pan y se limpió un poco de mermelada del bigote.

—Rico, hay en la vida un hecho fundamental que tienes que pillar cuanto antes.

—¿Cuál es?

—Mira, se trata de esto —dijo pasando a su registro de hermano mayor—. Digamos que tú eres una jeva verdaderamente guapa, como Wendy.

—Joé, eso es apuntar lejos, pero vale.

—Pues oye lo que te digo: aunque seas un auténtico bombón, te irá mucho mejor si tienes claro que siempre va a haber otra más bombón que tú.

Resultaba raro, pero de acuerdo.

—O déjame expresarlo de esta manera: podrás ser muy listo, pero en un momento dado siempre va a haber alguien más listo que tú. Y ese más listo, si lo es de verdad, tendrá que enfrentarse al hecho de que en alguna parte haya alguien que lo supera. En otras palabras —hizo una pausa para quitarse unas migajas de la mano—: tal como es el mundo, no puedes dedicarte a pensar que eres lo más.

Me dedicó una mueca llena de dientes y continuó:

—Quiero decir, Rico, que en la vida tienes que definir tus ventajas y tus limitaciones e intentar averiguar de qué modo las puedes arreglar mejor.

—Lo intento —contesté encogiéndome de hombros.

—Ok, pero mírate —contestó contemplándome de arriba abajo—. Quizá no seas el más guapo de todos, ni el más listo, pero eres un HP inteligente, ¿no?

—Supongo —respondí.

—Pero cuando se trata de las mañas callejeras, sencillamente careces de ellas. Nunca las has tenido y nunca las tendrás, lo que no es precisamente una mala cosa. Es lo que tú eres, ¿de acuerdo?

¡Guau!, aquello estaba siendo un puntapié en el trasero.

Pero supongo que Gilberto estaba en lo cierto.

—La cosa es —continuó después de tomar un sorbo de su taza— que ¿cómo podría ser de otra manera? Cuando eras pequeño, tu madre no te dejaba salir a la calle sin quitarte la vista de encima ni un segundo.

Esa era otra de las cosas que me avergonzaba recordar: mamá no me dejaba jugar con los demás niños salvo enfrente de nuestro edificio y, si yo me alejaba, venía detrás de mí y me montaba un número tremendo.

Asentí.

—Mírame a mí: soy el mejor cuando el asunto es ligar chicas, pero cuando se trata de cosas que realmente cuentan, como las clases, soy un tarugo.

—Pero sí eres más listo que el demonio.

—Sí, pero no como tú. Mira, si no me hubiese tocado la lotería, hubiera terminado en algún centro comunitario de enseñanza del Bronx o de Brooklyn en lugar de ir a una auténtica universidad, pero tú, tú tienes cerebro. Lo he sabido desde que eras un renacuajo.

Sorbió un poco más de café.

—Y además de eso, tienes buen corazón, como tu padre. ¡Eso es algo de lo que sentirse orgulloso!

Solo oírle mencionar a papá me hizo sentir bien.

—Lo principal es que no debes dejar que cualquier cosita te agobie. Pasa de esos rollos cuanto antes, ¿de acuerdo? —terminó, extendiendo el brazo y dándome un apretón en el hombro.

Chocamos los cinco y yo sonreí, agradecido por la lección gratuita de filosofía de la vida que Gilberto acababa de darme.

dieciocho

En cualquier caso, trabajar en la gasolinera volvió mi vida del revés. Costaba acostumbrarse. Lo que resultaba más raro de todo era, después de pasar una noche aburrida allí, tener que volver a la granja donde todo el mundo estaba levantándose. Si encendías la tele, no había mucho que ver, porque la mayoría de las emisoras no emitía nada y porque si había algo que ver, como por ejemplo *Las noticias del granjero*, con un tipo que hablaba de los últimos precios del maíz, era tan estimulante como ver secarse la pintura, pero yo continuaba por allí, esperando.

Wendy solía ser la primera en aparecer por la cocina, vestida con un largo *dashiki*. Era muy simpático conmigo, y de vez en cuando me preparaba mi cena/desayuno de últimas horas de la noche o primeras de la mañana, consistente en restos de tocino y huevos fritos. No había nada mejor que aquella comida, incluso cuando entraba en el menú alguna poesía.

—Ayer, sin ir más lejos, un bello poema, como un lustroso semental, se precipitó hacia mí —decía Wendy tendiéndome un plato—. ¿Quieres oírlo?

Yo asentía, la escuchaba, y seguía asintiendo ante el sonido de sus bonitas palabras, que parecían música, pero cuando terminaba, y yo concluía mi comida, me alegraba de subir a mi habitación.

Lo malo era que, cuando estaba intentando echar un sueño con el sol atravesando mi ventana, podía oír todas las actividades de la casa desenvolviéndose a mi alrededor. El suelo chirriaba debajo porque Gilberto se preparaba para ir a trabajar, Wendy aporreaba su máquina de escribir, Polly y Jimmy que salían juntos hacia las clases de dibujo de la escuela de Milton –¡sí, Jimmy!– y Bonnie y Curt, que se habían montado un asunto de marionetas y música en Madison se marchaban a mediodía. Desde mi cuarto podía oír cada vehículo arrancando y alejándose, aunque hacia la una de la tarde me quedaba solo con mis pensamientos.

¿Has visto *El mago de Oz*? ¿Cuando el tornado se lleva a aquella niña, Dorita, a Pequeñilandia? ¿Y que en todo lo que piensa es en volver a Kansas? ¿Y que mira en aquella bola mágica y ve a su tía Emma llorar y demás?

Pues a mí me pasaba algo parecido. Muchas veces, cuando intentaba dormir, veía a mamá y a papá en mi cabeza. Siempre estaban llorando, como si les hubiera roto el corazón, aunque no lo hubiera pretendido. En aquellas noches habría dado cualquier cosa por tener una bola mágica que pudiera tirar por la ventana, como si eso fuera a cambiar las cosas o llevarme en volandas a mi verdadera casa, estuviera donde estuviera. Pero déjame que te diga, si me permites, "que pensar en algo no hace que suceda".

Volvamos a la gasolinera; tengo aún más cosas que contar.

Trabajaba en ella cuatro o cinco noches a la semana, dependiendo de cuánta falta le hiciera al señor Jenkins, y en ocasiones trabajaba también durante el día si no aparecía nadie. Ese turno era de mucho más trabajo pero tenía sus ventajas, como la luz del sol, o que el señor Jenkins me comprara la comida algunos días, y que a veces me llevara a la parte de atrás, donde andaba siempre trasteando con el motor trucado (de un millón de caballos de potencia, por lo menos) de su bólido, un Thunderbird con el que corría los fines de semana.

—Esta belleza no baja de 250 si le pisas.

—¿Me toma el pelo?

—Móntatelo bien —me dijo— y un día te llevo a dar una vuelta.

Estaba resultando que no era mal tipo, solo un pelmazo con el asunto del dinero: me refiero a que después de mi turno tenía que darle cuenta detallada de cada paquete de cigarrillos, lata de aceite y galón de gasolina vendidos.

Entre las muchas cosas que aprendí en aquel trabajo era que no deseaba convertirlo en mi medio de vida.

Por otra parte yo estaba trabajando bien y, después de un tiempo, me empezaron a apetecer mis noches en la gasolinera, donde podían pasar hasta tres horas seguidas sin que hubiera ningún cliente. Incluso después de hacer mi ronda de limpieza del lugar, me quedaba tiempo para mí: me sentaba detrás de mi mesa en la oficina y leía o tonteaba con la guitarra. Lo más difícil era permanecer vigilante y no dormirse, aunque cada coche y cada camión que entraba en la gasolinera pasaba por encima de un alambre que hacía sonar una campanilla, "ding ding", como si fuera una alarma contra incendios.

Sobre todo pensaba y pensaba; no me podía sacar a mi familia de la cabeza.

Tenía ganas de escribirles y estuve a punto de mandarle a mamá una postal de felicitación de cumpleaños aquel septiembre para decirles que estaba bien, pero no lo hice, convencido de que el matasellos de Wisconsin revelaría mi paradero.

Escuchar la radio parecía ayudarme a pasar el tiempo, aunque la mayor parte de las emisoras eran un auténtico suplicio: por ejemplo, predicadores que largaban como cotorras explicando que si les enviabas un donativo te ayudarían a ir al cielo, o tipos como Perry Como que cantaban sumergidos en violines. Había también emisoras de radio con ese tipo de música, compuesto básicamente por polkas saltarinas que yo jamás escucharía a menos que me pusieran una pistola en la cabeza. Me pasaba el rato recorriendo el dial, no solo por el *rock and roll* sino por el tipo de antiguallas que a mi padre le encantaba escuchar en la radio; aunque en casa me ponía de los nervios, encontrarlo aquí se convirtió en una misión casi imposible. Congas, flautas de estilo latino, o una voz que hablaba en español a través de una tormenta de estática en cierta forma me consolaban, incluso aunque el sonido fuera tan malo que pareciera llegar de otro mundo.

En aquellas noches, navegando sin rumbo en la calma del turno de noche, me convertía en el Capitán Cubano, el explorador interplanetario, y garabateaba mis aventuras espaciales en un cuaderno amarillo. El universo era mi jardín aunque, cuando me cansaba de aquello, el tiempo pasaba con gran lentitud.

Déjame, sin embargo, que te cuente lo que pasó la noche en que un Buick ranchera se detuvo; lo primero fue que se me puso el corazón en la garganta, porque durante unos segundos hubiera podido jurar que era papá el que estaba al volante. No era él, pero el triste rostro del conductor, con sus carrillos colgantes, su porte tranquilo, su corpulencia y el hecho de que fuera cargado de hombros me lo recordaron. Como papá, era de tez oscura. Me dio la impresión de que podría tratarse de un *cubano*.

No pude contenerme: tenía que hablar con él.

—¿Dónde va usted, pues? —le pregunté.

Se me pasó por la cabeza que tal vez me contestaría en español, pero no lo hizo.

—Ann Arbor, Michigan —contestó—. A un estupendo festival de música *country* que se celebra allí.

—¿Toca usted algún instrumento? —le pregunté, porque quería que continuara hablando.

—Pues mira, sí. Una vieja guitarra de pedal de acero. Es mi "bonita Lily" y la llevo aquí, en la parte de atrás —respondió dando unas palmadas al asiento trasero—. ¿Y tú?

—La guitarra, un poco —con ganas de que no siguiera por ese camino.

—¿Ah, sí? Cosas de los Beatles, me apuesto lo que sea, como todos los jóvenes con los que me cruzo últimamente. De todos modos, chico, voy a darte un consejo...

Qué barbaridad, todo el mundo pretendía aconsejarme en aquella época.

—Sean cuales sean tus fantasías, tienes que tener claro que ser músico no es un modo fácil de ganarse la vida.

Suspiró y encendió un cigarrillo.

—Ahora llena el depósito, ¿de acuerdo?

Aunque esto fue todo, aquella conversación me hizo sentir bien.

Era como una ecuación: el hombre que se parecía a papá + mi imaginación = a papá durante unos segundos x diez = a mejor que ningún padre en absoluto.

Otra noche llegó un camión repleto de obreros inmigrantes, mexicanos supuse. Imaginé que volvían al sur después de trabajar en la recogida del maíz. Cuando bajó su jefe, les dijo que tenían diez minutos para usar los baños y estirar las piernas. La mayoría eran tipos musculosos de movimientos cautos. Mientras llenaba el depósito de su camión, no pude evitar fijarme en uno de ellos que aparentaba estar miserablemente solo; se limitó a quedarse a un lado de la carretera con los brazos detrás de la cabeza, como cuando haces abdominales, estirándose un poco pero más que nada mirando al cielo y soñando despierto.

Mi español no estaba en plena forma, ni mucho menos, pero necesitaba tanto oírlo de nuevo que me acerqué hasta el tipo y le ofrecí un cigarrillo.

—*Oye, ¿quieres un cigarrillo?* —dije, recordando como papá solía ofrecer tabaco a la gente.

—*Sí, cómo no. Gracias* —contestó el trabajador aceptando uno.

Pero entonces, como mi acento no era gran cosa, se pasó al inglés.

—Ah, ya veo que estás aprendiendo español, ¿no es así? —dijo dándole una calada al cigarro.

—Sí, en el colegio —contesté, avergonzado de admitir la verdad.

—*Bueno* —dijo él—. Te conviene practicar, ¿verdad?

Aspiré profundamente a mi vez.

—*Sí, cómo no* —respondí deseando oírle hablar más español.

Justo en ese momento se dio la vuelta exhalando una nube de humo, pero yo le seguí.

—*¿Adónde vas?* —le pregunté en español.

Pero él no se apeaba del inglés.

—Oh, a un pequeño pueblo, cerca de Veracruz. ¿Lo conoces?

—No.

—Es muy bonito, y la gente vive feliz —dijo—. Pero *el problema* es que no sobra el trabajo. Por eso vengo aquí, y en ocasiones me quedo hasta seis meses.

Levantó la vista hasta el tubo fluorescente donde hormigueaban los insectos y dijo:

—Pero echo mucho de menos a mi familia.

—*Muchísimo* —repitió ahora en español—. Mucho, mucho.

Entonces se disculpó formalmente:

—*Con permiso* —dijo, siempre en español, dirigiéndose hacia sus compañeros—. *Y gracias por el cigarrillo.*

Qué cosa más rara: con lo que me fastidiaba oír español en casa, como si aquellas palabras fueran mosquitos picándome el corazón, allá lejos, en Wisconsin, resultaban consoladoras. Y cálidas. Y, oh, tan jodidamente familiares.

Resultó que fue el primer y último hombre que hablaba español que iba a ver en la gasolinera durante meses; por lo demás, las cosas siguieron como de costumbre.

Las noches de los viernes y los sábados eran las más ajetreadas: aparecían por allí todo tipo de clientes. Coches repletos de jóvenes que iban a ver una película al aire libre o a un parque de atracciones, papás con sus hijos que se iban de camping el fin de semana con las tiendas atadas a las bacas de sus coches y toda clase de aparejos de pesca metidos en la parte de atrás, ministros del Señor con sus coros de camino a algún acto parroquial o animadoras con sus pompones y sus trajecitos sexy camino de algún acontecimiento deportivo. En ocasiones se trataba de chicos de granja que pasaban por allí después de una noche de juerga, tipos amistosos que te regalaban seis latas de cerveza sencillamente porque iban hasta arriba y te juraban que eras el mejor amigo del mundo.

Y camioneros y más camioneros.

Ah, sí, y los patrulleros, que pasaban en mitad de la noche a charlar.

Era un sitio distinto.

Después de un tiempo me acostumbré de tal modo a ver solo blancos que una noche de finales de verano, cuando entró en la gasolinera un Cadillac con matrícula de Michigan y vi que había cuatro negros sentados en su interior, mi radar interno empezó a dar vueltas como loco.

No ayudaba precisamente que la radio hubiera estado narrando historias sobre una banda de negros que se desplazaban por el medio oeste robando gasolineras y en ocasiones matando a tiros a los empleados.

—Sí, señor, ¿qué puedo hacer por usted? —pregunté nerviosamente acercándome a la ventanilla del conductor.

—Llena el depósito de normal, ¿de acuerdo? —respondió sin mirarme, con la vista puesta al frente en todo momento.

—Claro.

—¿Los servicios? —me preguntó el conductor.

—Por allí —respondí señalando hacia la parte de atrás.

Era un tipo delgado como un palo con el pelo de punta y fue el primero en salir. Lo siguieron los otros, enormes, imponentes, y todos vestidos con trajes oscuros, camisas blancas y corbatas negras; cuando salieron del coche se me pusieron de corbata.

—¿Hay jabón suficiente y demás? Nos gustaría lavarnos, si no te importa.

—Sin problemas.

Yo los miraba dirigirse hacia los servicios con aire despreocupado y habría podido jurar que estaban estudiando el lugar.

Chico, no esperaba ni nada que alguien más apareciera por allí, pero me asomé a la carretera para mirar en ambas direcciones y no vi ni un solo par de faros en lontananza; y además, los patrulleros aparecían solo una vez cada noche.

Pero hice mi trabajo, limpié las ventanillas y el parabrisas y llené el depósito de gasolina; cuando el conductor volvió peinándose sus lisos cabellos negros, lo miré medio esperando que me sacara una navaja o una pistola.

Solo porque era negro, aunque odié admitirlo.

No lo hizo.

—Oye, esto, dime, ¿sabes de algún sitio por aquí donde den comida a esta hora de la noche?

—Hay un restaurante que está abierto toda la noche a algo menos de 20 kilómetros hacia el oeste por esta carretera —contesté.

Pero no le había mirado y él se dio cuenta.

—Jovencito, ¿te pongo nervioso o algo?

—No, no en absoluto —respondí.

—¿Entonces por qué no me miras cuando te hablo? —dijo con expresión adusta.

—No sé. Sólo hago mi trabajo.

—Ajá —dijo mirándome de arriba abajo. Entonces se dio la vuelta e hizo alguna observación por lo bajo a sus amigos, algo sobre que en todas partes había majaras.

—¿De dónde eres, chico?

—De Nueva York.

—¿Nueva York? ¿En serio? Pues mira, de una convención que se ha celebrado allí venimos.

—¿Sí? —dije medio aliviado.

Y de repente resultó como si fuéramos amigos.

—Pues sí. La nuestra se ha celebrado en el Marriott, que es de superlujo, en la Calle 54 de Manhattan. ¿Sabes cuál te digo?

—Claro —contesté. No lo sabía, pero ¿qué otra cosa iba a decir?

—¡Nos lo hemos pasado bomba!

Y entonces sonrió.

—No sabemos si hemos hecho bien yendo por carretera, pero aquí mi hermano —dijo señalando a uno de sus acompañantes— no quería volar de ninguna forma. Se imagina que los aviones son grandes carrozas funerarias aéreas.

Todos se rieron.

En aquel momento se me ocurrió que no iban a robarme ni a matarme.

—¿Qué clase de convención? —pregunté.

—Oh, la única reunión anual que celebra la Hermandad Unida de Enterradores y Pompas Fúnebres.

—¿De verdad?

—Sí, señor, tú te los cargas y nosotros nos encargamos —contestó riendo—. ¡Desde luego que ha sido todo un acontecimiento!

Me pagó, se puso de nuevo al volante y entonces, sentado ya, sacó una mano, cerrada en un puño, por la ventanilla.

—Eh, ¿qué te parece que tengo aquí?

—No lo sé.

—Di "ábrete, sésamo".

—¿Qué?

—¡Dilo!

—Ábrete, sésamo —dije.

El abrió la mano y, sobre la palma, aparecieron tres arrugados billetes de un dólar.

—Agárralos, chico. No muerden.

Yo lo hice.

—Y la próxima vez que tengas clientes negros sé más respetuoso, ¿de acuerdo?

Asentí.

Entonces, los asesinos en potencia, que habían resultado dedicarse al negocio de las pompas fúnebres, se marcharon.

Las primeras horas de la mañana, debido a la luz, eran las mejores. Los granjeros de la localidad se acercaban por allí con sus tractores para cargar gasóleo. Me contaban chistes todo el tiempo, pero también hablaban de las cosas que les preocupaban, como que la subida de los impuestos sobre la propiedad les hacía mucho más difícil la vida.

Y de cómo las grandes corporaciones intentaban comprar sus granjas por lo mínimo.

Supongo que todo el mundo tenía sus problemas.

Por lo general, cuando terminaba mi turno, solía haber alguien por allí que me acercaba hasta la granja. Si hacía buen tiempo, no me importaba en absoluto caminar el par de kilómetros que me llevaban hasta allí. Me lo tomaba con calma, me detenía en un arroyo cercano, me quitaba los zapatos y ponía los pies en remojo; el borboteo del agua me daba sueño. Otras veces me dedicaba a explorar los caminos traseros de las granjas próximas, mirando las vacas y las golondrinas de vientre blanco que volaban en círculos sobre los establos, mientras de los árboles salían toda clase de cantos de pájaros. Y entonces, sintiéndome como si hubiera dejado de ser Rico y me hubiera convertido en otro chico, como Tom Sawyer o Huck Finn, que vivía otra vida, continuaba andando, todavía asombrado de encontrarme en un lugar así.

quinta parte **TODOS VUELVEN A LA ESCUELA MENOS YO**

diecinueve

El otoño llegó con su
paso característico.

Los autobuses escolares recorrían afanosos las carreteras secundarias para recoger a los hijos de los granjeros, y la mayoría de mis colegas de la granja empezaron la universidad. Gracias a Gilberto, Jimmy, deseoso de agenciarse un dinero, encontró trabajo a tiempo parcial en una tienda de rótulos donde hacía logos para comercios, carteles de precios para un supermercado y letreros de SE VENDE para una inmobiliaria.

Casi todos los días me dejaban solo, con Rex como única compañía. Dormía poco; daba vueltas y revueltas en la cama pensando en que también yo debería ir a la escuela. Hasta estuve tentado de matricularme en una, pero decidí que sería como delatarme, porque acabarían descubriendo que me había fugado.

En vez de eso, intentaba aprender por mi cuenta; iba a la biblioteca y sacaba libros sobre todo lo habido y por haber. Mi habitación se convirtió en una leonera, con novelas y cómics y ropa y libros tirados por todas partes. Era una rata de biblioteca guitarrista. ¿Que si me importaba? ¡Claro que no! Y me estaba dejando crecer el pelo como símbolo de mi libertad recién adquirida: ya era independiente. Si me daba la gana llevaba camiseta, overol de trabajo y playeras día tras día, sin que mamá me gritase a todas horas lo desastre que era. Hasta me compré unas gafas con montura de alambre, tipo John Lennon, que vi en el escaparate de la óptica Ojos Felices, por veintisiete de los dólares ganados con el sudor de mi frente.

Supongo que me estaba volviendo *hippie*, como esos de las calles de Janesville que llevaban ponchos y collares de cuentas indios y me hacían el signo de la paz. Todo aquello me gustaba, pero no acababa de parecerme lo mío.

Bueno, que como era otoño nos tocó limpiar otra vez el retrete (sin comentarios) y, entre otras cosas, a principios de octubre llegó al pueblo una feria ambulante.

Una noche, mientras trabajaba, vi pasar traqueteando por la carretera la flota de camiones, con sus cargas cubiertas con lonas al viejo recinto ferial de la otra punta del pueblo. Durante varias semanas, lo que era un terreno llano y plagado de hierbajos se transformó en un centelleante parque de atracciones con tiovivo, tazas giratorias para críos, noria y hasta una montaña rusa; además, instalaron toda clase de barracas y casetas con juegos de azar, del tipo de los bazares de iglesia que montaban en mi antiguo barrio o en las fiestas de Little Italy.

En un sitio donde había tan pocas novedades, las ferias se convertían en el centro de atención, así que los fines de semana el recinto bullía de consumidores de manzanas de caramelo y algodón de azúcar, tanto del pueblo como de los contornos.

El sábado Gilberto y yo nos acercamos para echar un vistazo. Wendy estaba en Madison, visitando a unos amigos, pero a mi socio no parecía importarle lo más mínimo. Daba la impresión de que se guardaba un as en la manga. Mientras conducía hacia el recinto no paraba de repetir que el día iba a ser "¡un vacilón!", ni de mesarse la perilla absorto en sus alegres pensamientos.

Mientras nos abríamos paso entre el gentío, estaba distraído: no dejaba de sonreír y se tocaba el sombrero amistosamente, como de costumbre, pero parecía buscar a alguien. Hasta que llegamos a la taquilla principal no supe qué tramaba.

Allí de pie, un poco nerviosa pero con muy buena pinta, se encontraba Dierdra, la escurridiza chica agrícola. Llevaba vaqueros ceñidos y camisa de leñador e iba peinada con trenzas; con su buena delantera, sus mejillas sonrosadas y su linda cara nórdica, era el vivo retrato de lo saludable y lo sano.

La chica saludó con un ademán a Gilberto, por lo que supuse que lo estaba esperando.

—Bueno, manito —dijo alegremente mi amigo—. Luego te veo, ¿ok?

—Ok —contesté un poco sorprendido (¡creía que íbamos a estar juntos!).

—Pero no te vayas de la lengua, ¿eh?

—Ya sabes que no —aseguré, aunque ya empezaba a sentirme mal por Wendy.

—Y recuerda lo que te he dicho, socio —añadió guiñándome un ojo mientras se alejaba—. Nada de cortarse con las jevitas, ¿eh?

Así que esa tarde, paseando por el recinto ferial, decidí poner a prueba mi tímida y aturullada persona, y empecé a lanzar inclinaciones de cabeza y sonrisitas a toda chica viviente, en plan Gilberto, sin demasiado éxito al principio.

Pero mi suerte cambió. Cuando esperaba en la cola de la noria me obligué a decirle algo a la rubita de delante. La chica comía algodón de azúcar y se tocaba sin cesar un pasador en forma de mariposa, que llevaba en el pelo. El algodón hacía juego con el color de su jersey y sus zapatillas.

—Hola, ¿qué pasa? —dije dándole un golpecito en el hombro—. ¿Eres de por aquí?

Se volvió quitándose de los labios unas hebras del pegajoso algodón.

—Más o menos —respondió con voz dulce—. Vivo en Whitewater, a unos treinta kilómetros. ¿Lo conoces?

—Pues no. ¿Qué tal está? —pregunté aparentando superinterés.

—Bueno, es pequeño pero bonito —dijo y se miró las playeras.

Mientras la cola avanzaba a paso de tortuga, dije:

—Me llamo Rico.

—Yo Sharon, pero mis amigos me llaman Sheri.

—Es bonito.

—¿Tú crees? La mitad de las chicas de por aquí se llaman igual.

—Pero a ti te pega.

—Puede —dijo suspirando.

Entonces, cuando estaba a punto de arrearle otro mordisco al algodón, me lo tendió diciendo:

—¿Quieres?

—Bueno —contesté. ¡Dios, qué empalague! Hasta me empezó a dar guerra una caries, pero sólo dije—: ¡Gracias!

Ella miró de nuevo al infinito, hablándome sin hablarme. Me contó que había quedado con una amiga,

Gina, pero que no había aparecido. Después silencio. Por mucho que lo intentaba, no se me ocurría nada que decir. Socio, ¡qué inútil!

—¿De dónde viene lo de Rico? —me preguntó tímidamente al cabo de un rato.

—Es una abreviatura de Ricardo, o Richard —respondí; la caries no dejaba de incordiarme.

—¿Ricardo? —repitió sorprendida—. ¿Es español?

—Sí, lo es. Mi abuelo se llamaba así.

—¿Qué tipo de español? —preguntó.

—¿Te suena Cuba? —dije sintiendo algo muy parecido al orgullo.

—Claro. El Ricky de la tele es de allí, ¿verdad?

—Verdad.

—¿Y tú eres de allí?

—No, de Nueva York. ¿Te lo imaginabas?

—Qué va. Podrías ser de por aquí.

—Pues no lo soy —contesté curiosamente ofendido—. Ni hablar... Quiero decir que Nueva York no se parece en nada a esto. Es sucio y ruidoso y está lleno de locos. Con todos los drogatas que hay por allí, tienes que andar con cien ojos.

—¡Chispas! —exclamó—. Debe de ser muy difícil criarse en una gran ciudad.

—¡No lo sabes tú bien! —contesté tratando de sonar como *cool* y suficiente (¿y eso de "chispas"?).

Como ya estábamos cerca del hombre que recogía los tickets y me había calmado un poco, dije:

—Oye, ya que montamos los dos, ¿te apetece que nos sentemos juntos?

—Si quieres… —respondió encogiéndose de hombros.

Cuando subimos a la barquilla y nos sentamos el uno frente al otro, ella se limitó a mirarme de hito en hito, calándome, y a lanzarme una sonrisita de vez en cuando. ¡Su cara era increíblemente bonita! Y, por lo que fuera, de la clase que más nervioso me ponía.

En cuanto el feriante tiró de la palanca y empezamos a subir, vimos kilómetros y kilómetros de campiña a la redonda.

—Entonces, ¿dónde vives? —me preguntó.

Cuando llegamos a lo más alto señalé hacia el norte, donde suponía que quedaba lo de Gilberto.

—Desde aquí no se ve, pero vivo con unos amigos en una granja que está por allá.

—¿Una granja?

No le conté toda la historia, solo que había ido a visitar a mi amigo Gilberto.

—Es un tipo estupendo —añadí— y los demás también, pero yo soy el más joven, ¿sabes?

—¿Cuántos años tienes?

—Dieciséis, pero cumplo diecisiete en verano —comenté como si importara—. ¿Y tú?

—Yo quince —respondió acabándose el algodón.

Entonces le conté que trabajaba en una gasolinera.

—¿En cuál?

—La de Clark, en la Calle Mayor.

—Ah, sí, la conozco —dijo.

Y volvió a contemplar el infinito. Como ya he dicho, su cara era alucinante y, aunque llevara jersey, se notaba que tenía las curvas justas en los lugares precisos. Pero no solo noté eso; me pareció que tras sus ojos –de un azul claro matizado de verde– sucedían montones de cosas.

Como que supiera tantas cosas que yo ignoraba.

Pero al mismo tiempo eran algo tristes, igual que pasaba con los míos cuando no me rondaba por la cabeza ninguna de mis ocurrencias.

Aun así, costaba hacerla hablar. Necesitaba preguntarle cosas.

Pero me dijo poco.

Tan solo unas cosas.

Su madre era profesora de colegio; sus padres estaban divorciados; su padre vivía en Janesville y su madre en Whitewater. Había ido a la feria con uno de sus hermanos mayores, que volvería a recogerla a las cinco y media.

Pasamos juntos el resto de la tarde. Estuvimos una hora viendo la exposición de ganado, y a Sheri le encantó.

Se sabía las razas de todos los animales: todas las clases de vacas, ovejas, conejos y aves de corral. En Nueva York nunca podría organizarse una exposición así en el gimnasio del colegio: ¡la gente se la comería viva! Después recorrimos algunos puestos, lanzamos aros, tiramos al blanco (patos) y apostamos moneda tras moneda a números que nunca salían por mucho que el hombre girara la rueda. Pero probé una y otra vez, hasta que conseguí para Sheri un gran oso rosa de peluche.

Con aquello me sentí de primera, aunque también es verdad que me hubiera salido más barato comprárselo.

En general, estaba siendo uno de los mejores días de mi vida hasta que decidí probar todos los alimentos habidos y por haber. Mientras Sheri se conformaba con una simple hamburguesa y una coca, yo tomé dos perritos, una mazorca de maíz, una hamburguesa, cacahuetes fritos y un cucurucho de nata espolvoreado con bolitas de caramelo; y me puse morado porque podía, porque no había nadie (como mi madre) para darme la matraca. Lo llevé bastante bien hasta que se me metió en la cabeza montar en eso que llaman Martillo Salvaje.

Lo que me sugiere otra regla:

"Si comes demasiado, olvídate de impresionar con tus hazañas a una chica encantadora".

El Martillo Salvaje constaba de dos cabinas situadas en los extremos de una viga que giraba en el aire en sentido horario, despacio al principio y después más y más rápido, hasta que las cabinas giraban a su vez tan a lo loco que se te salían las cosas de los bolsillos. Fue la peor ocurrencia de mi vida.

Bien sujetos y el uno frente al otro, nos elevamos boca abajo y empezamos a dar tumbos como si estuviéramos en una cápsula espacial o un ciclotrón. En cuanto la cosa se puso a girar a toda mecha, empezaron los cinco minutos más largos de mi vida. Al principio me reí y grité alegremente, como casi cualquiera a quien dan volteretas en una cabina que gira a miles de kilómetros por segundo, pero tras un minuto o así, con todo lo de mi interior batido a toda velocidad, empecé a vomitar como un poseso; chorros de salchichas aplastadas, maíz, cacahuetes y demás alimentos salieron disparados por toda la cabina y se estamparon por todas partes, haciendo "paf, paf, paf".

Ahí me enteré de lo buena persona que era Sheri. Aunque el feriante me gritara por tener que lavar la cabina a manguerazos, y aunque ella y yo acabamos cubiertos de porquería, no podía haberse portado mejor. Corrimos a los lavabos y nos pasamos los diez minutos siguientes limpiándonos la ropa. Yo acabé primero y la esperé en la puerta, muerto de vergüenza.

Pero cuando salió, ¿estaba enfadada?

No.

Sonrió, se encogió de hombros y, cuando se me acercó, lo primero que dijo fue:

—Bueno, esperaba que este año hubiera atracciones nuevas… ¡Y tú has inventado una!

Aun así, yo apenas podía hablar. Cuando llegó la hora de encontrarse con su hermano y nos despedimos, me armé de valor y le di el teléfono de Gilberto, y le dije que también podía llamarme a la gasolinera si le apetecía dar una vuelta alguna vez. Para asombro mío, contestó que lo haría.

Me moría de ganas de contárselo a Gilberto, pero no lo vi hasta la mañana siguiente. Lo encontré junto a la mesa de la cocina, leyendo un periódico.

El café estaba listo.

—¿Ligaste ayer? —inquirió con una sonrisita.

—Ajá —contesté—. Una chica preciosa, supersana.

—¿Está buena? —dijo pasando la página.

—¡Te lo acabo de decir!

—¡Bien hecho! —y alzó la mano para chocar los cinco.

Casi se me escapa lo de la vomitona, pero me contuve a tiempo.

—¿Y tú qué tal? —le pregunté.

—Uf, socio, ahora te cuento —contestó sonriendo—, pero vamos al porche.

Supuse que no quería arriesgarse a que Wendy le oyera.

—Pues cuando te dejé —empezó— dimos un paseo por la feria, pero como a Dierdra le ponía nerviosa que pudieran vernos, me la llevé a dar una vuelta en la furgoneta y estuvimos hablando. Luego encontramos un sitio tranquilo y apartadito…, y bueno, para abreviar, que a pesar de la labia que tengo, la chica se cerró en banda, como si fuera Fort Knox.

—¿En serio? —pregunté. Gilberto no solía admitir ese tipo de cosas.

—En serio —y meneó la cabeza como si aún no se lo creyera—. Pero por algo se empieza, ¿no?

—Claro. Pero, ¿y Wendy?

Me miró como si fuese el mayor carca del mundo.

—Rico, Rico, Rico —dijo por fin—. ¡Es la conquista, el deseo, el sueño! ¿No dijo Martin Luther King que debíamos aspirar a nuestros sueños?

—Él se refería a los derechos civiles, Gilberto —objeté.

—Ya lo sé, ya lo sé, pero no hay nada de malo en intentarlo, ¿no?

Luego reflexionó contemplando los campos que brillaban al sol.

—La verdad es que no creo que llegue a pasar nada entre nosotros, pero me gusta estar con alguien como ella. Es... de la vieja escuela, estadounidense de pura cepa, de esos que tú y yo no seremos nunca.

Aunque no sabía qué pensar de ese empeño en liarla con Wendy, sí entendía más o menos a qué se refería: estar con alguien muy diferente a ti puede resultar emocionante.

Al entrar de nuevo en casa, no pude evitar admirarlo un poco y tuve que reconocerle el mérito. Pasara lo que pasase entre él y Dierdra, lo más probable es que fuera la primera vez que una chica de los contornos se atrevía a salir con un genuino puertorriqueño de Nueva York que, además, tenía la cara marcada por un accidente de patinaje sobre hielo.

Como una semana después, mientras los camiones de la feria atravesaban la calle Mayor en dirección contraria para dirigirse a un nuevo destino, sonó el teléfono. Pensé que sería el señor Jenkins, mi jefe, para controlarme, pero era Sheri.

Su voz sonaba amistosa pero bajita, como si no quisiera que la oyesen. Tuve que pedirle varias veces que hablara más alto, y como me llamó en hora punta y los clientes no paraban de protestar, acabé por dejar el auricular sobre el mostrador. Cada vez que volvía al teléfono suponía que habría colgado, pero ella seguía allí. Al rato pudimos al fin "conversar" (otra palabra que no se oía en Nueva York).

Le dije que estaba tonteando con algunas historietas de cómic.

—¿Las dibujas?

—No, más bien las escribo —contesté—, pero también tengo ideas para escribir otras cosas.

—¿Cuáles?

—Novelas de ciencia ficción. ¿Has leído alguna?

—Pues no, pero como mamá es profesora de inglés he leído de todo lo demás, desde Jane Austen a Mark Twain.

—¿Mark Twain? ¡Me encanta ese hombre! ¿Y a ti?

—También. Me parece muy bueno.

Y entonces le conté lo que me gustaba la novela de Huck Finn.

—Es que, vaya historia, socia —y sí, de verdad que la llamé "socia"… ¡Dios, qué inútil!—, parece que la vivas tú.

Sheri soltó unas risa.

—¿Por qué? —preguntó.

—Bueno, porque si alguna vez cortas con todo y te vas, como hice yo al irme de Nueva York, o simplemente piensas en hacerlo, la historia te engancha. Todo eso de escapar, de ser libre, parece que lo estés viviendo.

Ignoraba si Sheri le encontraría algún sentido, pero dijo:

—Sí, ya lo entiendo.

Entonces me entraron ganas de hablarle de todos los demás libros que me gustaban y hasta de personajes de cómics tipo Supermán y Adam Strange, de esos que un día se encuentran de pronto en un mundo distinto. En ese instante me sorprendió que mis libros preferidos trataran siempre de aquel tema. Sin embargo, también me percaté de que estaba hablando demasiado de mí mismo, por lo que decidí seguir el consejo de Gilberto para conquistarse a las chicas: escuchar.

—Bueno, Sheri, cuéntame cosas de ti. ¿Cómo te va?

—Bien, creo —contestó bajito.

Después nada. ¡Di algo!, me dije.

—Oye que… quiero disculparme otra vez por vomitar cuando estuvimos en la feria, pero…

—Ay, Rico —me interrumpió—, fue sin querer. Si lo hubieras hecho aposta, sería distinto, pero…

No pudo terminar la frase. De pronto oí todo tipo de ruidos de fondo, como si alguien aporreara una puerta al tiempo que gritaba a través de ella. Hubo un ruido de algo que se rompía y Sheri debió de dejar caer el teléfono porque el mío quedó con el tono de marcar.

Pasó una media hora. En ese tiempo escuché por la radio dos canciones de los Eagles y otras cuantas bobadas *country*, eché una meada y puse gasóleo a un camión de doce ruedas mientras el corpulento camionero, cardiaco perdido por las anfetas, no cesaba de repetir que si podía darle unos tranquis mientras se rebuscaba el pulso en un brazo. No podía dárselos porque no tenía aunque, para que se calmara, le vendí dos cervezas del alijo de la gasolinera.

Me hubiera gustado llamar a Sheri, pero no me había dado su número.

Eché gasolina a dos coches más, les miré el aceite y les quité los insectos aplastados del parabrisas. Después me senté en la oficina y miré el teléfono.

¡Quería saber qué le había pasado a mi chica!

Por fin, hacia las once, recibí otra llamada.

Era ella. Parecía a punto de echarse a llorar.

—¿Estás bien? ¿Qué te ha pasado? —le pregunté.

—Nada, te llamo para invitarte a la fiesta de Halloween que da mi amiga Gina en su casa.

—¿Una fiesta? Me parece genial.

Y me pidió que escribiera la dirección.

Listo.

—¿Pero qué te ha pasado antes? —pregunté.

Contestó en susurros:

—Ah, ahora no puedo contártelo. Estoy con papá.

En ese momento oí gritos lejanos.

—Lo siento, Rico, pero tengo que colgar.

—¿Pero por qué?

—Por mi padre. Está de malas.

Y colgó.

La noche siguiente, cuando un Cadillac azul llegó zumbando a la gasolinera, me sorprendí al ver a Sheri, con los ojos enrojecidos como de haber llorado, sentada delante junto a un hombre que debía de ser su padre. Era un tipo de aspecto duro, mandíbula cuadrada y hoyuelo en la barbilla; los ojos acerados y la cabeza rapada le daban aspecto de marine. Se parecía al sargento Rock de los cómics, pero ese era un buen tipo y el padre de Sheri no daba impresión de serlo. Al hacer el pedido, hablaba arrastrando las palabras y apestaba a whisky.

—Normal. Llena el depósito —dijo saliendo del coche y agarrándose de inmediato a la portezuela para no caerse.

Normalmente, si me topaba con alguien que conducía "en estado de embriaguez" como decía el señor Jenkins (*borrachón*, según mi madre), no que hubiese tomado un par de cervezas, sino que fuese realmente bolinga, llamaba a la policia para comunicarles que había un peligro en la carretera (solo un mes antes, cerca de Milwaukee, una furgoneta llena de niños luteranos que se dirigían a los servicios matutinos con su pastor había sido embestida por un borracho que circulaba en dirección contraria).

Pero cuando noté lo abatida que parecía Sheri, lo dejé pasar esperando que su casa de Janesville no quedara muy lejos. Sin embargo, cambié de idea cuando vi al padre buscar a tientas por el suelo la cartera que se le había caído. En ese momento empecé a preocuparme de verdad. Mientras el depósito se llenaba y él se marchó al servicio, saludé con la cabeza a Sheri, me metí a hurtadillas en la oficina, llamé a los patrulleros y les dije que en la gasolinera había uno que no debería conducir. Me contestaron que enseguida venían.

Volví al coche y, al verlo de nuevo al volante, traté de ganar tiempo.

—¿Le miro el aceite, señor?

—No, no es necesario. ¿Cuánto te debo?

Me pagó y le di el cambio. Las pocas veces que le eché un vistazo a Sheri, la vi encogida en el asiento, como si quisiera desaparecer; eso me resultaba muy familiar.

Después le dije a su viejo que esperara y me puse a limpiar el parabrisas.

—¡Eh, quita de ahí, chico —exclamó—, no tengo toda la noche!

Decidí decirle la verdad.

—Mire, señor, no puedo dejar que conduzca en su estado.

—¿Mi estado? —dijo lanzándome una mirada asesina—. ¡Tú métete en tus asuntos! —exclamó arrancando—. ¡Y quítate de en medio!

Parecía decidido a atropellarme.

—Pero, señor —dije como último recurso—, tómese un café, invita la casa.

—¡Quítate de en medio! —repitió; el motor rugía.

Gracias a Dios, en ese momento llegó un coche patrulla con la sirena a tope y las luces parpadeando. Dos agentes se bajaron y se acercaron a nosotros.

—¿Es este? —me preguntó uno de ellos.

—Sí.

Yo esperaba que le dieran el tratamiento habitual: test de alcoholemia y paseo en línea recta, pero en cuanto uno de los agentes enfocó su linterna al interior del Cadillac y vio al conductor, retiró la mano de la pistolera y dijo:

—Hola, Tom. Tú deberías saber mejor que nadie que no se puede conducir así.

—Sí, lo sé, lo sé. Supongo que ahora me buscarás la ruina, ¿no?

—Espera —dijo el patrullero metiendo la cabeza por la ventanilla. Hablaron unos minutos, pero no oí nada de lo que se dijeron. Después el policia se me acercó.

—Mira, hijo, te agradecemos de veras que nos llamaras, pero no vamos a someter a este tipo al tercer grado porque se haya tomado unas copas. Lo que haremos será llevarlo a casa.

—Ah —dije.

No entendía por qué lo trataban con guante blanco, pero así era. Un agente le pidió que le hiciera sitio, arrancó el Cadillac y salieron de la gasolinera seguidos por el coche patrulla. Sheri me miró a través de la ventanilla; sus ojos eran muy tristes.

Aquella misma noche volvió a sonar el teléfono de la gasolinera. Descolgué.

Era Sheri y parecía hecha polvo.

Lo primero que me dijo fue:

—Oh, Rico, estoy muy avergonzada.

—No tienes por qué, pero ¿de qué iba todo aquello? Nunca había visto a los agentes dejar que un borracho saliera tan fácil.

—Mi padre es fiscal del distrito. Todos lo conocen.

—Pero sigue estando mal... Podría haber matado a alguien.

—Ya lo sé, normalmente solo bebe en casa. Es que estuvo hablando con mi madre y discutieron sobre la pensión de divorcio...

Me contó que esa discusión lo había sacado de quicio, tanto que cuando se pararon a cenar en el viaje de vuelta, se tomó un par de escoceses dobles, y luego condujo hasta una bodega donde compró medio litro que se acabó mientras estaban parados en la cuneta.

—No es mala persona —añadió—, pero cuando empieza a beber no hay quien lo pare. Es horrible.

Seguía sin entender la actitud de los policías, pero recordé a los agentes que paraban en el bar del señor Farrentino y miraban para otro lado a pesar de saber que allí se cocían todo tipo de cosas ilegales. Supuse que el padre de Sheri gozaría del mismo tipo de influencias.

—Bueno, lo importante es que estés bien —dije—. Pero, ¿cómo es que precisamente se paró en mi gasolinera?

—Yo se lo pedí a papá. Íbamos de paso, supongo —la voz le temblaba—. Quería que vieras cómo se pone a veces.

Por fin sentí que sabía el terreno que pisaba, al menos en lo que respecta a sufrir un padre alcohólico.

—¿Estás mucho con él?

—Dos semanas al mes, pero quiere que pasemos más tiempo juntos.

—¿Y tú quieres? —tuve que preguntar.

—¡Es mi padre, Rico! No me importaría, pero… pero no me gusta nada cuando se pone así. Llega a ser malo.

—¿Te pega?

—No, no es eso. Es que cambia continuamente. Está tan amable y un segundo después empieza a pegar gritos.

Siguió precipitadamente, como si le faltara el aire:

—Rompe cosas y se pone tan rabioso que tengo que encerrarme en mi habitación. Y a veces golpea la puerta de tal manera que me muero de miedo.

—¿Y tu madre no puede hacer nada? —pregunté tratando de ayudar.

—Rico, él conoce a todos los jueces del condado.

—Maldita sea.

Al oír la desesperación de su voz, decidí hablarle de mi padre, por mucho corte que me diera.

—Sheri, sé por lo que estás pasando. Mi padre también bebe…

—¿Sí?

—Sí, a todas horas. Y también me pone malo —dije. Solo de pensar en él se me hacía un nudo en la garganta—. Es horrible ver así a tu padre, y lo peor es que no puedes hacer nada.

—¡Es muy duro! —exclamó llorando. No sé qué botón apretaría, pero provoqué una verdadera catarata de lágrimas, tantas que debió de meter el teléfono debajo de una almohada, porque de pronto no oí nada en absoluto.

—¿Estás ahí? ¿Estás ahí? —no hacía más que preguntarle.

Sheri tomó de nuevo el auricular, sollozando.

—Oye, escúchame bien…

—¿Qué? —preguntó.

—Es duro, pero tú no eres la responsable de que tu padre beba. Es solo que algunos tipos son así —dije sacando un cigarrillo del paquete. No fumaba mucho, pero estaba tan afectado que encendí uno; lo apagué a las pocas caladas.

Qué mareo, socio.

—¿Puedo hacerte otra pregunta?

—Claro —contestó Sheri, suspirando.

—¿Eres como él?

—No.

—Entonces no te machaques —dije recordando lo que tantas veces me había dicho Gilberto—, esa mierda no te llevará a ninguna parte.

—Pero da miedo —objetó, la voz aún quebrada.

—Desafortunadamente cierto —contesté con mi tono más sabelotodo—. Por eso la gente como tú y como yo debemos cuidarnos mutuamente, ¿entiendes?

No sé cómo, pero lo que dije logró calmarla.

—Ya me siento mejor, Rico —afirmó tras una pausa—. ¡Gracias!

—Bah, n'hay de qué —contesté como si fuese de los bloques—. Estaba a mano, eso es todo.

En ese momento un Pontiac se detuvo en la gasolinera.

—Oye, Sheri, tengo que dejarte. Ha venido un cliente. Hazme un favor, busca ayuda, ¿eh? Y recuerda: si me necesitas, ya sabes dónde encontrarme, ¿ok?

Pasé el resto de mi turno pensando.

¿Cómo era posible que una chica tan dulce como Sheri tuviese que aguantar ese tipo de cosas? En cierto modo me aclaró lo que me había ocurrido en Nueva York. Al oír el dolor y el pánico en su voz, como si estuviera dispuesta a hacer cualquier cosa para alejarse de su padre aunque lo quisiera, recordé cómo me había sentido yo; Sheri era un reflejo de mí mismo. Pensé que a veces, para escapar de lo malo, tienes que hacer cosas que en realidad no deseas, como hacer daño a los tuyos.

Entonces me pareció más lógico.

En mi caso, no sólo me escapé para no ir a la escuela militar, había mucho más.

Por ejemplo, ver que tu padre arruina su vida noche tras noche, eso te da bastantes ganas de cambiar de aires.

Y te hace sentir que, si a él no puedes ayudarlo, quizá puedas ayudar a otras personas, como Jimmy.

Pero la cuestión era: ¿me estaba ayudando a mí mismo?, porque no pasaba un solo día sin que me preguntara si papá habría empeorado después de mi marcha. Eso, además de haber perdido todas las cosas buenas de casa, me incordiaba a todas horas. Además, me preguntaba por qué la gente como Sheri o como yo se dejaba atrapar por una clase de mierda que no debería aguantar nadie; pero no tenían otra, salvo quizá fugarse.

veinte

Por Halloween, los árboles –robles, olmos y nogales– empezaron a soltar hojas y a cubrir el patio de una gruesa capa de hojarasca. Las noches eran más frías y el mundo entero bostezaba, como preparándose para los soñolientos meses de invierno. En los porches hacían aparición las calabazas y de curiosas formas; las casas y los escaparates se llenaban con todo tipo de brujas y personajes siniestros.

Sin embargo, la celebración no tenía nada que ver con la de Nueva York.

¡Pero las de allá me encantaban, chico!

Me ponía cuatro trapos, me pintaba la cara de colorines y me iba a la boca del metro, normalmente con Jimmy, para sablear a los trabajadores que volvían a casa; luego íbamos de edificio en edificio y de piso en piso en nuestro bloque diciendo lo de "truco o trato" y haciéndonos los salteadores de caminos hasta llenar nuestras bolsas de caramelos, monedas y hasta, a veces, algún que otro cigarrillo.

Pero siempre las pasaba canutas pensando de qué disfrazarme.

Un año intenté ir de El Zorro, pero fue una ridiculez. Quiero decir que es ridículo que un latino tenga que maquillarse de latino para parecerlo. Fue de locos.

Otro me hice con una máscara de plástico transparente, la cubrí de pegamento y le prendí fuego para derretirla. Con eso parecía un zombi radiactivo y resultaba bastante más creíble que con mi disfraz de El Zorro. Además, al no vérseme la cara me ahorraba los comentarios de la gente.

Supongo que por eso sentía debilidad por los superhéroes enmascarados, tipo Batman, Daredevil o Flash. Me daba bastante envidia que pudieran ocultar su verdadero rostro.

Total, que no sabía qué ponerme para la fiesta de Gina (por suerte se celebraba en una de mis noches libres) pero, con la ayuda de Bonnie y de Wendy, acabé por disfrazarme de pirata: pañuelo rojo de lunares, bigote de pega, chaleco, los pantalones rojos y anchos de Curt (recuerdo de Marrakech), botas de pescador negras hasta la rodilla (encontradas en el establo), un cinturón ancho y negro de Gilberto y, como toque final, unos pendientes de aro. Ah, sí, y una daga de cartulina dorada que me hizo Bonnie.

Esa noche había luna llena y se veían unos relámpagos tremendos por el oeste. El meteorólogo de la tele había dicho que lo mejor era quedarse en casa. Sí, ya, ¡en Halloween!

Wendy se ofreció para llevarme a casa de Gina en su Toyota rojo y aprovechó para recitarme uno de sus nuevos poemas. Solía leérmelos a menudo, pues me consideraba una especie de alma poética gemela. Escribía toda clase de poemas acerca de su piel negra, su alma negra, su ira negra… como si cada uno de ellos fuese un joyerito en el que guardara algo de sí misma. Aparte de eso no hablaba nunca de su color; daba la impresión de que sus poemas custodiaran su identidad secreta.

Allí, en Wisconsin, empecé a pensar que también yo tenía mi propia identidad secreta; ni siquiera sabía si Wendy estaba al tanto de que era *cubano*. Por eso, mientras circulábamos por la carretera, con los truenos resonando en la lejanía, me dio por preguntárselo.

—Sí que lo sé —contestó cuando los granizos empezaron a saltar sobre el asfalto y el capó como gotas de aceite hirviendo en una sartén. Wendy se desvió a un lado de la carretera y tiró del freno de mano—, pero si te digo la verdad, Rico, de no ser por Gilberto ni me lo hubiera imaginado. No te ofendas, pero eres como cualquier chico blanco y mono, aunque a veces reniegues de ello.

—Es que es un coñazo —comenté sintiendo un millón de cosas a la vez—, pero llevas razón: no lo parezco.

—De todas formas, eres mono —dijo pellizcando mi mejilla pirata.

Entonces me preguntó lo mismo que había contestado tropecientas mil veces.

—Y tus padres, ¿son cubanos los dos?

—Sí.

—Pero, ¿son tan blancos como tú?

—No, es una cosa de esas que te tocan sin comerlo ni beberlo, por un tatarabuelo irlandés. ¿Lo sabías?

—Pues sí, ya lo sabía —respondió mirándome intensamente—. Lo que no sé es si Gilberto te habrá dicho que mi madre es blanca y mis dos hermanos también. ¡Yo soy la única que he salido a mi familia paterna!

¡No me lo podía creer!

—¿En serio? No tenía ni idea. ¿Y te ha molestado alguna vez? —pregunté mientras el granizo arreciaba como un tiroteo y el capó del coche atronaba bajo el impacto de miles de balazos.

—¡Claro que sí! Sobre todo en el colegio. En Denver casi todos los chicos se portaban bien conmigo, pero siempre había alguno que me miraba mal aunque lo que estuviese diciendo no tuviera relación con su forma de mirarme.

Rebuscó en su bolso para sacar un porro.

—A mí me pasaba algo parecido, pero al revés —le dije—. O sea, ¡que siempre me tomaban por blanco!

—Oye, Rico, siento decírtelo —comentó encendiendo el canuto—, pero es que lo eres.

Soltó una bocanada de humo, tosió, se apretó la nariz para no desperdiciar más y me pasó el porro.

—Pero solo por fuera —protesté dando una caladita de cumplido.

—Puede, pero ni siquiera hablas como un latino, ¡igual que yo no hablo como una negra! —admitió cuando le pasé el canuto.

Mientras ella daba otra calada, me aseguré a mí mismo de que sabía hablar de aquella forma callejera mejor que nadie, si me daba la gana; aunque supongo que eso no tiene nada que ver con sonar a latino, con un acento concreto y demás.

Ni con haber aprendido español de primera mano.

Ni con dominar el mambo y otros bailes, ni con el lenguaje corporal adecuado, ni con todo aquello que yo no tenía.

Pero, aun así, me sentía como lo que en realidad era, es decir, latino. Resultaba muy difícil de explicar.

—Dime una cosa —pregunté—, ¿has tenido líos con alguien negro por ser como eres?

—A decir verdad, aparte de mis parientes, he conocido a pocos. Pero al conocerlos, sí, he tenido líos; es de locos.

Se echó a reír.

—Los negros encorbatados, como mi padre (es médico), quieren que sea educada y peripuesta, como si debiera servir de modelo para todas las morenitas: siempre en el cuadro de honor, excelentes modales, buen vocabulario y demás historias. Pero con los hermanos... ¡es otro cantar!

Estaba meneando la cabeza.

—O sea, que aunque vaya de negra (puedo llevar minivestido plateado tipo Tina Turner, botas altas de gogó y peinado afro tan bien como cualquiera), en cuanto abro la boca, para ellos soy una "Oreo".

—¿Una "Oreo"?

—Sí: negra por fuera, blanca por dentro. ¿Y sabes qué? —dio feroces caladas al porro—, es como si te prohibieran la entrada a un club privado.

No me lo podía creer. Se sentía como yo.

—¿Pero por qué se lía tanto la gente? —tuve que preguntar. Bajé un poco la ventanilla porque había tanto humo que parecíamos viajar en una nube.

—Ni idea —dijo—, pero las cosas funcionan así.

Después, sonriendo, añadió:

—¿Sabes quién lo lleva muy bien?

—¿Quién?

—Gilberto. Cuanto más le conozco, más me gustaría parecerme a él.

—¿Gilberto?

—Sí, Gilberto —respondió con un ligero escalofrío, girando los botones esos del salpicadero para la calefacción—. Es casi tan negro como yo, pero le importa un bledo lo que piense la gente. Se lleva bien con todo el mundo. Nunca se corta ni piensa para nada que es moreno —dijo riéndose y sacudiendo el porro en el cenicero—. No digo que sea la persona más profunda del mundo, pero quizá por eso es más feliz.

Dio otra calada y se encogió de hombros.

—Me encantaría ser así, pero no lo soy; pienso demasiado.

—Igual que yo —dije.

Entonces me preguntó si quería un escopetazo y, para no parecerle poco *in*, contesté que sí. Dio la vuelta al porro para metérselo en la boca, la parte encendida en equilibrio sobre la lengua y la apagada entre los labios, y acercó su boca a la mía para echarme un chorro de humo concentrado a la nariz.

Pero en ese momento empezó a tronar a lo loco, en plan cañonazos. El cielo, totalmente negro, se transformaba de golpe en una lámina blanca para volver de inmediato a la negrura. Parecía una película de terror.

Cuando Wendy estaba a punto de echarme el humo, oímos un trueno espeluznante justo encima y luego otro bum, y todo en derredor empezó a brillar con una luz cegadora que aclaró el mundo entero. Sobre el capó se acumuló electricidad estática que originó tras el parabrisas un pequeño horizonte amarillento de varios segundos de duración.

Las alfombrillas de goma del suelo transmitieron un hormigueo a nuestros pies.

Wendy profirió un grito, escupió el porro y se agarró a mí con tanta fuerza que escuché los latidos de su corazón.

Nos quedamos allí, petrificados, temiendo que el coche explotara. Cuando no ocurrió, Wendy regresó a su asiento.

—¡Ay, santo Dios! —exclamó llevándose la mano a la garganta—, ¿ha sido eso lo que creo que ha sido?

—Más bien —contesté tembloroso—, por lo visto nos ha caído un rayo.

—¿Y por qué no estamos achicharrados como chicharros? —preguntó dándose palmaditas en el pecho como si tratara de sofocar un pequeño incendio.

—Supongo que la electricidad ha atravesado el bastidor del coche y ha pasado a tierra por los neumáticos de caucho —expliqué; se lo había oído contar a algún camionero que había sufrido la misma experiencia.

—¡Pero mierda —exclamó—, ha sido horroroso!

—Y que lo digas.

—Casi me meo encima.

—Y yo.

Más tarde, cuando los truenos se alejaron y la luna empezó a verse tras unas nubes veloces y ahusadas, Wendy pareció avergonzarse de su reacción, pero yo seguía alucinado, no por cómo se había abrazado a mí, sino porque la gente pudiese sobrevivir a un rayo por estar dentro de un coche. Parecía de peli de ciencia ficción y me daba toda clase de ideas para un nuevo personaje de cómic.

Y, encima, había pasado en Halloween.

—Rico —dijo Wendy cuando consiguió recobrarse—, ¿sigues queriendo ir a esa fiesta?

—Si a ti no te importa seguir…

—Bueno —suspiró—, mientras el maldito coche funcione…

Giró la llave y trató de arrancar.

Una vez, dos, tres, nada. Ay, Jesusito de mi vida, rezaba yo, deja que arranque. No quería darle plantón a Sheri.

Pero al cuarto intento, al tiempo que los relámpagos revoloteaban por el horizonte como fuegos artificiales y el cielo relumbraba a pedazos, el motor se puso en marcha y allá que fuimos, con el cuerpo y el alma sacudidos por la descarga eléctrica.

La casa de Gina estaba en una de esas calles que parecían clónicas, con calabazas iluminadas en los alfeizares y coches aparcados junto a las aceras.

Al aproximarnos a la puerta vi bailar por las ventanas a un montón de invitados que lucían todo tipo de disfraces. Una preciosa diablesa con leotardos y capa rojos agitó el tridente en mi dirección.

veintiuno

Okay, **aquí va un acertijo**
para los de truco o trato:

Primera pregunta:
Cuando entré en casa de Gina vestido de Jolly Roger
o vete tú a saber, mientras seguía tronando en el horizonte, y acompañé a la diablesa (Gina disfrazada) por
el salón, pasando entre los juerguistas de Halloween del
Medio Oeste que sostenían tortas de maíz y resoplaban
cerveza, hasta llegar a Sheri, sentada en el sofá de un
rincón oscuro, ¿adivinas de qué la vi disfrazada?

a. De odalisca sugerente.
b. De bailarina con tutú y zapatillas de raso.
c. De vagabundo: sombrero raído, narizota, pantalones anchos y zapatones.

d. De princesa de cuento de hadas.

e. De nada, porque no se había molestado en disfrazarse.

Segunda pregunta:

Si, como yo, entraras a la cocina y te encontraras con que tanto la nevera como el fregadero están llenos de botellas de cerveza y de vino y, tras cruzar el pasillo, agachando la cabeza para no darte con las calabazas de papel que cuelgan del techo, te metes al baño y ves la bañera repleta de cubitos de hielo y más cervezas aún mientras te llegan ráfagas de olor a porro y ves toda clase de espíritus malignos, vampiros y demás criaturas de la noche, bailando enloquecidas o besuqueándose por los rincones, dirías:

a. Los padres están en casa.

b. Los padres no están en casa.

c. ¡Paso del tema!

Tercera pregunta:

Supongamos que eres de Nueva York y te ha caído un rayo encima pero sigues sin confiar en ti mismo –aunque pienses que tu cuerpo emite electricidad–, y quieres impresionar a la chica del Medio Oeste sobre la que vomitaste un día, tú:

a. ¿Te sentarías a su lado, ignorando el *rock and roll* que suena a toda pastilla, y te limitarías a conversar sobre lo estupendo que es volver a verla? ¿Irías luego a jugar a morder manzanas con los dientes o a ponerle el rabo al burro como un buen chico que respeta a las señoritas?

b. O, aunque ella apoye la cabeza en tu hombro y sorba cerveza con una de esas pajitas que se doblan por arriba, dándote de vez en cuando un beso, ¿harías el tonto o, aprovechando la oscuridad del rincón, te abalanzarías sobre ella?

c. ¿Practicarías el autocontrol y guardarías para más tarde, para cuando estés en tu cama llena de bultos, tu energía reprimida y electrificada?

d. ¿Te impacientarías y, aunque te diera corte bailar y a ella también, la sacarías a la pista?

e. Y una vez que lo hicieras y se corriera la voz de que eres neoyorquino –o sea, que eres como maná caído del cielo pues por aquí no pasa nada excitante–, para impresionar a tu chica, aunque te muevas como un manta, ¿te inventarías bailes llamados "el mono de Manhattan" o "el vacilón de Harlem" con toda clase de pasos idiotas y estrafalarios, ya que tienes la seguridad de que todos te imitarían y aplaudirían?

Cuarta pregunta:

Supón que eres el tipo vestido de pirata (de una especie de pirata) y la dulce jevita que te gusta, tras empinar el codo toda la noche, te dice que se queda a dormir en casa de su amiga y que tú también puedes quedarte. ¿Qué le contestarías a las dos de la madrugada del día de Todos los Santos?

> a. Oh, pero, Sheri, de verdad, de verdad que me encantaría, pero no sé qué hacer. Es que, o sea, apenas nos conocemos.
> b. Me quedaría, pero has bebido demasiado.
> c. Bueno… si no es mucha molestia…

Última pregunta:

> a. ¿Pasarías horas besándola en el sofá antes de volver a casa con algún camionero zombi, totalmente molido, que se dirige al sur de Wisconsin?
> b. ¿O subirías con ella al piso de arriba para pasártelo en grande, al menos un ratito, hasta que se quedara dormida en tus brazos… y entonces te pirarías para irte con último invitado que se marchara en coche?

Bueno, sean cuales sean tus respuestas, no pienso contarte qué pasó aquella noche (es la norma del paleador de retretes *cubano*), pero sí te diré qué vi por la ventana de mi cuarto al volver por fin a la granja. A esas alturas lo peor de la tormenta había pasado, pero aún se veía algún que otro relámpago en el horizonte. Por eso recordé lo que nos había pasado a Wendy y a mí.

¿Y si resulta que en el coche hay un blanco y un negro cuando cae el rayo? ¿Y si por arte de magia el rayo los fusiona en cuerpo y alma convirtiéndolos en una sola persona con todo tipo de superpoderes y capaz de ser blanca o negra a voluntad?

Entonces pulí un poco la idea.

Quizá el negro sea un latino moreno y el blanco un rubio como yo mismo. ¿Y si en vez de ser solo amigos, son hermanos gemelos idénticos en todo salvo en el color de la piel?

Ni siquiera me pude dormir.

—La cosa es que puede cambiar de aspecto cuando quiera —le dije a Jimmy al día siguiente—. De latino a blanco, de blanco a latino. Como Clark Kent y Supermán, pero en este caso barrerá del maldito planeta los prejuicios raciales y demás.

Jimmy escuchaba subiéndose las gafas.

—Suena bien. ¿Y cómo se llamaría ese superhéroe?

—¿Qué te parece Dark Dude?

—Eh... ¿Como te llamaban a ti los de los bloques?

—Sí, pero este tendrá superpoderes.

—De acuerdo —dijo—. Escribe el guión y veré lo que puedo hacer.

—¿En serio?

—Claro. No te prometo nada, pero haré la prueba.

¡Chico, me puse más contento que unas pascuas!

Y me pasé trabajando en el guión los cuatro días siguientes, mientras pensaba en Sheri.

sexta parte **DÍAS FELICES**

veintidós

Desde Halloween, Sheri y yo empezamos a salir siempre que ella podía, es decir, los fines de semana que pasaba con su padre. Aunque a veces tomaba el autobús al salir de clase y paseábamos por la Calle Mayor para comprarnos un helado o dábamos una vuelta por el pueblo a la caza de cómics viejos. Yo había puesto un anuncio en el periódico local ofreciendo veinticinco centavos por ejemplar, y de cuando en cuando recibía la llamada de algún vendedor, así que íbamos a mirarlos. Esperaba encontrar algún clásico, pero hasta los cómics que leía la gente de Wisconsin eran distintos. ¡No había visto tal cantidad de *El pato Donald* y *La pequeña Lulú* y *Bugs Bunny* –cosas sanas de verdad– en toda mi vida!

De tarde en tarde íbamos también a casa de Gina, donde veíamos la tele –la amiga de Sheri era una gran admiradora de *Dark Shadows*– o leíamos libros. Cuando nos poníamos cariñosos, casi lo único que hacíamos era abrazarnos muy fuerte; me daba la impresión de que Sheri no deseaba más que eso, sobre todo cuando le daba tristeza volver a casa de su padre. Tuve que decirle que dejara de morderse las uñas, ¡es que las tenía hechas un asco y medio! Cuando vino a conocer a la gente se ganó la aprobación oficial de Gilberto, expresada mediante un asentimiento de cabeza (más tarde me dijo que era una preciosidad).

Y al subir a mi cuarto, Sheri exclamó:

—¡Oh, Rico, qué sitio tan lindo!

Tras lo cual se dejó caer sobre mi colchón lleno de bultos y se acurrucó bajo la manta como si no quisiera marcharse jamás.

Pero, claro, tenía que hacerlo.

(Ok, es probable que estés pensando: "¡Pero qué idiota!". Y, al mismo tiempo, quizá te preguntes si me lancé, ¿no? Bueno, pues repito que si lo hice, no te lo contaría y si no lo hice… piensa en esto: si miraras esos ojos azules y vieras el dolor que transmitían, ten por seguro que a ti también se te rompería el corazón. Es decir, que no te dedicarías a pensar en lo de siempre, ¿ok?)

Cuando el tiempo empeoró, no la veía tanto como hubiera querido. Sin coche, era difícil salvar la distancia que nos separaba. Los árboles se desnudaban a toda prisa, el cielo era gris plata, las bandadas de pájaros volaban hacia el sur graznando sin parar. Aquí, donde ya de por sí la vida era más lenta que en la gran ciudad, el frío intensificaba esa lentitud: la gente se encerraba en sus casas, las chimeneas soltaban nubecillas de humo por toda la campiña, y la mayor parte del ganado se quedaba en los establos.

Y de pronto hizo un frío espantoso.

El día de Acción de Gracias, mientras nos dábamos un banquetazo, el termómetro del porche marcaba diez grados bajo cero. Y con el campo nevado y el viento soplando a todo meter, hacían falta muy buenas razones para salir de casa.

Ya era bastante pesado tener que trabajar en la gasolinera en noches así. Con la puesta de sol hacia las cinco y aquella oscuridad que duraba hasta las nueve del día siguiente, mi turno resultaba una pesadilla: no soltaba la pala para quitar la nieve, y simplemente llenar los depósitos o rascar el hielo de los parabrisas se convirtieron en las peores tareas del mundo, peores incluso que limpiar el retrete exterior. Pero al menos la oficina y el baño de la gasolinera estaban calentitos, allí no tenía que lidiar con el espantoso frío de la granja.

Lo de espantoso se queda corto. A principios de diciembre se congeló el agua de un vaso que dejé en el alféizar y la parte interior de los cristales de mi ventana se cubrió de hielo.

En mi habitación había una tubería de vapor, pero no funcionaba; al poner mi congelada mano encima, vi que daba menos calor que un cacho de pan.

Lo repito: hacía frío... o dicho de otro modo: ¿conoces la expresión "patitieso"?, pues debieron de acuñarla por aquí.

La calefacción de la vieja granja era tan mala que debíamos alimentar la estufa con leña durante todo el día, llevar ropa interior térmica o cargar con mantas sobre los hombros. ¿Y el retrete? Tras recorrer el ventoso vestíbulo y abrir la puerta –y ver una de las divertidas notas que Curt ponía debajo de la foto del presidente Nixon, tipo: "No olvidéis enviarle vuestros mejores deseos en forma de telegrama biológico"– te sentías como en un congelador. Me daban verdadera pena las chicas: al menos nosotros podíamos salir corriendo y aliviarnos junto a la puerta, pero ellas no disponían de tal privilegio, si puede llamarse así.

Pero, para mí, lo peor era no poder tocar la guitarra: ¡las cuerdas estaban congeladas!

Quizá como los granjeros de otros tiempos, llegué a preguntarme qué demonios hacía allí.

Aun así, me gustaba salir con Gilberto a pasear por el campo en trineo, ver cómo tiraba de nosotros el caballo, con sus riendas tintineantes, carretera arriba. Y había una charca helada donde patinábamos todos, hasta Jimmy –se esforzaba al máximo, pero siempre daba con sus huesos en el suelo–, que en Nueva York se negaba en redondo a patinar.

Lo increíble era que en cuanto nevaba, cuajaba ¡y el espesor de la capa aumentaba día a día! Equipado con jersey y chaquetón gruesos, recorría a trompicones los ventisqueros y, cada vez que mis botas se hundían en el suelo, sentía que la nieve se tragaba mi viejo yo neoyorquino, transformándome en alguien distinto.

veintitrés

La Nochebuena se presentó de golpe y porrazo, y demonios, cómo me alegré de no trabajar aquella noche. Lo cierto es que el señor Jenkins cerró ese día y los tres siguientes (eran los únicos que cerraba en todo el año).

Y me dio un bono de diez dólares y una caja de batido de chocolate *Yoo-hoo*.

Estaba deseando volver a la granja; el salón nos había quedado de revista, y el árbol que Gilberto y yo cortamos estaba precioso.

Unos días antes fuimos al bosque más alejado de la granja, caminando bajo la nieve que caía de los árboles. Llevábamos esos gorros de leñador que parecen de piel de castor, esos que se venden en los mercadillos por poco dinero. Gilberto cargaba con el hacha. Cuando llegamos a esa zona de bonitos abetos, la mayoría con una altura de unos dos metros, mi amigo me puso la mano en el hombro y me preguntó:

—¿Cuál te gusta?

Aquello me rompió el corazón, porque es lo que hacía mi padre cuando íbamos a comprar un árbol, y también pronunciaba esas mismas palabras. Al pensar en ello y en cómo papá, todo bondad, compraba árboles medio secos y raquíticos, tipo Charlie Brown, a ese pobre puertorriqueño de la calle 109 tan solo para ayudarle, tuve que fingir que se me había metido algo en el ojo.

Acabé escogiendo un frondoso abeto de preciosas agujas verdeazuladas, aunque por ciertas partes estaba algo esmirriado, como con falta de cariño. En menos de una hora lo arrastramos hasta casa y lo pusimos en la sala. Luego lo decoramos con cintas de colores, toda clase de-lo-que-haya y un montón de adornos baratos. El único adorno lujoso era una estrella de aluminio que Wendy encontró no sé dónde. Bonnie se dedicó a la tarea de ensartar arándanos para colgarlos de las ramas. Después le colocamos un par de cables con bombillitas que Gilberto compró en una tienda de un viejo de Janesville y lo rematamos con espumillón. El árbol hacía guiños, sonreía, suspiraba y posaba en nuestro honor cual actor de cine.

Pero cuanto más festiva quedaba la casa, más me acordaba yo de lo que no quería acordarme: cómo contaba los días que faltaban para Navidad cuando era pequeño, conteniendo el aliento, como si no pudiera esperar a la llegada de Santa Claus (Papá Noel, según mamá), y cómo mis viejos no cesaban de repetirme que Santa bajaba de la azotea, donde le esperaban sus renos, por la escalera de incendios, y cómo Santa me dejaba un regalo todos los años. Creía en él a pies juntillas y no me caí del burro hasta cumplir los once: era un poco idiota.

Y el aroma del abeto evocó otros aromas: el de los ponches de ron que hacía papá para las tropecientas mil visitas que recibíamos y que perdían la cabeza bailando como locos por la sala mientras los niños correteaban sin cesar por el pasillo. ¡Y la comida! Nuestra mesa estaba repleta de todo tipo de comidas, porque todas nuestras visitas traían algo. Había bizcocho en crema y pastas, bandejas y bandejas de *pasteles*, fiambres, puerco asado, cerveza... y, mientras la gente bebía, tú te sentabas en un rincón a empaparte de todo.

En la granja, por Nochebuena hicimos un combinado de jugo de naranja y arándanos, clavos, canela, unos cuantos litros de vodka, ginebra y jerez, al que añadimos unos gajos de naranja (como si importaran). Bonnie y Curt se agenciaron unos porros estupendos, así que el salón olía a leña quemada, resina y yerba.

Ese día fue de puertas abiertas y acudió un nutrido grupo de amigos de Gilberto: compañeros de universidad, montones de *hippies* y unos cuantos trabajadores de la fábrica con sus mujeres. Algunos se quedaban horas, los más echaban un vistazo al desorden de la sala y salían rápidamente.

No nos podíamos quejar. Los *hippies* nos dejaron pasteles de hachís y una botella o dos de Jack Daniel's. Un tipo que estaba borracho le ofreció a Bonnie, de la que se enamoró a primera vista, unas pastillas que denominaba "delicias navideñas" y que, según creo, ella se tragó sin pensárselo dos veces. Pero hasta los más estirados, como los del trabajo de Gilberto, nos trajeron bebida, por no hablar de las galletas caseras.

A las cuatro estábamos tan llenos de todo que ni las corrientes de casa nos molestaban. Wendy y Bonnie bailaban con abandono delante del tocadiscos. El pavo que se asaba en el horno con toda su guarnición olía de maravilla. Hasta Jimmy estaba feliz sentado junto a Polly. Las cosas no podían ir mejor.

Al caer la noche empezó a nevar con unos copos suaves como plumas que otorgaban al mundo exterior la quietud de una iglesia.

Yo estaba sentado, disfrutando del árbol y oliendo las piñas que ardían en la estufa, cuando empecé a pensar otra vez en casa y en los días navideños: en lo divertido que era ir a la Misa del Gallo con un montón de niños de la vecindad, algunos un poco mareados por las copitas, y volver al apartamento para encontrar que la fiesta continuaba, y oír la risa de papá, y verle bailar con mamá por la sala, y comprobar que aún había bandejas de *yuca*, *tostones*, arroz amarillo, jamón dulce, pollo y *lechón* sobre la mesa de la cocina, y tomar un delicioso tentempié nocturno con Isabel... y en todo aquello que daba por descontado.

—¿Estás bien, Rico? —me preguntó Gilberto, agachándose junto a mi silla.

—Sí, sí, socio. ¿Por qué lo preguntas?

—Bueno, porque mientras todos nos divertimos, tú te has puesto muy serio.

Me encogí de hombros.

—No sé. Es que me acordaba de mis viejos, de Nochebuena y eso.

—¿Y por qué no los llamas? Eh, estoy seguro de que les darías una gran alegría. Después de todo es La Noche Buena, ¿no?

Sí, una noche de estar en familia.

—Hombre, ya sabes que no puedo.

Eso le desconcertó.

—Haz lo que te parezca, pero yo voy a llamar a mi madre ahora mismo.

En casa solo había un teléfono, un aparato anticuado colgado en la pared de la cocina.

—*Oye, mami, feliz Navidad* —dijo Gilberto. Después del saludo se pasó diez minutos hablando en español, cosa que al principio me sorprendió.

Y después me dejó pasmado.

—¿Hablas español? —le pregunté en cuanto colgó.

—Por supuesto, Sherlock. ¿Te crees que soy un idiota?

—¡No me lo habías dicho!

—Eres un desmemoriado, socio. ¿Cómo iba a hablar en español con tu madre si no?

—No lo sé, joroba.

—Manito, yo me pasé los siete primeros años de mi vida en Puerto Rico. ¿En qué te crees que hablaba? —dijo mesándose la perilla—. Bueno, da igual; el caso es que deberías llamar a tus viejos, ¡es Navidad!

Sí, *okay*, y por esas fechas te pones más blandengue que la resina de un pino. ¿Llamar a mis viejos? No sabía qué hacer, pero pensé que, al ser Navidad, quizá mi madre –papá no me preocupaba– estaría menos disgustada conmigo.

Como he dicho, la Navidad reblandece.

Aun así, me lo pensé un buen rato, y luego, después de varios vasos más de ponche, decidí hacer la prueba.

Pero apenas recordaba el número: habíamos instalado el teléfono hacía poco, cuando papá cayó enfermo. Tuve que marcar varios antes de dar con el nuestro.

Supuse que en Nueva York serían más o menos las nueve. Con cada nueva llamada, más nervioso me ponía. Tras la cuarta, contestó mamá.

—¿*Diga?* —soltó con voz dura a la par que triste—. ¿*Quién habla?*

—Mami —contesté—, soy yo, Rico.

—¿*Quién?* —preguntó como si no diera crédito—. ¿Rico?

—Sí, *mamá.*

Jadeó.

—¡*Ay! ¡Ay! ¡Ay!* ¡Rolando, despierta, es tu hijo! —le gritó en español a mi padre, pero estuviera donde estuviese papá (me lo imaginé en la cocina, echando una cabezada en la mesa), no se puso.

—*Pero mi hijo* —siguió ella—, ¡creíamos que habías muerto!

—No, *mamá,* sigo vivo —afirmé; me desconcertaba que hubieran podido pensar tal cosa.

—¡*Gracias a Dios! ¡Gracias a Dios!* —repetía ella—. ¡Estábamos destrozados por la preocupación, y tu *papá, el pobre,* si supieras lo que ha sufrido!...

—Lo siento, *mamá* —dije estremeciéndome; sus palabras revivieron meses de preocupación—, pero hice lo que tenía que hacer. Ya lo expliqué en la nota.

Entonces, preguntándome si mamá habría entendido mi inglés, intenté repetir el texto en mi mal español; fue un inmenso error: se me escapó algo así como *que no lo aguantaba*, cuando en realidad quería decir que si me había ido era porque la situación me sobrepasaba.

En ese momento su alegría y su alivio se esfumaron.

—*Ah, sí* —espetó—, eso deberías decírselo a tu *papá*, pero ni siquiera puede levantarse para venir al teléfono, ¡y bebe lo que bebe por tu culpa! Pero, *dime*, ¿dónde estás?

—No puedo decírtelo, *mamá*, pero estoy bien, *¿entiendes?*

—Sí, claro que entiendo. ¡Entiendo que estás lejos de casa y que no te importa nada tu familia!

Yo pensaba que no era así. De hecho, me preocupaban mucho, pero no sabía cómo decírselo.

Mamá suspiró.

—¡*Ay, por Dios,* en qué mal hijo te has convertido! —entonces empezó a ensañarse de verdad, subiendo tanto la voz que tuve que apartarme el auricular de la oreja.

—Pero, mamá —lo intenté de nuevo—, sólo llamo para felicitar las fiestas y decir que estoy bien —pero ella erre que erre.

—*¿Ah, sí?* ¿Felicitarnos las fiestas cuando estamos *sufriendo* con esta preocupación? ¿Te diviertes tú, estés donde estés?

—Pero, *mamá*, yo sólo quería…

—*¡Qué vergüenza!* —exclamó, y se lanzó a hablar contra todo y contra todos, hasta contra ella misma, por haber sido demasiado blanda conmigo y haberme echado a perder—. Ningún hijo cubano haría jamás lo que has hecho tú. ¡Abandonar así a tu familia! No, solo un *americano loco* puede tener tan mal corazón. Rezaré para que Dios te dé un poco de sentido común y llegues a entender los errores que has cometido: has pecado contra tu padre y solo nos has causado dolor. Oh, tu papá casi sufre otro *ataque al corazón…*

No podía más.

—Ok, ok, mamá, lo he entendido, pero tengo que irme. Por favor, deséales a papá y a Isabel *feliz Navidad*.

Y colgué pensando que ojalá no hubiera llamado.

Me senté en el suelo, junto al árbol. Me sentía como si me hubiera atropellado un autobús.

Creo que si hubiese estado solo, me habría echado a llorar. Intenté poner buena cara, pero supongo que sin mucho éxito.

Gilberto, imaginándose que la llamada no había sido agradable, se puso a darme palmadas en la espalda y a estrujarme los hombros a modo de masaje. Luego se inclinó, recogió un paquete de debajo del árbol y lo dejó en mi regazo.

—Sé que deberíamos esperar a mañana, pero ábrelo, amigo —dijo, pasándome la mano por la espalda.

Dentro de la caja, en un nido de papel arrugado, había una camisa roja de pana, la más vistosa que se pueda imaginar.

—Para que la luzcas con tu jeva.

—Es genial, Gilberto —dije—. Muchas gracias.

Así que yo también le di mi regalo: la navaja suiza más gorda que encontré en la ferretería del pueblo.

—Me has leído el pensamiento, de verdad —afirmó sacando las diversas hojas—. ¡Es justo lo que quería! —dicho esto me arreó un gran puñetazo de socio en el hombro. Después, para no ser menos, Wendy me entregó dos regalos envueltos en papeles brillantes.

—Ya que estamos, toma —dijo—. Esto es para ti.

—¿En serio?

—Sí, ábrelos.

Eran libros de poesía, uno de Langston Hughes, de renombre en Harlem, y el otro, llamado *Versos sencillos*, de un famoso escritor cubano, José Martí, cuyo nombre conocía desde niño pero cuyos poemas no había leído jamás.

—Como tu familia es de Cuba, pensé que te gustaría —dijo Wendy.

—Claro que sí —le respondí conmovido. Hojeé el libro. ¡Estaba en español!

Al echarle un rápido vistazo, las frases me impresionaron: parecían mensajes cifrados de otro planeta. De todas formas, asentí con la cabeza, como si entendiera lo que veía.

—Sí, José Martí —le dije a Wendy mientras pasaba las páginas. La cosa es que mis viejos no se habían molestado en enseñarme a leer español y, en ese preciso instante, me dolió, igual que me fastidiaba no pronunciar bien las errrres. Te apuesto lo que quieras a que Huck Finn hubiera sentido lo mismo si cada vez que abría la boca lo hubiesen tomado por yanqui.

Sin embargo, por mal que se me diera lo de ser cubano –y a pesar de la riña de mi madre– mientras estaba allí sentado, me pareció que aquel libro que sostenía entre las manos era una bella paloma que zureara o una hoguera diminuta. De algún modo –soy incapaz de explicarlo–, solo con saber que el autor era cubano me sentí bien, como si su sola presencia me confortara.

—Mira dentro —dijo Wendy, rompiendo el hechizo—. Te lo he dedicado.

—¿Sí?

Detrás de la cubierta, en una letra preciosa escrita con bolígrafo azul, decía:

Para Rico.
Tu juventud
te impide ver
que serás
una persona maravillosa,
cálida como la luz,
de extraordinaria individualidad.

Feliz Navidad.
Wendy

También yo le di mi regalo, un bonito espejo de mano que encontré en una tienda de artesanía. Tenía el mango lleno de florituras y el espejo oval, como la cara de Wendy. Había pensado que, al mirarse en él, vería por fin lo bonita que era, en vez de fruncir el ceño como solía hacer al contemplar su reflejo.

Como hacía yo esa Nochebuena.

—¡Dios mío, Rico! —exclamó echándose un rápido vistazo—. ¡Es el espejo más lindo que he tenido en mi vida!

Después me dio un beso en la mejilla, lo que mejoró un tanto mi estado de ánimo.

Al poco todo el mundo abría sus paquetes.

Bonnie y Curt me regalaron una flauta de madera y dos juegos de cuerdas para la guitarra. Yo le di a Curt el *Álbum Blanco* de los Beatles y a Bonnie un pañuelo de seda.

Polly me había comprado una pluma, y ambos nos echamos a reír cuando yo le di mi regalo: ¡otra pluma!

Pero el obsequio en que más empeño puse fue el de Jimmy. Debió de apurarse un poco cuando le entregué una caja enorme, porque él no me había comprado nada (sabiendo cómo era, me lo esperaba). La caja contenía todo tipo de plumas y tintas, papel de dibujo de primera, reglas, papel vegetal, lápices, gomas y todo aquello que, según los libros de la biblioteca, necesitaba un dibujante de cómics.

Es verdad: trataba de animarle para que se pusiera con lo nuestro. ¡Es que ni lo había empezado!

—¡Caray, chico! —exclamó mirando el contenido—, ¿por qué lo has hecho?

—Ya sabes, para que hagamos otra vez lo nuestro— dije—, y para los trabajos que vendrán. He pedido una caja de luz en esa tienda de Madison y le he echado el ojo a una mesa de dibujo del pueblo; está usada, pero es realmente bonita.

Juraría que se le humedecieron los ojos.

Luego jugamos a cosas como el parchís, las damas y el *backgammon* mientras en el tocadiscos sonaban villancicos y *rock*, y bebimos de ese ponche del que disponíamos en abundancia. Y aunque no podía quitarme de la cabeza a mi familia ni que mi madre me hubiera hecho sentir peor aún de lo que me sentía, en esa Nochebuena pasó otra cosa agradable.

A las diez y pico Sheri me llamó desde casa de su madre, y solo con oírle decir cómo había pasado la noche, sin padre, en plan íntimo y familiar, y lo bien que habían cenado, con la chimenea encendida, y la alegría de su voz, me sentí mejor.

—Solo me faltabas tú —dijo.

—Y tú a mí.

Casi le cuento lo de mi madre, pero estaba tan contenta que no quise aguarle la fiesta; tan sólo comenté que llevábamos todo el día de pachanga y que me hubiera encantado compartirlo con ella. Pero, como ella misma afirmó, las Navidades son para estar en familia.

—Ya lo sé —dije—. No necesitas darme explicaciones.

—Bueno, pues feliz Navidad, Rico. Te deseo unas fiestas muy felices —añadió antes de colgar.

Una cosa más de esa Nochebuena en Wisconsin. Pasadas las doce, mientras aún nevaba, a Bonnie se le metió en la cabeza que sería fantástico salir de casa para comulgar con la naturaleza, pero la gente mostró poco interés. Gilberto y Wendy se habían acostado, Polly y Jimmy estaban muy a gusto acurrucados junto a la estufa. Yo tampoco tenía ganas de mover las asentaderas, pero entre que estaba algo borracho y el resquemor que sentía por la llamada de teléfono, no me resistí mucho cuando Bonnie bajó flotando del espacio sideral y, sonriendo de oreja a oreja, me levantó del sofá.

—Ven con nosotros, Rico —dijo—, déjate llevar por una vez.

Y me remolcó hasta el vestíbulo, donde mi chaquetón colgaba de un gancho.

Así que los seguí a la nieve. El pobre Curt, alto, flaco y tembloroso, se quedó a un lado con las manos en los bolsillos, dando pisotones para calentarse, mientras que Bonnie, animada por la naturaleza, empezó a girar como una peonza con la cara vuelta hacia el cielo para sentir los copos de nieve sobre la piel. Aunque la felicidad que parecía experimentar me fascinaba, me hubiera sentido como un tonto si la hubiese imitado. Quiero decir que ya no era un niño, y que por lo visto tenía poco de espíritu libre. Pero Bonnie se me acercó, me tomó de la mano, me agarró por los hombros y empezó a darme vueltas y más vueltas.

Y allá que giré con ella.

—Oh, Rico, pide un deseo —dijo—. Un deseo navideño, y quizá se haga realidad.

Bueno, pues lo hice, deseé que pasara algo bonito y, en cierto modo, pasó. Cuando dejé de girar vi una manada de ciervos dando saltos por el campo; bajo aquella luz parecían azulados. Fue una visión preciosa, aunque no tuviese relación alguna con el deseo que pedí esa Nochebuena.

séptima parte **PRIMAVERA**

veinticuatro

Me voy a saltar el resto del invierno. Solo añadiré que nos sentíamos como si hibernásemos, que contuvimos el aliento hasta que la nieve se derritió y la primavera hizo por fin acto de presencia (es que ese año la nieve alcanzó espesores de varios metros). Aunque poco a poco, a principios de abril aparecieron brotecitos en los árboles y a mediados de mayo floreció la campiña.

De pronto los pájaros gorjeaban de nuevo y las mariposas, con su vida de tres semanas (según el *Almanaque del Granjero*), revoloteaban por el patio. Cuando los carámbanos que colgaban del porche fueron reemplazados por las telarañas, Rex, meneando el rabo, se puso de nuevo a olisquearlo todo locamente. Por entonces la grisura del paisaje empezó a desvanecerse. Fue como si al estar mirando el dibujo a lápiz de una granja vieses de pronto una acuarela en la que un pintor hubiera echado el resto para recrear el mundo.

Sin embargo, lo peor del invierno fue que Sheri y yo nos vimos poco. A veces nos encontrábamos en el pueblo para ir al cine, pero por lo general nos limitábamos a hablar por teléfono de cómo sobrevivir con su padre, principalmente. Lo bueno era que el fulano trataba de reformarse y se pasó dos meses enteros sin beber; lo malo que, cuando volvió a beber, enloqueció de nuevo. No quiero hablar de cómo afectaba a Sheri toda aquella porquería. Sólo diré una cosa: si yo hubiera podido mandar a su padre a Siberia, o meterlo en un cohete espacial y enviarlo a la Luna, lo habría hecho.

Así que nuestra relación consistía más o menos en esto: cuando ella estaba deprimida, yo trataba de animarla y de subirle el ánimo; cuando a mí me daba por hablar de mis problemas neoyorquinos, ella se empeñaba en hacer algo por mí. Al confesarle por fin que me había fugado sin terminar la secundaria, se empeñó en presentarme a su madre, la profesora.

—Seguro que puede matricularte en algún colegio de por aquí. ¿No sería estupendo?

Quizá sí, quizá no. Aunque trabajar en la gasolinera era muy aburrido, prefería ser independiente. Además, me daba miedo conocer a su madre. Nunca había conocido a la madre de una novia, mayormente porque Sheri era la primera que tenía.

A finales de marzo, nada más llegar la primavera, me invitó a su casa de Whitewater. Aún quedaba nieve en el suelo, o sea, que iba a ser un suplicio llegar hasta allí. Como debía hacer dedo por aquellas carreteras heladas, tardé una eternidad en encontrar el número doce de Bluebird Lane.

Pero cuando lo hice, me quedé estupefacto.

Con su tejado cubierto de nieve y sus carámbanos colgando por todas partes, la vivienda de Sheri parecía la casita de un cuento de hadas. Aunque estaba aterido, me costó un buen rato acercarme y llamar a la puerta.

Abrió Sheri.

Y hablando de cosas bonitas, ¡vaya salón hogareño!

Los muebles parecían de los caros; nada parecía recogido en la calle. Había una gran tele en color, un piano vertical, una chimenea encendida y un montón de fotos familiares por todas partes.

¡Y una pared llena de libros!

—Mamá —llamó Sheri entrando en otro cuarto mientras yo me calentaba junto al fuego pensando en lo linda que era su casa—. Ya ha venido Rico.

Bueno, pues estaba nervioso, sí, pero no tanto como me temía: sólo me preguntaba si le gustaría a la madre de Sheri. Incluso me había cortado un poco el pelo, y me había puesto mi mejor camisa, mi mejor jersey y los vaqueros más nuevos que tenía, para no parecerle un dejado.

La señora Pearson entró enseguida en el salón. Era rubia y bonita, como su hija, y llevaba el pelo, con rizos tipo pagoda, tan arreglado que parecía recién salida de la peluquería. Como una perfecta ama de casa de anuncio –de esas que hacen galletas y pastel de manzana– llevaba un delantal y me ofrecía una bandeja de sándwiches y otras cosas.

—Así que tú eres Rico, el muchacho del que tanto habla mi Sharon.

—Supongo que sí —respondí en pleno ataque de timidez.

—Pues bienvenido a casa.

Después me indicó que me sentara en el sofá y, cuando yo atacaba el aperitivo aquel (chico, qué hambriento estaba después del paseo y del frío) ella fue al grano. No respecto a que saliera con su hija, sino a que hubiera dejado el colegio.

—Todo lo que Sheri me ha contado sobre ti, Rico, me lleva a pensar que eres un muchacho inteligente y considerado. Estoy segura de que eres consciente de la importancia que tienen los títulos, por lo que no dejo de preguntarme qué te hizo abandonar los estudios antes de obtener el tuyo.

Coño, vaya preguntita para haberme conocido hacía dos minutos.

Entonces pensé: "Qué diablos". Le conté lo mal que me sentía en *Jo Mama* y que no podía aguantarlo más. Después le hablé de mi situación en casa, de la enfermedad de papá y la dureza de mamá. La señora Pearson asentía con la cabeza como si me entendiera perfectamente, y al oír alguna expresión típica de Nueva York, como "pelagato" o "tarado", sonreía. Una vez que se lo conté todo, se dejó de rodeos y fue al grano.

—Te has escapado de casa, ¿verdad? —dijo mirándome fijamente.

Sí.

—Sé que no es asunto mío, pero ¿puedo preguntarte una cosa? —dijo sirviéndose café, tras lo cual se me sentó enfrente.

—Claro —contesté, aunque lo que quería era salir corriendo.

—Si pudieses asistir a un colegio sin que nadie te hiciera preguntas, ¿irías?

—¿Aquí?

—Sí, aquí. Además de enseñar inglés, soy subdirectora del colegio Whitewater —dijo sonriendo—, y como conozco a todos los peces gordos del distrito y…

Mientras seguía hablando, empecé a pensar. ¿Qué pasaría si, por algún tipo de milagro, acabara yendo a un colegio de Janesville o de Whitewater? Tendría que asistir unos años y, suponiendo que lo hiciera bien, obtendría un título académico, y entonces, con un poco de ayuda económica, iría a una universidad de por allí, y luego –la idea me impresionó– conseguiría trabajo y me casaría con alguien como Sheri, y después, muro a muro, acabaría encerrado en aquel mundo. Cuantas más vueltas le daba, más se me aceleraba el corazón.

Entonces, tras aquel microsegundo, sintonicé de nuevo.

—… si tú quieres —seguía ella—, puedo mover algunos hilos para que te matricules… sin que te hagan preguntas.

—Gracias, señora Pearson, pero tengo que pensarlo —le comuniqué con mi voz más respetuosa—. Es que me había hecho a la idea de que, si retomaba mis estudios, lo haría en Nueva York.

Al oír aquello, Sheri, sentada junto a la chimenea, me miró con expresión herida.

—Entonces —dijo su madre—, si descartas Wisconsin, ¿hay algún colegio de Nueva York que te guste?

Repasé todos los que conocía.

El colegio de Ciencia del Bronx era demasiado cerebrito para mí. El único público que me interesaba era el de Música y Arte, de Harlem.

Eso le dije.

—¿Música y arte? —preguntó.

—Sí.

—Muy bien —convino sonriendo—, si no te apetece quedarte por aquí, hablaré con unos amigos de la universidad muy bien situados en el sistema educativo de Nueva York; ellos podrán ayudarte. Si de verdad estás dispuesto a emprender ese camino, dímelo.

¿Emprender? ¿Camino? ¿De quién hablaba? ¿De mí? Yo sólo quería sentirme bien conmigo mismo.

veinticinco

Estábamos a últimos de mayo. Era la una de la tarde. Yo vagueaba por la sala, intentando leer el libro de poemas que Wendy me había regalado por Navidad, cuando la puerta se abrió de golpe. Alcé la vista, era Gilberto. Regresaba muy temprano de su trabajo como encargado de inventario en una fábrica de cerveza situada en Milwaukee, empleo que había aceptado para entrar en un curso empresarial de su universidad.

—¿Cómo es que vuelves tan pronto? —pregunté alegrándome de soltar el libro, aunque muchas de aquellas palabras en español siguieron rondándome por la cabeza.

—He dejado el trabajo.

—¿Por qué?

Entró en la cocina para tomar una cerveza. Oí que la destapaba, un fisssh, y volvió a aparecer.

—Es que… —dijo y se repantingó en una silla.

Entonces me lo explicó todo. Por lo visto el jefazo le había dicho al jefe que despidiera a un tipo que había sufrido el aplastamiento de un brazo al caérsele encima un barril de cerveza ya cargado en un camión, y el jefe le ordenó a Gilberto que le comunicara la buena nueva. La cosa es que él se negó.

—Rico, allá en Nueva York, mi padre era sindicalista. Antes de que lo asesinaran hizo de todo para mejorar las condiciones laborales de los latinos que trabajaban en las fábricas de *Fashion Avenue*. Les consiguió un salario mínimo y otras mejoras.

Asentí recordando que su padre solía dar charlas a los chicos mayores del barrio sobre la importancia de defender los principios de uno.

—Así que entré en el despacho del jefe para decirle que no estaba bien despedir a alguien por un accidente del que no era responsable. De hecho, le dije que era una putada dejarlo sin seguro médico. Bueno, pues resulta que el muy sinvergüenza —Gilberto se acabó la cerveza de un trago— se limitó a sonreír y a darme las gracias por hacerle partícipe de mis inquietudes.

—¿Y entonces te fuiste? —le pregunté mientras él iba a por otra láguer.

—No —respondió—. Después de eso pensé en lo que habría hecho mi padre, por lo que redacté una petición

343

exigiendo un aumento del salario por enfermedad y la mejora de la cobertura sanitaria para los trabajadores, pero temen tanto ser despedidos, Rico, que ninguno se atrevió a firmarla. Era como mear contra el viento.

Aquello me dio risa: ¿mear contra el viento? Nunca lo había probado.

—La cosa es que —prosiguió tras beberse media botella—, en cuanto el asunto llegó a oídos del jefazo, el fulano me llamó a su despacho y me acusó de ser un agitador comunista, pero yo me reí en sus narices, me levanté y le dije que se fuera al carajo, momento en el cual llamó a los de seguridad para que me echaran de la fábrica.

Pero sonreía. Se había aflojado la corbata y estaba tan pancho.

—¿Y no te preocupa?

—¡Claro que no! Era un rollazo de trabajo. Llevar la cuenta de las cajas y los barriles de cerveza que se cargan en los camiones no es precisamente un chollo —dijo echando otro trago—. Además, me he buscado un trabajo mucho mejor.

Estaba deseando saber cuál. Sonreí y esperé.

—¿Te acuerdas de los establos de la carretera de Roaring Brook? ¿Esos que funcionan como academia de equitación? Pues un compañero de mi clase de literatura trabaja ahí a tiempo parcial, y esta misma mañana he conseguido un trabajo de cuidador. No pagan mucho, pero podré aprenderlo todo sobre los caballos, hasta montarlos, y, si se me da bien, podría acabar de profesor de equitación. ¡Y eso sí que está bien pagado!

—O sea, ¿que vas a ser *cowboy*? —dije haciendo gestos propios de Hopalong Cassidy, uno de los más famosos vaqueros de ficción.

—Pues sí. ¡Al cuerno con el viejo trabajo! Me encanta estar al aire libre, es infinitamente mejor que pasarse el día encerrado en una fábrica.

Me alegraba por él, y porque hubiera caído de pie. Me hubiera encantado tomarme las cosas con la misma despreocupación, me hubiera gustado no mirar nunca atrás.

Ah, sí. Ese día ocurrió algo más: Gilberto me contó un secreto.

—Ven conmigo un momento —dijo de repente cuando entró en la sala después de cambiarse de ropa—, pero con la condición de que no te vayas de la lengua.

—¡*Okeydokey*! —dije usando otra expresión que había aprendido en el Medio Oeste. ¿Qué tramará ahora?, me pregunté.

Salimos al patio con Rex a la zaga. Tras cruzar un maizal donde a pesar del abandono crecían nuevos aunque enfermizos tallos, seguimos por un sendero. Cuando habíamos recorrido cerca de medio kilómetro, llegamos a una parcela cultivada donde se erguía una cosecha de plantas muy lozanas, la mayoría de unos quince centímetros de altura y semejantes, para mí, a un tipo de arbustos venenosos que crecían en Riverside Park.

—¿Qué ves aquí? —me preguntó Gilberto.

—Eh… ¿plantas?

—Pues sí, Einstein, ¿pero de qué clase? —inquirió sonriendo.

Di una vuelta. Debía de haber tropecientas mil. Eran frondosas aunque de tallos finos, y tenían las hojas delicadas, con las puntas ligeramente marrones. Me agaché para tocar una, pero seguía sin tener ni idea de qué miraba.

—Ok, me rindo. ¿De qué va esto? —dije.

—Esto va, so cenutrio, de un cuarto de acre de casera y auténtica yerba americana.

—¿Cómo dices?

—Rico, querido socio, lo que ves ante ti es marihuana en su estado más puro —dijo con orgullo y los brazos en jarras cual Gigante Verde de la tele.

—¿Cuándo empezaste con esto? —tartamudeé impresionado por sus *huevos*.

—Cuando Curt me preguntó si podía tirar unas semillas para ver qué pasaba y le contesté que por qué no

—explicó muy satisfecho mientras avanzábamos entre las hileras de plantas—. Y mira por donde, en unas cuantas semanas empezaron a crecer. ¡Esto es más fácil que cultivar maíz! Hasta a los insectos les importa un pepino —se rió—. ¡Por algo lo llaman yerba!

—Y entonces, ¿cuándo plantaste todo esto?

—A finales de abril. Curt hizo la mayor parte del trabajo.

—Pero, ¿por qué no me pediste ayuda?

Gilberto se encogió de hombros, sonriendo.

—Te reservaba la buena noticia para la próxima limpieza del retrete.

Le dediqué una mueca.

—Además, preferíamos guardarlo en secreto.

Seguimos paseando entre las hileras.

—Lo bueno es que a menos que sepas dónde está, ni te enteras —dijo mesándose la perilla como un diablillo benigno—. Si miras desde casa o el camino de acceso, no ves más que maizales.

—Eso está claro —dije; me sorprendía no haberme enterado de nada—. ¿Y qué piensas hacer con esto?

—Ni siquiera sabemos si será buena, pero si resulta que es cojonuda, nos quedaremos con algo para nosotros y el resto lo venderemos. Curt conoce mucha de gente.

Por primera vez en mucho tiempo se me encendió la luz de alarma.

—¿Y si te pillan?

—¿Pero quién lo va a saber? ¿Tú no se lo vas a contar a nadie, verdad?

—¡No!

—Entonces, ¿cuál es el problema? —me preguntó echándome un brazo por los hombros y llevándome de vuelta a casa.

veintiséis

Las plantas crecían calladamente, sin rechistar. Tan calladamente que incluso empecé a olvidarme de ellas. Pero entonces, una mañana de domingo de principios de junio, Gilberto me preguntó qué pensaba hacer ese día.

Yo estaba sentado en los escalones del porche comiendo pan con mermelada y mantequilla.

—He quedado con Sheri en Whitewater, vamos a ir de picnic con su familia. Me los va a presentar y eso.

—Pues que lástima, Rico, hoy es el gran día.

—¿Para qué? ¿Para limpiar de nuevo el retrete?

—Para recoger el regalo del Señor —dijo sonriendo como un poseso.

—¿El qué de quién? —ahí lo pillé—: ¡Oh, quieres decir…! ¡Oh!

—Sí, hoy es el gran día —repitió frotándose las manos.

—Maldita sea, me gustaría ayudar, pero no puedo cancelar lo de Sheri. Le sentaría como un tiro.

—Bueno, no te preocupes. Cuento con Curt y Jimmy, así que no hay problema. Tú vete tranquilo, ok, socio?

Y, aunque ya no llevara el pelo al rape, me frotó la cabeza para darse suerte.

Hacia el mediodía todos los de casa salieron por fin de la cama. Bonnie, con camisa de pijama azul, bostezaba y estiraba su bonito cuerpo en la cocina. Wendy, medio dormida, entró al salón con chanclas, sujetando un cuenco de cereales. Polly y Jimmy estaban sentados a la mesa de la cocina bebiendo una infusión (¡!) mientras que Gilberto y Curt, muy mentalizados y con los monos de trabajo puestos, se afanaban en el establo para recoger sus herramientas: podaderas, palas, paletas y carretillas. Cuando me marchaba vi a Gilberto silbar alegremente mientras acarreaba grandes bolsas negras de basura.

Tal como dijo, había llegado el gran día.

En cuanto me planté en la carretera 26, después de recorrer casi un kilómetro desde casa, levanté el dedo en dirección este. No se paraba ni un coche, quizá porque yo vestía overol y cargaba con mi guitarra. Por fin, el sheriff del condado, un tipo llamado Nat, el policía más simpático que he conocido en mi vida, aparcó su viejo Oldsmobile, bajó la ventanilla y dijo:

—Hola, Rico, sube.

No era la primera vez que me llevaba. A veces, cuando acababa mi turno en la gasolinera y él empezaba el suyo, al no tener mucha faena (el pueblo no era precisamente un hervidero de delincuentes a las ocho de la mañana), me acercaba a la granja. Siempre hablábamos de música. Aunque él luciera uniforme marrón, ostentosa placa de *sheriff* en la solapa y un 38 en la pistolera, era la antítesis del policía neoyorquino. Tenía el pelo largo y negro, y patillas tipo Elvis. En su pletina siempre atronaban The Grateful Dead o Jimi Hendrix, y de su espejo retrovisor colgaba el símbolo de la paz. Además, hubiera jurado que el interior de su coche olía de vez en cuando a porro.

—¿Adónde vas, Rico? —me preguntó ese día.

—A Whitewater —contesté.

—Oh, sí señorrr, Whitewater, un pueblito precioso. ¿Y qué se cuece por allí?

—Un picnic, con la familia de mi chica.

—Ah, el amor —dijo con aire novelero—. ¿Y cómo te va?

—Bastante bien, creo.

—¿Crees? —preguntó meneando la cabeza—. En fin, te vaya como te vaya, al loro. Yo lo tenía todo, cuando era como tú me recorrí el estado de cabo a rabo tocando con distintos grupos. Era sensacional, hijo, pero una vez que sientas la cabeza… ¡cuidado!

—¿Qué quiere decir?

Se rió.

—Bueno, quiero decir que si no te andas con cien ojos, te encontrarás casado y con tres hijos en alguna granja de quién sabe dónde.

—Pues no suena tan mal —dije para quedarme con él.

—Y no lo está. Cuando vuelvo a casa y veo a mi Nancy, me siento el hombre más feliz del mundo. Pero a veces, si la cosa se complica, si un niño enferma y al otro le va mal en el colegio y al tercero le dan pataletas, no sabes las ganas que me entran de marcharme de aquí.

—Entiendo —dije.

—Sí, señor —repitió al tiempo que llegamos a un desvío; por delante solo se veían kilómetros y kilómetros de granjas, una tras otra—. A veces, cuando estoy conduciendo, siento reconcomio —otra palabra que nunca había oído en Nueva York— por los espacios abiertos. Lo único que me apetece es pisar el acelerador y disfrutar de lo que me salga al paso sin pensar en nada más, ¿entiendes?

—Creo que sí.

Siempre filosofaba conmigo, y le encantaba contarme su vida. Ese día me habló de la vez que fue a dedo hasta Boulder, en Colorado, para participar en un festival de música. Le gustaron tanto el pueblo y las Rocosas que estuvo a punto de quedarse para siempre.

—Y lo hubiera hecho de no ser por un pequeño detalle: mi novia estaba embarazada de nuestro primogénito —meneó la cabeza—. Eso lo cambia todo, Rico.

Me miró, y su expresión era casi de nostalgia, como si sus ojos dijeran: "Ten cuidado con lo que haces, hijo". Pero luego sonrió y, arrimándose al arcén, me dejó en la carretera de Whitewater.

—Cuídate, Rico, y pasa un buen día —dijo cuando arrancaba.

Recorrí la distancia restante en la camioneta de una panadería –el olor del pan recién hecho era una delicia– y llegué a mi destino a mediodía.

Sheri y su madre me esperaban en la puerta.

Lo primero que hice fue darle a la madre un beso en la mejilla pero, a pesar de su aspecto de ama de casa de anuncio, le costó sonreír. Supongo que le sentó mal que no aceptara ninguna de sus ofertas.

El caso es que subimos a su furgoneta y fuimos a un parque estatal que distaba una media hora. Era un sitio realmente precioso: parecía sacado de un cuento. Había un gran lago y una cascada. La familia de Sheri nos esperaba a la sombra de un inmenso roble, donde habían colocado unas mesas. Sheri tenía dos hermanos mayores, Chuck y Randy (altos, larguiruchos, rubios y con la ropa mejor planchada que había visto en mi vida); sus hijos correteaban por los alrededores haciendo pompas de jabón y persiguiendo a sus mascotas, mientras las esposas preparaban la comida.

Era un almuerzo familiar en toda regla, tan estadounidense como un pastel de manzana, con una barbacoa y mantas primorosamente extendidas sobre el césped, a orillas del precioso lago. Al contrario que en mis excursiones familiares a Coney Island, esto era muy tranquilo: sin atronadoras radios portátiles, sin tipos pasándose botellas de cerveza, sin bailes improvisados, sin peleas y sin borrachos meando en el agua. O sea, que era civilizado.

Tuve que aguantarme varias bromitas vacilonas del tipo "a alguno de por aquí no le vendría mal un corte de pelo", pero, en cualquier caso, me estaba divirtiendo. Sheri y yo alquilamos una barca y alimentamos a patos y cisnes mientras remábamos. Luego probé el tiro con arco y participé en el juego de la herradura. A los hermanos de Sheri pareció agradarles que yo fuera un tipo tranquilo.

—Para ser *hippie*, no está tan mal —oí que uno le decía a su mujer en tono de broma cuando yo trasteaba con mi guitarra.

El comentario me sentó como un rayo. *¿Hippie?* ¿Yo?

De pequeño era *"el pobrecito"* a causa de mi enfermedad.

Después, al ser mucho más blanco que mis primos, fui *"el alemán"*, además del socorrido "rosadito".

Luego "niño de mamá", porque mi madre estaba encima de mí a todas horas.

Después "blanquito", más tarde *"dark dude"* como me llamaban los de los bloques.

Me quedé mirando el lago. Estaba en completa quietud, reflejando nítidamente el cielo y las ramas de los árboles. Pero, ¿qué escondía bajo la superficie?

Tras devorarme una enorme y jugosa hamburguesa, ensalada de papas y limonada, caminé hasta unas rocas de la orilla. Debajo de las ondas superficiales, los peces se deslizaban como fantasmas, entrando y saliendo de sus escondrijos secretos. En esa agua temblorosa vi mi propia cara mirándome, distorsionada, y me impresionó lo mucho que se parecía a la de mi padre.

Luego recordé a papá levantándose para ir al trabajo, aunque no se sintiera bien, y deseé que estuviera allí, en mi lugar, pasando un buen día.

Y también deseé que estuviese la pequeña Isabel, dándose un atracón de ensalada de papas, hamburguesas, sándwiches de salchicha, mazorcas de maíz con mantequilla (no hay otro maíz como el de Wisconsin, vamos, que para esta gente es como para nosotros los plátanos, ¡le hubiera encantado!). Podía verla comiendo cinco mazorcas, con una gran sonrisa en la cara.

Luego me dio otra vez por mi padre. Deseé que estuviera tumbado a la sombra, en una manta, sesteando con el estómago lleno mientras la brisa lo relajaba.

Hasta mamá formaba parte del cuadro. La veía sentada en la orilla, con una pamela, metiendo los pies en el agua y riéndose cuando se le acercaban los patos; mamá le gritaría en español a los parientes de Sheri, aunque no la entendieran: "*¡Ay, ay, ay, los patos! ¡Mira los patos!*", y estaría contenta simplemente por haber salido de la condenada ciudad.

Pero aquello solo estaba en mi cabeza.

Con el aire puro, el aroma de la carne asada, los pajaritos que venían a bañarse en la orilla y los árboles que parecían respirar, con toda aquella belleza a mi alrededor, debería haber disfrutado. Pero no podía.

Entonces Sheri me llamó. Quería que tocara la guitarra para que cantáramos todos. Me pidieron canciones como "Oh, Susannah" y "Row, Row, Row Your Boat" y "If I Had a Hammer", ya sabes, las cosas que en condiciones normales me darían ganas de vomitar. Pero cantaron todos, hasta los niños pequeños que no se sabían la letra.

Fue dulce.

Fue sano.

Fue cien por ciento estadounidense.

Y, socio, me moría por volver a la granja.

Sin embargo, creo que les caí bien. Para cuando empezó a oscurecer los hermanos de Sheri parecían hechos a la idea de que saliera con su hermana.

Más tarde, el mayor, Randy, se ofreció a llevarme. Sheri se sentó a mi lado, en el asiento delantero. Tardaríamos una hora en llegar y, como he dicho, anochecía.

Y gracias a Dios que así era.

Gracias a Dios porque charlando con Randy le pregunté:

—¿Y tú qué haces?

—Bueno —contestó cambiando de marcha—, tengo un pequeño avión Cessna con el que vuelo a veces los fines de semana. Y de vez en cuando juego al *softball*, pero mi ocupación principal consiste en trabajar para la policía del Estado. Soy sargento y dirijo la sección de aquí, de Whitewater.

—¿En serio? —dije pensando: "¡Bendito!".

—Sí, señor. Sargento Randy Pearson a su servicio. En el asiento trasero tienes la cartuchera y la pistola

—debió de advertir mi expresión desazonada porque dijo—: ¿Te pone nervioso?

—Claro que no —dije temblando como un flan.

—Tienes que indicarme adónde vas porque no conozco esta zona.

Desde la cuesta que trepaba por la colina de la granja no se veía gran cosa. Las únicas luces provenían de los faros del coche y de la propia casa; era una noche sin luna.

Y, repito, gracias a Dios.

Pero cuando nos acercábamos a la casa chocamos con algo, porque se oyeron fuertes golpes bajo el chasis. Nos apeamos todos. Enfocando la linterna hacia el suelo, Randy dijo:

—Parece que han dejado unas bolsas de basura en el camino de acceso.

¡Maldita sea mi estampa y la de todos los de dentro!, pensaba yo, porque era muy probable que esas bolsas contuviesen parte de la famosa cosecha. Se me revolvió el estómago y empecé a imaginarme la detención en masa de los inquilinos de la granja, yo incluido.

—Espera, ya las quito —me ofrecí, como si tratara de ser superservicial.

—No, hombre, es más fácil retroceder un poco —objetó, porque las ruedas habían atrapado parte de algunas.

Una vez que retrocedió, se apeó de nuevo.

—No es buen sitio para que tus amigos dejen la basura, Rico —advirtió—. Vamos a llevarlas a la cuneta para que nadie más se tope con ellas.

Tomó dos y las arrojó a la izquierda, yo agarré otras cuatro e hice lo propio.

Después, rápidamente, le agradecí el viaje, y a Sheri la invitación. Mientras sacaba mi guitarra de la parte trasera añadí que me gustaría verla pronto. En ese momento se abrió de golpe la puerta del porche. Gilberto se acercaba para saludarnos.

—Hola, Sheri —le dijo a mi chica—, ¿lo has pasado bien?

—Creo que sí —respondió ella con su cachaza habitual.

Después Gilberto le estrechó la mano a Randy y se presentó.

Todo dios sonreía.

Por fin se montaron en el coche pero, antes de marcharse, el sargento sacó la cabeza por la ventanilla.

—Me ha encantado conocerte, Rico —dijo—. Espero que te portes bien con mi hermana, no lo olvides.

—Eso es lo más fácil del mundo —contesté.

En cuanto se perdieron de vista agarré a Gilberto por el brazo.

—Oye, Gilberto, ¿contienen esas bolsas lo que creo?

—Sí, señorrr, por cierto que sí. Ya llevamos unas cincuenta y no hemos terminado aún. Vamos a sacar un porrón.

—Ah, ¿y por qué estaban estas en medio?

—No sé… Las dejamos aquí, eso es todo.

—Ya, pues las hemos atropellado.

—¡Diablos! ¿Se han roto?

—No, pero hemos tenido que apartarlas.

—Bueno, ¿y qué?, por lo menos no se han roto.

—Pues verás, es que el hermano de Sheri es policía.

—¿Que es qué? ¿Y dejas que te traiga a casa? ¿Eres idiota o qué?

—No me enteré hasta que estábamos a medio camino. ¿Qué querías que hiciera, saltar en marcha?

Me lanzó una mirada asesina, con el rostro amarillo brillante a la luz del porche. Por un momento pensé que no iba a dejarme entrar en casa. Supongo que hasta los tipos como Gilberto se ponen de malas.

—¿Y después del tiempo que llevas con Sheri, no te había dicho nada?

—No —me encogí de hombros—. Oye, Gilberto, lo siento. ¡No lo sabía!

—Déjate de rollos, Rico. La próxima vez que pienses traer extraños entérate antes de quiénes son, ¿entendido?

Dicho esto entró en casa meneando la cabeza, como si yo fuese el mayor idiota del mundo.

No volvió a mencionarlo, pero esa noche me sentí mal, no solo porque casi la lío, sino porque sospeché que Gilberto se estaba hartando de mí.

octava parte **LA PROMESA DE JIMMY**

veintisiete

Esto puede sonar raro, pero cuando nos tocó limpiar el retrete unas semanas más tarde, hice como si la tarea me llenara de alegría, como si fuese un veterano deseoso de palear los pegotes de rigor; se trataba de volver a ganarme a Gilberto.

—¡Tú manda y yo obedezco! —le dije.

Bueno, era una mentira como una casa. Esa vez, sin embargo, disponíamos de una tropa reducida: solo Gilberto, Curt y yo íbamos a lidiar con los apestosos sedimentos (un consejito de parte de la Asociación de Limpiadores de Retretes Exteriores de EEUU: hay que taparse la nariz, socios). Ese día no encontramos a Jimmy por ninguna parte y, créeme, Gilberto se mosqueaba mucho cuando Jimmy le aseguraba que no tenía tiempo para nada. Decía que entre su trabajo en la tienda de rótulos y sus otras ocupaciones no podía ni

365

quedar con Polly, salvo por las noches, cuando, hum, compartían habitación.

Como he dicho, no le hacía ninguna gracia oírselo decir.

—¿Qué pasa con tu amigo Jimmy? —me preguntó—. ¿No somos dignos de él o qué?

Me encogí de hombros y seguí paleando pegote.

—Todo es nuevo para él. Vamos, que ha recorrido un largo camino, Gilberto… gracias a ti y…

Me interrumpió:

—¿Se cree que a mí me gusta hacer esto?

—Es que últimamente ha estado muy liado —dije para defenderlo.

—Ya, pues más vale que le digas que cambie de actitud.

Yo pensaba que si Gilberto hubiera visto lo mal que estaba Jimmy cuando se chutaba, se habría sentido orgulloso de su cambio, porque había sido impresionante. Había dejado hasta de fumar, a lo cual ayudó Polly, partidaria acérrima de todo lo saludable, y se vestía con más esmero: Polly lo arrastraba a Madison para comprarle ropa. Además, se había agenciado otras gafas, desechando para siempre las de la cinta adhesiva. Y le gustaba parecer un artista: había sustituido el pañuelo rojo por una boina y un fular de seda, como un francés de película.

Sin embargo, debo admitir que yo echaba un poco de menos al viejo Jimmy. Supongo que de lo bueno siempre se quiere más, pero me sorprendía y quizá me asustaba que se estuviera convirtiendo en un triunfador. No quería ni oír hablar de nuestro viejo barrio. Lo estaba haciendo tan bien que todo Janesville podía admirar, en un lugar u otro, sus obras de arte: estaban por todo el pueblo. Solo en la calle Mayor, el nuevo letrero de la tienda de helados La Vaca Marrón era de Jimmy, y el del Pollo Cacareador, y el de la Ferretería Friendly, con su sierra y su martillo parlantes, y el de la tienda de premamás Bebé Feliz. Se le consideraba ya el Picasso local de los letreros. Su jefe le ofreció un empleo fijo, con subida de sueldo incluida, claro, pero Jimmy tenía otras ocupaciones: pintar diseños "flower-power", puestas de sol en las Rocosas o logos de bandas de rock en las furgonetas; calaveras y tibias en las motos y llamaradas en los bugas de carreras, como el que mi jefe, el señor Jenkins, guardaba en la parte posterior de la gasolinera.

Estaba tan ocupado que empezaba a preocuparme.

No por él (me alegraba un montón que hubiese vuelto al mundo), sino por la ilustración de Dark Dude.

Lo había visto pintando la cara de un demonio en el depósito de una Harley; había visto que iban a buscarlo a la granja con una caja llena de brochas, botes y espráis de pintura para hacer un trabajo y que no volvía hasta la noche; incluso me había acompañado varias veces a la gasolinera para pintar el Thunderbird del señor Jenkins con relámpagos en los laterales y una explosión atómica en el capó.

Bien, reconozco que estaba un poco celoso y quizá algo cabreado, pero es que hacía meses, por Navidades, me había prometido ilustrar *Dark Dude* ¡y casi no lo había tocado! La primera página, sin terminar, que representaba al superhéroe con una máscara bicolor atravesando a toda mecha una puerta de cristal, a lo Jack Kirby, seguía clavada en su tablero de dibujo; junto a ella estaba mi guión, que permanecía intacto semana tras semana.

Después de un tiempo empecé a comerme el coco.

No quería montar un número, por lo que una mañana me limité a llevarme el guión a mi cuarto, donde lo guardé en un cajón.

Mentalmente, les dediqué un R.I.P. a esas páginas.

Y eso me hizo pensar. Llevaba un año lejos de casa ¿y qué había hecho? Ok, me enfrentaba a algo nuevo, vivir solo, y tenía a Sheri, pero así no iba a ninguna parte, al contrario que Jimmy.

¿Iba a incordiarle por eso?

Ni hablar. Había superado con creces sus días de chutes, así que pensaba callarme la boca y hacer lo de siempre.

Seguíamos chocando los cinco siempre que nos veíamos, y nos sentábamos en el porche, nuestra "porche rural", para beber cerveza por las tardes. Nunca le dije nada, ni lo más mínimo, pero me sorprendió que no echara en falta el guión.

Sin embargo, un día se dio cuenta y se me acercó todo compungido.

—¿Por qué te has llevado el guión, Rico? —me preguntó—. Iba a ponerme con él, ¡te lo juro por mi madre!

Sí, ya, pensé.

—¿Qué quieres que te diga? —respondí aparentando tranquilidad, pero sintiendo que me ponía como un tomate—. ¡Estaba cansado de verlo ahí criando moho, eso es todo! —y entonces lo solté—: ¡Es que no me tomas en serio, parece que pienses que hacer un cómic es cosa de chiquillos!

Se sorprendió bastante, y yo estaba en un tris de estropearlo todo, como un niño, pero no podía parar.

—¡Pasa del tema, me oyes! —grité levantándome del porche como si tuviera cosas mucho más importantes que hacer—. Da igual.

Pero, por lo visto, apreté algún tipo de tecla.

—Oye, espera, Rico, de verdad que lo siento —dijo siguiéndome—. Es que últimamente he estado muy ocupado con lo de la tienda y demás —añadió y me miró fijamente, los ojos maravillados—. A la gente de aquí le gusta lo que hago.

Me vino a la cabeza un recuerdo: el de su padre arrojándole una moneda por uno de sus dibujos. Tenía que dejarle hablar.

—No te preocupes. No pasa nada.

—Sí, sí que pasa. Mira, este fin de semana me había comprometido para hacer unas cosas, pero lo voy a cancelar todo y voy a ponerme con tu guión, ¿ok? —dijo y tras una pequeña pausa, añadió—: No tendría nada de esto si no me hubieses empujado a salir de la ciudad. Te debo una.

—¿Lo dices en serio?

—Sí, socio, te lo prometo —dijo haciéndose una cruz sobre el corazón; chocamos los cinco.

No obstante, había un pequeñísimo gato encerrado.

—Pero no podré hacerlo en un fin de semana sin un poco de ayuda —comentó mientras jugueteaba con el fular de su cuello.

—Ajá —dije temiéndome lo que tramaba—. ¿Qué clase de ayuda?

—¿Te acuerdas de aquellas pastillas que conseguiste una vez en la gasolinera? ¿Las del camionero aquel?

—¿Cruces blancas?

—¡Sí! —exclamó entusiasmado—. Consígueme algunas. ¡Estaré a tope durante tres días!

Las cruces blancas eran un tipo de anfetas. Su pequeño tamaño, menor que el de una aspirina, les daba un
aspecto inofensivo, pero tomadas de dos en dos o de tres
en tres, tenían suficiente potencia como para mantener a
los camioneros despiertos y alertas durante trayectos de
tres días. Tan alertas que a veces te encontrabas el camión
volcado o aplastado contra una pared, porque el conductor había enloquecido. Eran de cuidado. Las pocas veces
que tomé solo una en la gasolinera, me sentí mal durante
horas y después no logré pegar ojo.

—No sé, Jimmy —objeté—, es que últimamente te
ha ido muy bien.

Y yo no quería que ilustrara el cómic a ese precio.

Se enfadó.

—¡Vaya! ¿De qué vas ahora, de madre?

—No, socio, pero…

—La cosa es esta: Polly va a estar fuera todo el fin de
semana; si puedo dedicarme a dibujar, estoy seguro de
que lo acabo. Te lo prometo, solo será por esta vez.

Sí, siempre es solo por una vez.

—No sé, Jimmy —dije meneando la cabeza.

Entonces él tuvo una idea.

—¿Y si lo echamos a suertes?

—¿Cómo?

—Sí, dejemos que decida el Vecino de Arriba, ¿ok?
—dijo señalando al cielo.

—Bueno —me encogí de hombros.

Sacó una moneda. Si salía cara, habría píldoras; si salía cruz, no. La lanzó al aire y dejó que cayera entre la hierba. Salió cruz. Nada de píldoras.

Aun así se pasó casi todo el fin de semana inclinado sobre el tablero, lápiz y goma en ristre, bebiendo cerveza y dibujando planas como un poseso. Me dejó atónito: un libro sobre cómics decía que dibujar una sola página diaria era un ritmo excelente para un profesional, pero él se dibujó diez páginas en dos días y sin pildorita alguna. Y metió todo el diálogo en los bocadillos y demás texto en los pies de las ilustraciones, y añadió gigantescos ¡ZAS! ¡PUMBA! y ¡SSSSHHH! en todas las páginas.

Pero pagó un precio: cuando llegó el lunes no pudo levantarse para ir al trabajo y se pasó durmiendo casi todo el día. El martes, sin embargo, volvía a estar en plena forma y no cabía en sí de orgullo.

Igual que yo. ¡Las páginas eran cojonudas!

Debí mandarlas por correo el lunes, pero quería quedármelas un poco para mirarlas de vez en cuando. Parecían obra de un profesional.

El martes compré un gran sobre acolchado y fui a la oficina de correos de Janesville para enviarlas por correo urgente a esa editorial de Nueva York. Al darle el sobre al empleado me temblaban las manos.

Después de aquel fin de semana no me cupo la menor duda de que formábamos un equipo fantástico, y no paraba de repetírselo:

—Imagínate, Jimmy, ¡podríamos volver a Nueva York con la cabeza bien alta! ¡Lo que íbamos a fardar! Sería un vacilón, ¿no? —decía feliz.

Estaba loco por recibir respuesta de DC Cómics.

Pero una tarde, cuando volví a darle la barrila, Jimmy tenía la cabeza en otra parte. No quiso ni oír hablar del tema.

—Antes de que empieces con lo mismo, Rico, quiero que escuches una cosa.

—¿Sí?

—En octubre cumpliré diecinueve y, bueno, tengo que pensar en mi futuro y todo eso.

—Sí, y… —dije con recelo.

—Polly y yo hemos estado hablando.

Por la forma en que lo dijo sentí que iba a jorobarme los planes.

—Aquí estoy a gusto, Rico. No es que sea el no va más, pero nadie me incordia y me estoy ganando un dinero con ese trabajillo de los carteles. ¿Y sabes qué?

—¿Qué?

—Que solo me falta un semestre para obtener mi título en el colegio, y Polly… bueno, nunca has hablado en serio con ella, ¿no?

—Supongo que no —dije un poco avergonzado.

—Bueno, pues cree que puedo hacer lo que me proponga. Como ir a la universidad y demás, y aunque no me graduara en el colegio…

—Gracias a tu padre —dije; no me pude resistir.

—Sí, bueno, pues ella cree… cree que de todas formas puedo hacer alguna carrera "por mis trabajos" —juraría que entonces sonrió—. Lo que quiero decirte es que por primera vez tengo posibilidades de hacer algo —Había reemplazado los cigarrillos por chicles, así que se sacó uno del bolsillo y se lo echó a la boca—. ¿Sabías que Polly es de Seattle?

No, no lo sabía.

—Hemos hablado de trasladarnos allí algún día si seguimos juntos, aunque a mí no me importaría quedarme aquí —unió las manos y se chasqueó los nudillos—. Lo que no quiero es volver a Nueva York. Allí no se me ha perdido nada.

Lo miré. Lo había pasado muy mal, ¿por qué iba a volver?

Un padre asqueroso.

Un sótano lúgubre.

Cucarachas.

Ratas.

Los golpes de su padre en la cabeza.

Sin dinero.

Yonquis.

Picazón por todo el cuerpo.

Clyde, el traficante de los bloques.

Estática, estática, estática.

Llevaba razón. No tenía ningún motivo para volver.

—Y deja que te diga una cosa —continuó Jimmy—. El día que vuelvas a casa, por mucho que tus padres se enfaden al principio, acabarán más contentos que unas pascuas. Aunque tu madre sea una chinche, te quiere. Todos te quieren, Rico, ¡y eso no es poco!

Masticaba el chicle ferozmente.

—Pero yo tengo que buscarme el cariño en otra parte. Lo único seguro es que en Nueva York no lo encontraré.

De acuerdo, pues yo sentía que me estaba dejando tirado y no decía nada, que no era poco.

—Antes o después tenía que decírtelo —prosiguió—. Le he estado dando vueltas, nada más —y quizá porque me vio hecho polvo, añadió—: Tú y yo seguimos siendo un equipo, pero aunque ese cómic saliera adelante, tendría que pensar en el futuro. ¿Voy a tomarme la vida en serio o voy a dedicarme a ser un artista nada más?

Lo único que faltaba era la música esa ñoña de las películas sensibleras.

—Y también tú deberías pensártelo, Rico. Por ejemplo, ¿vas a quedarte aquí eternamente?

Me encogí de hombros, pero recordé el ofrecimiento de la madre de Sheri.

—No sé, socio.

—Pues más vale que te lo pienses —dijo al tiempo que Polly se marchaba con su gorra de visera y su bloc de dibujo.

—¡Vamos, Jimmy! —exclamó sonriéndole con dulzura—. ¡Hay una luz estupenda!

Jimmy se levantó para acompañarla.

—Luego nos vemos, Rico.

—Sí, luego —respondí.

Una de las cosas buenas de estar en una granja es que, cuando te sientes solo, siempre encuentras algo que hacer: echar insecticida, cortar el césped, arrancar los hierbajos que crecen junto a las cercas o acercarte al establo para revisar las cuerdas donde cuelgan las hojas de marihuana para su secado –lo que llaman "curado"– y comprobar que no se enmohecen. Aunque no supiera qué me traía entre manos, las pellizcaba para ver cómo iban, y si encontraba alguna seca, la echaba a la caja de madera del rincón para que Curt, el más experto, dijese si valía la pena picarla y dar unas caladas.

Pero ese día, después de hablar con Jimmy y revisar el establo, quise dar un paseo, no por las carreteras principales, sino por las veredas y los caminos de tierra de las granjas y los bosques cercanos. Como esa noche libraba, no tenía la menor prisa. Pasé por una granja abandonada con una vieja carreta en el patio y las puertas del sótano arrancadas, y pensé que podía haber sido la casa de Dorothy en *El mago de Oz*.

Entonces me eché a reír: ¡yo vivía en una casi igual!

Y lo de vivir en el campo hizo que sintiera algo parecido a lo del chico ese, Huckleberry Finn, salvo que —¡cómo me reí cuando lo pensé, demonios!— mi amigo Jim había dejado atrás su esclavitud. Al menos de eso podía enorgullecerme, aunque Jimmy se marchara algún día sin mí.

Pues sí, en serio, no dejaba de asombrarme, porque ese asunto me obligaba a pensar en mi propio futuro, y no estaba muy puesto en el tema.

Me alegré de llevar conmigo una bolsa de cacahuetes, que había metido en el bolsillo de mi mono. Siempre que veía ardillas correteando por los árboles, me paraba para alimentarlas. Me encantaba que bajaran por los troncos y se me acercaran con el rabo tieso y el hociquito tembloroso.

—Vamos, coleguitas —les decía echándoles cacahuetes y pensando en que papá hacía lo mismo con las de Riverside Park cuando yo era pequeño y en cómo se alegraría si viera las de aquí.

El recuerdo fue tan repentino que creí que si me volviera, lo vería esperando detrás de mí, inclinado sobre una cerca y alimentando también a las ardillas. Una vez me contó cómo era crecer en Cuba, en una granja con todo tipo de animales.

—¿Cuáles? —le pregunté yo.

—Oh, vacas, cerdos, gallinas y caballos. Y había mangos y aguacates por todas partes —entonces se ponía muy contento—. Cuando no era mucho mayor que tú, iba a visitar las granjas vecinas a caballo. Entonces la gente era amable, no como aquí.

Papá sonreía, una sonrisa bella, pero triste.

Y entonces me lo imaginé de joven, cabalgando feliz por el campo, no como cuando venía a casa después del trabajo con ronchones de sudor en la camisa y un rostro tan exhausto como si acabara de salir del mismísimo infierno.

Supongo que no puedes desconectar el cerebro.

Y el cerebro está unido al corazón.

Y el corazón al alma.

De algún modo, socio, hasta en medio de una granja campestre me sentía deprimido.

Seguí andando por espacio quizá de una hora mientras miraba las vacas que se acercaban a la cerca, con tintineo de cencerro, en cuanto me veían. Y a las mariposas que revoloteaban a mi lado, como haciéndome compañía.

Decidí atajar por un maizal de aproximadamente un kilómetro de ancho, en cuyo lado opuesto se divisaba un prado. Más allá discurría una carretera que llevaba de vuelta a casa de Gilberto. Caminé entre esas filas de plantas de metro ochenta de altura, tanta que no las veía más que a ellas. Y estaba bien, no ver más que maíz y cielo; pero al cabo de un rato caí en la cuenta de que no sabía muy bien dónde estaba. Era como si el cielo y la colina que había visto un minuto antes se hubieran esfumado y tan solo quedaran hileras y más hileras de maíz.

Aquel sembrado era difícil de cruzar, aunque siguieras el surco paralelo a las plantas. Aun así, convencido de que avanzaba en la dirección correcta, vi un hueco entre los tallos y lo crucé. Y luego, al ver otro, hice lo mismo, y así sucesivamente, hasta que me perdí del todo.

Y de verdad te lo digo, chico, me sentía como en una pesadilla.

Me dije que debía calmarme y no ponerme histérico, pero solo pensar que podía quedarme encallado en aquel campo cuando anocheciera me puso los pelos de punta. Es que por allí, cuando oscurecía, oscurecía de veras. Que no veías ni torta, vamos. Por eso, en vez de seguir andando, eché a correr con la esperanza de que si seguía la misma dirección, acabaría saliendo a alguna parte.

Sudaba a chorros.

El maizal era cálido y húmedo, como una jungla.

Tenía el corazón desbocado.

Me cortaba las manos al separar los tallos.

Me imaginaba cosas raras.

Como que las plantas echaban a andar de repente, a modo de criaturas extraterrestres de peli de ciencia ficción.

Y el consiguiente titular del periódico: "¡Adolescente devorado por el maíz!".

Y que mamá se enteraba, aunque viviera lejos. Ya la oía decir:

—¡Lo ves, Rico! ¡Si es que no sabes ni por dónde te andas!

Y a papá guiándome a distancia:

—¡Por aquí, hijo! ¡Por aquí!

En ese momento, cuando estaba jurándome que era el idiota más grande de todo Wisconsin, vi luz entre unos tallos algo alejados y aceleré, resollando, hasta que salí de golpe al famoso prado.

Entonces ocurrió lo más extraño de todo.

A lo lejos, más allá de la granja, me pareció ver a papá cabalgando por el camino de tierra. Llevaba sombrero de *cowboy* y se erguía orgulloso en la silla. Cerré los ojos, convencido de sufrir un golpe de calor o algo de eso, pero cuando los abrí de nuevo el jinete y su montura, una sombra alargada, continuaba acercándose.

Y entonces me di cuenta de que no era mi padre, sino Gilberto en persona, con una gran sonrisa en la cara y un sombrero de *cowboy* en la cabeza, montando una yegua zaína. El chico era camaleónico.

Se acercó lentamente.

¿Y sabes qué? Me alegré tanto de verle que corrí a su encuentro.

—¡Diosito de mi vida, Gilberto! —exclamé sin aliento—. ¿De dónde has sacado ese caballo?

Gilberto sonrió abiertamente y palmeó la cabeza del animal.

—Rico —dijo—, te presento a Sally. Ya sabes todos los caballos que cuido en los establos de Roaring Brook, pues esta yegua y yo nos llevamos tan bien que he pensado en comprarla para la granja.

Gilberto le acarició el esbelto cuello, y si no fueron imaginaciones mías, ella resopló en agradecimiento y echó hacia atrás la cabeza de greñudas crines.

—¿Lo dices en serio?

—Por supuesto que sí —dijo, y añadió muy ufano—: Sally tiene tres años.

En ese momento una mariposa blanca se acercó revoloteando a la yegua, la cual, a pesar de lo grandota que era, retrocedió con aprensión. Gilberto tiró suavemente de las riendas diciendo:

—¡So, chica, so!

Cuando ella se calmó, mi amigo me dijo que diera una vuelta.

—¿En el caballo?

—No, en un maldito platillo volante. ¿Tú qué crees?

—Bromeas, ¿no?

—¡Calla y prueba!

Tras bajar de Sally y sujetarla, Gilberto me indicó que pusiera un pie en el estribo y subiera a la silla.

—Ahora tienes que apretar las piernas contra su torso unas cuantas veces —dijo.

—¿Por qué?

—Para ella pesas unos seis kilos, pero cuando haces eso sabe que estás ahí.

Lo hice, y entonces se me ocurrió que aquella criatura musculosa y cálida era quizá el tipo de caballo que mi padre montaba en Cuba, y pensé en cómo me gustaría decirle que yo había montado en uno igual.

A pesar de sentirme nervioso e inseguro, pregunté:

—¿Y ahora qué hago?

—Tira un poquito de la brida y dile: "Chuc, chuc".

—¿Chuc, chuc?

—Sip. En realidad, puedes decir lo que quieras, lo importante es el tono de voz.

Pues dije "chuc, chuc" y apreté las piernas. Luego, pensando en lo que habría dicho papá, añadí:

—*¡Ándale!* —y Sally echó a andar.

Al principio describimos un pequeño círculo guiados por Gilberto, después nos pusimos a recorrer uno de los caminos de tierra que atajaba por los campos y, durante unos segundos, pensé asombrado en lo que habría podido ser mi vida si en vez de criarme en Nueva York, me hubiera criado en Cuba.

Hubiera llevado el sombrero de paja y los pantalones blancos de los *guajiros* y no hubiera hablado ni una sola palabra de inglés. Y en vez de estar rodeado por los maizales de Wisconsin, hubiera visto palmeras y plantaciones de caña de azúcar por todas partes. No conocería a los Beatles ni a Bob Dylan, ni hubiera leído tantos cómics y libros de ciencia ficción: hubiera sido yo, pero nada similar a un *hippie* ni, por supuesto, al tipo de chico que se pierde en un maizal.

—Bueno, ¿qué opinas? —me preguntó Gilberto cuando nos acercábamos a la granja—. ¿A que montar es una delicia?

—Pues sí —contesté, aunque el trasero me dolía como un demonio.

Cuando desmonté, Gilberto dijo:

—Tengo que llevarla a los establos. Pásate por allí siempre que quieras y te la dejo para que practiques, ¿sí?

Luego montó ágilmente y con el sombrero de *cowboy* inclinado hacia delante, salió zumbando como un vaquero de pura cepa… mientras yo sentía que, por fin, volvíamos a ser los amigos de siempre.

Pero nunca sabes lo que te puede caer encima de golpe y porrazo. Pocos días después, cuando íbamos en coche a la gasolinera, pasamos por la granja de los Dietrich. Gilberto dedicó a Dierdra un amistoso saludo agitando el sombrero y dando bocinazos. La chica estaba sentada con su padre en el porche, toda mohína.

—¡Las que se te escapan son las que te matan! —exclamó Gilberto meneando la cabeza.

Luego, al pasar por su silo, que parecía una campana inmensa, dijo que quería hablarme de algo importante. Me preparé para otra charla sobre quién sabe qué.

—¿De qué? —pregunté por fin.

Se puso todo serio.

—No sé cómo decírtelo, Rico —empezó—; la otra noche hablé por teléfono con mi madre.

—¿Cómo está?

—Muy bien. Acaba de comprarse una casita en Mayagüez, al oeste de Puerto Rico, con el dinero que le di, ¿sabes? Pero no solo hablamos de eso.

Llegamos a un paso a nivel justo cuando las luces se ponían en rojo y una barrera bajaba para impedir el paso, el nuestro en concreto. Un tren pasó disparado; el maquinista tocaba el silbato y las ruedas hacían "chuku, chuku,

chuku" mientras los vagones se deslizaban a toda velocidad ante nosotros con tal estruendo que era imposible hablar.

Por fin desapareció.

—Verás —prosiguió Gilberto cuando hubo silencio y la barrera se levantó—. Estuvimos hablando del barrio, y cuando le pregunté si había alguna novedad, me contó cosas de tu padre.

Cruzamos las vías.

—Ay, socio, ¿qué pasa? —pregunté temiéndome que hubiera sufrido otro infarto.

—Solo que cuando se lo encuentra por la calle, lo ve muy alicaído; dice que casi no habla.

Lo último que me faltaba, chico.

—Y eso me hizo pensar.

Oh, oh.

—Es que ya hace un año que estás aquí, Rico, y bueno, ya sabes que te quiero, pero lo de tus viejos… no me parece bien —meneó la cabeza.

La verdad es que me mosqueó un poco oírle decir eso. Ya me sentía bastante mal pensando en mis padres a diario, pero –perra suerte– una vez más, hasta uno de mis mejores amigos no se percataba de lo que yo pretendía ser: simplemente alguien que deseaba seguir su propio camino sin incordiar a nadie.

—Tampoco para mí ha sido fácil —protesté—. ¿Crees que me gusta oír que mi padre está mal?

Gilberto aparcó y se volvió para mirarme.

—Rico, ¿no te das cuenta de que es una suerte tener padre? Si yo aún tuviera al mío, me daría con un canto en los dientes.

No supe qué contestarle, ni siquiera lo miré, solo quería salir de una puñetera vez de su furgoneta. Gilberto siempre me había dicho que me guardaría las espaldas, pero en ese momento tuve la impresión de que me estaba tocando las narices, y sin el valor suficiente para decirme qué quería de mí, encima. No entendía de qué iba, hacía tiempo que le pagaba el alquiler, al principio el mío y el de Jimmy, y me llevaba bien con todos los de la granja. Y cuando había que limpiar el retrete, ¿me quejaba?, no, me metía de cabeza en la mierda y hacía lo que debía hacer. Me había ganado lo que tenía, todo.

Pero ahí estaba él, poniéndome de vuelta y media.

—La cuestión es, Rico —y dale—, que no puedes alargar eternamente lo de tus viejos. ¿No te molesta nunca tu cochina conciencia?

—Pues claro que sí —dije—, pero, maldita sea, si crees que quiero quedarme aquí para ser un vulgar palurdo, estás muy equivocado. ¡Vamos, ni loco!

Gilberto se frotó la nariz, pensativo.

—Calma, chico, no te estoy atacando. Solo intento ayudarte.

—Hacer que me sienta peor no es ayudar. ¡Y no está bien! ¿Por qué me das la lata y no me dejas decidir por mí mismo?

Cuando le miré, con su sombrero de *cowboy*, me sorprendió que no fuese consciente de lo mucho que había cambiado. Seguía siendo el Gilberto de corazón tierno, el buen tipo, pero al mismo tiempo no tenía ni idea de lo lejos que estaba de lo que había sido. En cierto modo, cada día era menos puertorriqueño y más del Medio Oeste; quizá yo tenía miedo de que me pasara lo mismo.

—Ok, si quieres saberlo —dije por último—, he pensado en todo eso y sé lo que voy a hacer, pero no sé cómo, ¿entiendes? —y sin poderlo evitar, añadí—: Y… bueno… —le eché un vistazo—, me asusta un poco.

—¿El qué?

—Pues, oye, lo de acabar en un reformatorio. Y mi madre, ¿ok? Es que no creo que me perdonen —dije, pero había algo más—: Y encima no sé qué hacer con Sheri, ¿sabes?

—Es tu problema —dijo arrancando de nuevo—. Puedes comportarte como un hombre o como un crío, pero una cosa te digo: yo también tengo mi conciencia, y este lío hace que me sienta mal, realmente mal, por tus padres.

—O sea, ¿que me das la patada? —pregunté—, pues eso tampoco es correcto. Deja que decida yo, ¿ok?

—Bueno, bueno —dijo y alzó la mano derecha, como tratando de ahuyentar a los malos espíritus.

El resto del camino lo hicimos en silencio.

En la gasolinera me acomodé en una silla de la oficina y traté de no comerme demasiado el coco con la charla de Gilberto. Si supiera las vueltas que le daba a todo por las noches y el empeño que ponía en tratar de escribir una carta a mis padres y la cantidad de preguntas que me formulaba a mí mismo una y otra vez... Debía empezar con "*Papá y mamá*" o con "Papi y mami", y ¿lo escribía en inglés o en español? Y ya puestos ¿escribía toda la carta en español, aunque mi español fuese bastante malo? Y si supiera cómo estudiaba mi gramática española y que me había agenciado un diccionario de español que guardaba en la gasolinera y miraba siempre que podía, no solo para leer los poemas de José Martí, sino para escribir esa carta, aunque fuese traduciéndola del inglés con el diccionario... Pero el problema era que no sabía qué decir.

Ponía: "Queridos papá y mamá, sé que es posible que mi conducta haya causado problemas entre nostros; lo siento mucho y echo de menos el calor del hogar". Pero entonces lo tachaba y empezaba de nuevo: "Quiero decir que estoy bien, pero me preocupa y me entristece el disgusto causado"... Y lo volvía a tachar, y ya fuese en inglés, ya fuese en español, siempre me parecía mal. Les pedía disculpas, pero luego me lo pensaba mejor y me preguntaba por qué se las pedía. ¿Por huir de una vida familiar que me destrozaba el corazón? ¿Por cortar con la mugre de la ciudad o por negarme a ir a la escuela militar de Pepe (aunque eso hubiera sido lo de menos)? No, no quería decir eso. Me hubiera gustado explicarles que, al estar lejos de ellos, veía que en mi vida habría cosas buenas y malas, y que no podría cambiar mi aspecto ni las desgracias de este mundo. Y que sí, que los extrañaba muchísimo y que sabía que se preocupaban por mí, aunque no entendieran de dónde había salido ni que nunca hubiera intentado valorarlos... ni...

Daba vueltas y revueltas a lo mismo, y aunque era incapaz de acabar una sola carta y enviarla, de tanto pensar en ellos y en que había hecho algo muy feo sin darme cuenta, llegué a vaciar poco a poco mi cabeza de malos sentimientos. O sea, decidí que debía hacer las cosas bien por ellos y por mí mismo, pasara lo que pasase. Pero, como le dije a Gilberto, no sabía cuándo.

veintiocho

No he hablado mucho de lo religiosa que era mi madre. Ir a la iglesia el domingo para estar en la casa de *El Señor* era uno de los acontecimientos semanales, y la iglesia el único lugar donde parecía encontrar cierta paz, y el domingo el único día que la sosegaba un poco, aunque el sosiego solo durara hasta que alguna cosa la ponía otra vez de mal humor. Sin embargo, le gustaban los refranes, y uno de ellos decía: "el hombre propone y Dios dispone". Aunque yo ignorara de qué iba aquel superhéroe celeste, esa noche debió de enviarme a sus ángeles más sombríos para darme un toque.

Llegaron a la gasolinera hacia las tres de la madrugada en dos coches con matrículas de Pensilvania. Eran siete chicos blancos, cuatro iban en un coche y tres en el otro. Todos estaban borrachos.

—Llénalo —balbució uno de ellos.

Rondaban la veintena y la mayoría llevaba el pelo engominado. Algunos estaban fondones, otros eran musculosos, todos hacían eses.

Se me disparó una alarma.

Aunque los patrulleros pasaran al menos una vez durante el turno de noche, algunos fulanos daban verdadero miedo, solo por la pinta de sus ojos o su lenguaje corporal, o su forma de mirarte. Si tu pelo estaba demasiado largo o tus modales no eran suficientemente buenos para su gusto, sabías que se avecinaban problemas. Esa noche, mientras llenaba los depósitos, noté que el más fortachón de todos me taladraba con la mirada.

Pero, ya sabes, debía comportarme como un profesional.

—¿Quiere que le mire el aceite? —le pregunté cuando salió del coche.

—No —contestó con ojos maliciosos—, pero dime una cosa.

Se quedó en pie frente a mí, sacando pecho.

—¿Sí?

—¿Qué tal sienta lo de ser un mariconazo?

—Bromea, ¿verdad? —dije estupefacto.

—¿Por qué iba a bromear con una chiquita como tú? —y se rió.

Extendí las manos.

—*Okay*. Olvide que lo he preguntado —dije empezando a rodearlo.

Enfilé hacia la oficina con la intención de llamar a la poli, pero un fulano gordo que esperaba detrás del tipo malo me cortó el paso.

—¿Dónde vas, cariño? —me preguntó.

—A por unos trapos, nada más.

—Uh, uh —dijo—, no me lo creo.

—De acuerdo, de acuerdo —admití retrocediendo.

—¿Y eso que llevas colgando qué es, un bolso? —inquirió el malo.

—¿Cómo dice?

—Tienes toda la pinta de llevar bolso.

—Escuchen, no quiero líos, ¿ok? —dije intentando conservar la calma.

—Vaya, aquí el mariquita no quiere líos —le dijo el malo al gordo—. Debíamos llevarlo a la cuneta y… ¡darle su merecido! ¿Cómo lo ves?

Todos se rieron como locos.

Luego me agarró del pelo y me dio un tirón de mil demonios, como si quisiera arrancármelo de cuajo.

Cuando volvió a sonreír solo vi dientes cariados.

—Y si no eres una jeva ¿por qué llevas ese pelo tan largo? —preguntó tirando aún más.

—No lo sé.

—¡No lo sabes! —repitió irritado—. No lo sabes porque eres un julandrón.

Sacó un mechero y lo encendió, una gran llama azul se alzó en el aire. Jesús, como pretendiera quemarme íbamos a volar todos por los aires. ¡Los surtidores distaban solo unos metros!

—¡Guarda eso! —grité—. ¡Hará estallar la gasolina!

Miró hacia los surtidores.

—No es ningún farol —insistí.

—Muy bien, esperaré —dijo cerrando la tapa del encendedor. Luego se apoyó contra el coche, me miró fijamente y empezó a dedicarme "muacs, muacs" con los morros.

Miré rápidamente la carretera a izquierda y derecha: ni un coche.

Mientras metía la boquilla de la manguera en el segundo depósito, hice lo posible porque no advirtieran lo mucho que me temblaban las manos, tanto que debía usar una para sujetarme la otra. A esas alturas me dolía el estómago, que parecía lleno de nudos.

En pocos minutos los surtidores se cerraron. En cuanto dejé la manguera en su sitio, el tipo malo empezó otra vez a darle al mechero.

—¿No te han quemado nunca esa linda cabellera, mariconazo? —dijo empujándome y agitando la llama en mis narices.

No dije ni pío; me limité a estar atento, por si venía alguien. Nadie lo hizo. Era la hora de menos movimiento de la noche, una hora desértica de esas que no existen en Nueva York.

—¡Oye, que te he hecho una pregunta, joto! —dijo clavándome un dedo en el pecho.

—No —dije retrocediendo de nuevo.

—¿No, qué?

—Que nunca me han quemado el pelo —farfullé.

Estaba aterrado. Y cuando estás aterrado, te vienen a la cabeza cosas descabelladas como ¿de dónde salió este cabrón y dónde están los buenos?

¿Y dónde demonios se mete Dios?

¿Y dónde están los rayos cuando los necesitas?

¿Y por qué aparecen siempre los policías cuando no hacen falta?

¿Y se comportarían así estos tipos en los bloques, por ejemplo en la calle 125, si tuvieran que lidiar con fulanos realmente duros en vez de con Rico, portador del símbolo de la paz?

Acercándose a mí, el muy capullo empezó a agitar el mechero alrededor de mis orejas; olí que se me chamuscaban las puntas del pelo.

—¡Ok, hombre, tranquilo! —dije saltando hacia atrás.

Entonces el malo le dijo al gordo que me sujetara y, aunque empecé a retirar los brazos y sentí ganas de atizarle un puñetazo, sabía que solo empeoraría las cosas.

Los demás me rodeaban.

—¿Qué tal, socios? ¿Le damos aquí a la rubita un buen corte de pelo para que nos recuerde?

Mientras el gordo me sujetaba, el malo volvió a agarrarme un mechón y a encender el mechero; de verdad que pensé que la liaban.

Pero en lugar de incendiarme la cabellera, el malo empezó a atizarme. Sus puños golpeaban alternativamente mi mandíbula y mi estómago, y me arreaba tan fuerte que creí que iba a estallarme la cabeza. Y, entre tanto, no paraba de repetir:

—¿Qué te parece esto? ¿Te gusta, princesa?

Y me pegaba una y otra vez, hasta cuando me desplomé en el suelo siguió atizándome.

Luego el muy HP intentó arrearme en la sien, pero levanté los brazos justo a tiempo. Al mirar su odiosa jeta y pensar que iba a morir, se me pasó por la cabeza todo lo que echaría de menos:

Los cómics, las novelas.

John Carter de Marte.

Las guitarras. Las naves espaciales. La revista *Mad*.

Las páginas centrales del *Playboy*.

Huckleberry Finn.

Y la comida:

Hamburguesas, papas fritas.

Sándwiches de rosbif.

Helado de pistacho, chocolatinas.

Bombones helados.

El flan de mamá.

Su *lechón* y su *arroz con pollo.*

Chorizo, sándwiches de huevo, *plátanos* fritos.

Y más:

El cielo.

Los pájaros. El sol. Las estrellas.

El sombrío océano que se extendía más allá de Coney Island.

Y la gente:

Sí, Gilberto, Jimmy, puede que hasta Sheri.

Pero sobre todo a mi familia.

¡Paf!

Seguía zurrándome a base de bien.

Me escupía.

—¡Puto *hippie* de mierda!

—¡Papi!

¡Pumba!

—¡Princesita!

—¡*Mamá!*

¡Zas!

—¡Maricón!

¡Crac!

Y dale que te pego una y otra vez, hasta que sentí ganas de vomitar.

Y veía en sus ojos *muere, muere, muere.*

Y no podía dejar de preguntarme qué me haría si supiera que encima de un puto *hippie,* era un *spic.*

Pero en ese momento, uno de ellos, uno alto con cara triste –el único a quien no parecía divertirle el espectáculo–, se acercó y dijo:

—Vamos, Joey, no vale la pena. Deja al chico en paz.

El malo lo miró como si fuese el nuevo mariconazo. Y se quedaron mirándose el uno al otro un instante, igual que los pistoleros de las películas antes de un duelo.

—Lo digo en serio —insistió el alto—. No nos conviene meternos en líos.

—Bueno, de todas formas tengo que ir al baño —dijo el malo frotándose la tripa y lanzando al alto una mirada muy poco amistosa.

Se fue a los lavabos. Pasaron cinco minutos en los que nadie me quitó ojo. El alto había vuelto a meterse en el coche, con cara de pensar que se merecía una vida mejor y unos amigos mejores. Los otros le imitaron poco a poco, excepto el gordo, que siguió vigilándome para que no me escabullera y llamara a la policía.

El malo salió por fin de los servicios, pero en lugar de dirigirse a su coche, entró en la oficina, miró a su alrededor y arrancó el teléfono de la pared.

Después se me acercó.

Yo estaba de rodillas, escupiendo sangre.

—¿Qué te debemos, cielito? —preguntó sacando los morros en mi dirección.

Sorprendido por la pregunta, hice el cálculo como pude.

—Dieciséis veinticinco.

Se rió.

—Ni en sueños, princesa.

Y volvió a pegarme, dejándome doblado. Y me hubiera atizado más si uno de los otros no hubiese empezado a dar bocinazos.

—Hasta pronto, bujarrón —dijo encaminándose al coche.

Una vez al volante, arrancó, me dedicó el dedo medio en alto y salió de la gasolinera seguido del otro coche.

Cuando conseguí arrastrar las posaderas hasta la oficina para esperar que los patrulleros hicieran su ronda nocturna, recordé algo que mi antiguo vecino y profesor de guitarra, el señor López, me dijo una vez.

—Eres un niño, Rico, pero si hay dos cosas que debes saber de la vida, son estas: la primera, tengas los problemas que tengas, siempre habrá gente que los tenga mucho peores que los tuyos; y la segunda, sean cuales sean los idiotas que haya en tu vida, cuando crezcas descubrirás que no solo no desaparecen, sino que se multiplican, porque el mundo está plagado de ellos.

—¿Entonces qué haces? —le pregunté.

—Lo que haces es tratar de ser lo más honrado posible, aunque te cueste. Debes hacer lo correcto, siempre, aunque no te apetezca. Al menos así sabrás que no eres de esos que van por ahí haciendo la vida imposible a los demás.

Pero estas sabias palabras no me dijeron mucho en aquel momento. Con excepción del tipo alto, que trató de impedir que el malo me hiciera cosas aún peores, deseaba verlos a todos muertos; esperaba que sus coches se incendiaran en un accidente de borrachos en plena interestatal.

Encima, cuando los patrulleros se fueron, tuve que seguir ocupándome del negocio y atendiendo a mis tareas habituales, como limpiar los lavabos.

El de señoras me llevó tan solo unos minutos, pero el de los hombres fue otra historia. Ese tipo no solo había roto el espejo sino que se había aliviado en el lavabo, dejando papel higiénico con pegotones por todas las paredes. Estaba tan enfermo que hasta había garrapateado con su propia porquería "¡maricón de mierda!" en la cara interna de la puerta metálica.

Después de limpiar todo a manguerazos, me senté de nuevo en la oficina. La palabra "maricón" y toda aquella fealdad –incluso en el maravilloso Wisconsin– calaron en mi mente como un mensaje. ¿Me lo habrá enviado *El Señor*? ¿Y por qué habrá ocurrido?, pensaba. Y ya puestos, ¿qué hacía perdiendo el tiempo con pendejos como aquellos?

Poco después de las ocho, Tim llegó a la gasolinera para empezar su turno. Tim era muy del Medio Oeste, palurdo, pero apuesto y con un lenguaje muy fino. No le había oído decir ni una palabrota, pero aquella mañana cuando le conté lo ocurrido dijo:

—Bueno, Rico, supongo que hay cagajones en todas partes.

—Sí —convine, aunque no supiera muy bien qué era un cagajón.

—¿Cómo vuelves a casa? —me preguntó.

—Pues a dedo —contesté sujetándome el costado que me dolía.

—¿Seguro que estás bien? —dijo realmente preocupado.

—Sí, Tim, pero la verdad es que después de lo de anoche no sé cuánto aguantaré aquí, y esta noche...

—¿Sabes qué? —dijo—, esta noche yo te sustituyo.

—¿Seguro, socio?

—Sí, luego se lo diré al señor Jenkins.

—Gracias —dije con ganas de echarme a llorar.

Así que me marché, crucé la carretera y levanté el pulgar. La mayor parte de los días, mientras hacía dedo, caminaba unos quinientos metros por el arcén hasta llegar a un McDonald's donde compraba algo de comer, pero ese día estaba hecho polvo y no me sentía con ánimos. Por muy bonita que fuese la mañana, con el cielo tan azul como la foto de una revista y un olor a verde que lo envolvía todo, a mí no me lo parecía.

Después de unos minutos en los que sentí la mayor tristeza que sentirse pueda, vi acercarse el Oldsmobile del sheriff Nat.

El sheriff aparcó y asomó la cabeza por la ventanilla.

—¿Adónde vas?

—A casa, supongo —respondí preguntándome dónde estaría en realidad mi casa. En ese momento lo único que deseaba era un poco de paz y tranquilidad, chico. Mamá… mamá solía hacer una cosa cuando era pequeño: me lavaba el pelo en el lavabo, sus manos suaves en mi cuello, sus dedos frotándome el cuero cabelludo. Sonreía y me miraba con un cariño de película. Pero eso fue antes de caer enfermo. Debía parecer como embrujado, porque el sheriff Nat me preguntó:

—¿Te encuentras bien, Rico?

—Sí —respondí volviendo al presente.

—Bueno, pues sube —ofreció palmeando el asiento del acompañante, donde descansaba su sombrero.

Pero dudé; con lo mal que estaba, ¿quería que el sheriff del condado me acercase a la granja, sobre todo con aquellas plantas en el establo?

—¡Ah! —dije—, no quiero entretenerle, pero gracias de todos modos.

—Oye, he hablado con uno de los patrulleros sobre lo de anoche. Sé por lo que has pasado —se inclinó sobre el asiento del acompañante y abrió la portezuela. Así que sube —palmeó el asiento de nuevo—, ¡es una orden!

Subí porque no me quedaba otra, pero deseé haber sido capaz de inventarme algo, como que estaba esperando a Gilberto o algo así. Aunque no hubiera colado: al fin y al cabo estaba haciendo dedo.

—Tu casa cae por la carretera 26, ¿verdad? —me preguntó mientras arrancaba.

—Sip —contesté estrujándome los sesos para recordar si alguien había cerrado las puertas del establo la noche anterior.

—¿Te apetece oír música? —dijo toqueteando la radio.

—Claro —contesté, tras lo cual me apreté las manos con las piernas para disimular cómo me temblaban.

Nat me echó un vistazo.

—Te fastidiaron bien, ¿no? —dijo al encontrar una emisora de *country*—. Intenta relajarte, ¿de acuerdo? No tienes nada grave.

—Es que creía que aquí no pasaban esas cosas —expliqué tratando de controlar el tembleque.

—Ah, pues pasan, en cualquier sitio donde haya gente. Si supieras la cantidad de ladrones, violadores, narcotraficantes y asesinos que hay por estos lares, te quedarías de piedra.

Mientras él avanzaba sin prisas, con el brazo izquierdo apoyado en la ventanilla y saludando ocasionalmente a los granjeros que veía, yo traté de animarme, pero era incapaz de quitarme de la cabeza el famoso establo. Sin embargo, como en ese momento recordé que aquel coche olía a porro de vez en cuando, me sentí algo mejor; pensé que quizá, aunque el sheriff descubriera las plantas, haría la vista gorda.

Pero sería el colmo de lo raro.

Cuando apenas nos faltaba un kilómetro me encontré pegado al asiento, aferrando locamente el cuero con las manos.

—Mira, chico —dijo el sheriff palmeándome una rodilla—. Lo de anoche… considéralo como un asunto de mala suerte, nada más.

O como un mensaje, pensé.

Enseguida el viejo Oldsmobile trepaba por el camino de acceso. Yo hacía mentalmente una cuenta atrás, de diez a uno, como si estuviera a punto de salir disparado en un cohete espacial; cerré los ojos a la espera de saber si Gilberto, y quizá los otros, irían a la cárcel.

Cuando el sheriff aparcaba delante de la casa, los abrí y miré hacia el establo. Rex, con la pata trasera levantada, meaba contra la puerta. Estaba cerrada. El perro trotó hacia nosotros meneando el rabo.

Gracias, Señor, por esa puerta cerrada y por los perros que mean contra las puertas cerradas de los establos. Gracias, gracias, me repetía una y otra vez.

Al oírnos, Gilberto salió al porche con una taza de café en la mano.

—¡Jesús, Rico! —exclamó al ver los moratones de mi cara; luego bajó los escalones como una centella—. ¿Qué te ha pasado?

El sheriff le contó la historia.

—Ay, socio —dijo Gilberto todo compungido—. ¿Quiénes fueron?

—Una pandilla de blancos —contesté—. Supongo que "greasers", esos de los bugas y la gomina.

Al sheriff pareció hacerle mucha gracia y yo caí en la cuenta de que sonreía porque un blanco lo explicara de esa forma.

—Cuida de tu joven amigo, ¿de acuerdo?

—Lo haré, sheriff —le aseguró Gilberto.

—Sheriff Nat para ti —dijo mientras volvía al coche, aunque antes de arrancar me dio un consejillo—: Rico, cuídate y recuerda que podría haber sido mucho peor —se tocó el ala del sombrero—. En Chicago, el encargado de una gasolinera, un chico de dieciséis años, recibió hace poco un disparo en la cabeza durante un atraco.

Vaya, qué buena noticia.

Luego nos saludó tocándose de nuevo el sombrero y se marchó.

La expresión de Gilberto cambió por completo. No sé si estaba enfadado, pero me miraba como si me considerara loco de atar.

—Siento que te pegaran anoche, ¿pero qué demonios haces? —dijo abriendo la puerta mosquitera de la cocina.

Esa mañana todos fueron muy amables conmigo. Nada más verme los morados, Jimmy hizo eso tan impropio de él que consistía en abrazarme y exclamar:

—¡Socio, manito!

Luego Wendy se me puso detrás y empezó a frotarme la espalda diciendo:

—Ay, pobrecillo —y—. Cómo odio a esos tiparracos.

Bonnie me hizo una especie de bolsa de hielo: una vieja bolsa de agua caliente llena de cubitos picados, para rebajar la hinchazón de mi cabeza, y Polly me ofreció unos analgésicos que usaba para su cosa mensual.

Curt me invitó a una calada de canuto, liado para la ocasión.

Pero yo solo quería beberme una birra o dos o tres o cuatro.

Para desatar los nudos de mi estómago.

Cuando se marcharon me quedé junto a mi ventana y su estupenda vista de la campiña: granjas, vacas, maizales, silos, establos, el precioso cielo azul y las nubecillas que lo cruzaban como si ya fueran tus coleguitas.

Entonces llegó otra nube grande y solitaria que pasó despacio, como buscando un lugar donde no sentirse extraña. Y, chico, yo debía de estar de lo más raro, porque me dio por pensar que si fuese nube, sería precisamente aquella.

Durante una semana o así traté de disimular los moratones con crema para granos de color carne. Estaba harto de que todo dios que pasaba por la gasolinera se quedara mirándome la cara y me preguntara qué me había pasado. Casi lo dejo, sobre todo cuando el señor Jenkins quiso hacerme pagar la gasolina perdida y el espejo roto… ¡como si no estuviera ya bastante jodido…!

Pero cuando vio que la cara se me ponía amoratada y que lo miraba como si fuese un bastardo insensible, se olvidó del asunto.

Cada vez me costaba más arrastrar las asentaderas hasta allí. Y cuando lo conseguía, pasaba las noches deseando estar en otro sitio. Preguntaba a los camioneros adónde se dirigían y los nombres como Alburquerque, Phoenix, Denver o Los Ángeles tiraban de mí en una dirección, mientras que los de Filadelfia, Boston o Nueva York tiraban en la contraria. Entonces empecé a pensar que la madre de Sheri me había ofrecido ayuda para entrar en un buen colegio, como el de Música y Arte, allá en casa, y que debía dejarme de criar moho de una vez por todas y escribir a mis padres. Pero seguía dándole vueltas sin parar: ¿Y si me plantaba en la puerta y mis viejos no querían ni verme? ¿Y si en vez de llenarme de besos y abrazos, como había soñado, me daban una buena tunda… por si no había tenido ya bastante? ¿Y si la madre de Sheri no cumplía su palabra y yo acababa en *Jo Mama* o algo peor, allá abajo en Florida, aprendiendo disciplina militar y demás cosas para las que sería un negado?

Por si no estaba poco jodido…

Solo sabía que debía tranquilizarme, y por eso empecé a hojear de nuevo *Huckleberry Finn* (porque me encantaban esas descripciones de él mismo y su amigo Jim flotando sobre una balsa en el Misisipi) y a preguntarme qué haría aquel chico si estuviera en mi lugar. Sí, era como un millón de veces mejor que yo y su borracho papá era mucho peor que el mío, pero ¿él se quedaría?

¿O tiraría carretera adelante y se largaría?

¿O pondría proa a casa?

novena parte **HAY DÍAS ASÍ**

veintinueve

A principios de julio llegó una carta con el correo de la mañana. En cuanto la vi sobre la mesa de la cocina supe que era de la editorial de Nueva York (en el remite había un Supermán con los brazos en jarras), pero no tuve valor para abrirla. Tenía que prepararme... y, en cualquier caso, si eran malas noticias me sentiría fatal el resto del día, así que preferí esperar a que Jimmy volviera.

Me serví un café y me fui a la sala, donde Curt llenaba bolsitas de plástico con la cosecha casera.

Pocos días antes se había traído del establo la última yerba aprovechable. Por lo visto, su plan para hacerse rico no había funcionado del todo, no como él deseaba al menos: el setenta y cinco por ciento de las plantas se había podrido, como la lechuga que olvidas en la parte inferior de la nevera, o había enmohecido, como los limones que se endurecen y crían esa cosa verde y algodonosa sobre la piel. El resto, unos cinco kilos, debían venderse a precio de amiguete *hippie*, y rápido, según órdenes de Gilberto.

Eso significaba unos veinte dólares por cada treinta gramos. Yo como siempre, dándole al coco, calculé que Gilberto y él podrían sacar tres de los grandes, quizá más, dependiendo de cómo se vendiera.

Gilberto estaba harto de tener la mercancía por el medio, sobre todo desde que había visto a un helicóptero sobrevolar la zona un par de veces. La gente decía que era de la DEA y que buscaba sembrados de marihuana.

Además, como pensaba comprar a Sally, la yegua, para la granja, necesitaba el establo; planeaba convertirlo en un sitio de esos donde puedes meter heno y alfalfa y avena, o lo que demonios coman los caballos. Estuviese lista o no, le ordenó a Curt que sacara de allí hasta la última brizna.

Pero, aun así, seguía siendo una cantidad considerable, aunque todo el mundo se hubiera servido ya sus raciones. Jimmy fumaba canutos como si fuesen cigarrillos, y Bonnie y Curt hacían lo propio. Gilberto daba alguna calada de vez en cuando, pero él era más de cerveza. Y respecto a Wendy, fumaba de tarde en tarde, pero no como antes de que nos alcanzara el rayo –por lo visto no quería tentar de nuevo a la suerte–;

daba pequeñas caladas y echaba el humo a toda prisa. Polly ni lo tocaba, no quería que nada interfiriera con su mente mientras hacía sus dibujos.

Y yo ídem de ídem: en cuanto daba unas caladitas —y las daba por no parecer un carca— todos aquellos pensamientos extraños me asaltaban de nuevo.

Sobre todo los referentes a mis viejos.

Aunque estuviera escuchando a los Grateful Dead con aquella preciosa luz que entraba por mi ventana, esa luz opulenta y suntuosa que contiene motitas de polvo flotando por dentro a modo de ángeles, de golpe y porrazo sentía que papá y mamá se encontraban cerca. Y a pesar de saber que solo estaban en mi cabeza, y a pesar de saber que había fumado lo que no debía, hubiera jurado que me hablaban:

¿Dónde estás, Rico?

¿Por qué te has ido, Rico?

¿Cuándo vuelves a casa, Rico?

Me daba un miedo del carajo.

Así que, respecto a la marihuana, fingía que me tragaba el humo, pero no era lo mío. En absoluto.

Guardada en una maleta del armario —junto a un paquete de bolsas de plástico y una pequeña balanza—, la yerba aquella ocupaba todo el tiempo de Curt. Una vez que corrió la voz por las universidades y las comunas de los alrededores, y entre los amigos suyos y de Bonnie que vivían en Janesville o Madison dedicándose a la música, no pasaba un solo día sin que llegaran dos o tres coches a la granja.

Y a veces salían tipos de la nada.

—Hola, me llamo Johnny tal y tal. Soy amigo de Derek, un conocido de Cherise, compañera de Polly en la escuela de arte. ¿Está Curt?

Venían hasta algunos de los moteros que Jimmy conocía por haberles decorado la moto. ¿Qué puedes hacer cuando te encuentras con el tranquilo camino campestre que conduce a tu casa asaltado por una docena de tremendas Harleys tronando y petardeando? ¿Y cuando esos tipos inmensos, con ropa negra y gorras de cuero, llaman a tu puerta?

Puedes decir, si acaso:

—¡Buenos días, señores! ¡Pasen ustedes, hagan el favor!

Era una locura; venía todo tipo de gente casi todos los días, se quedaban en la sala, escuchando música, probando la marihuana y alabando a Curt, que vendía bolsas como si vendiera palomitas en un parque de atracciones.

Pero aquel día, hacia las cuatro de la tarde, mientras estaba sentado con Curt y Bonnie preguntándome si debería hacer de tripas corazón y abrir la carta, unos diez minutos después de que Gilberto volviera de su trabajo en los establos de Roaring Brook para ducharse, aparcó un coche, un Chevy azul descapotable con los laterales empolvados de tanto rodar por caminos de tierra.

Oí cerrarse la portezuela y la llamada a nuestra puerta.

—Oye, Rico —dijo Curt—, ¿puedes abrir tú?

—Paso que voy —dije.

En el porche había dos blancos flacos como espantapájaros, con el pelo más largo que había visto en mi vida: les llegaba por debajo de la cintura. Uno, de cabello negro, tenía pinta de mandarín maligno y bigote a lo Fu Manchú; el otro parecía un príncipe vikingo, con su cabellera rubia y llena de bucles. Ambos vestían ponchos mexicanos y llevaban todo tipo de joyas de plata y turquesas. O sea, que parecían geniales.

—Paz, hermano, y buenas tardes —dijo con acento inglés el rubio al tiempo que hacía una V con los dedos—. ¿Vive aquí Curt Svenson?

—Sí —contesté.

—Vamos a México, y unos amigos de confianza nos han dicho que Curt puede ayudarnos a reabastecernos de cierto combustible.

¿Reabastecerlos? No estaba muy seguro de lo que querían decir, pero me hacía una idea.

—Un segundo —les dije, y dirigiéndome a los ocupantes del salón añadí—: Oye, Curt, ¿puedes venir para hablar con unas personas?

Al ser también alto, cuando llegó al vestíbulo y extendió su larguirucho cuerpo, apoyando una mano prácticamente en el techo y otra en la pared opuesta, dio la impresión de ocupar todo el espacio.

—¿Qué puedo hacer por ustedes? —preguntó.

El inglés dijo:

—Bueno, en primer lugar, paz para ti también, hermano. Me llamo Rodney y este amigo es William —el amigo bizqueó y sonrió levemente al oír su nombre—. Hemos venido a traerte unos regalos.

Tras rebuscar en uno de sus bolsillos, el inglés sacó un pedazo de hachís similar a una cagadita de oveja.

—Acéptalo, hermano —ofreció—, con nuestros mejores deseos.

Curt lo olisqueó para comprobar que no era de pega. Supongo que no, porque sonrió y les dijo:

—¿Qué necesitan?

—Verás —empezó el inglés—, un pajarito nos ha dicho que vendes un cannabis de primera —hizo una reverencia acompañada por un amplio y majestuoso ademán del brazo, como si llevara un buen colocón, vamos—, y hemos pensado que podríamos proveernos con tus reservas y recompensarte magnánimamente por ello.

Curt y yo nos miramos; los socios eran de lo más raro, pero él estaba acostumbrado a todo tipo de gente, casi toda ella inofensiva, así que apenas dudó.

—Adelante —les dijo.

Y ellos entraron a la sala. Noté que el moreno lo observaba todo atentamente. El tocadiscos estaba en marcha y Bonnie, sentada en el sofá delante de algún culebrón de la tele, con el sonido quitado, hacía punto. *You've Lost That Lovin' Feeling*, cantada por Gilberto mientras se duchaba, se oía alta y clara, igual que varios de sus operísticos aunque levemente desafinados *la, la, la, las.*

Todo parecía estupendo, ideal incluso. Los dos tipos se sentaron enfrente de Curt, que les ofreció un canuto encendido. Estaba orgulloso de nuestra cosecha, porque fuertecilla sí era. El inglés, nada más dar una calada, echó la cabeza hacia atrás y empezó a reírse como si le estuviera dando un patatús.

—¿Cua... cua... cuánta tienes? —preguntó tosiendo y se dobló hacia delante con la cara como un tomate. Al verlo no pude evitar acordarme de Jimmy en los viejos tiempos. Después su amigo le palmeó vigorosamente la espalda y él se recobró un poco.

—¿Cuánta tienes? —repitió.

—No sé —contestó Curt—, deben de quedar tres kilos y pico.

El inglés se sacó del bolsillo un fajo de billetes de cien dólares y los empujó por la mesa en dirección a Curt.

—Cuéntalo, hermano —dijo—; te garantizo que cuando lo hagas descubrirás quinientos de tus dólares americanos, ¿entiendes?

Curt se quedó atónito.

—Pero antes debo ver la mercancía —añadió el inglés, agarrando de nuevo el fajo.

Al oír esto, Curt, lanzándome miradas de emoción, se acercó al armario donde guardaba la maleta.

Gilberto, que había acabado de ducharse, pasó por la sala ataviado con una simple toalla, les soltó a los extraños:

—¡Hola, socios! —y desapareció.

Curt traía ya la maleta. Era de esas valijas lacadas que Gilberto encontraba a veces en las cunetas y que llevaban pegados todo tipo de recuerdos ignotos. Curt, orgulloso y confiado, la dejó sobre el baúl y abrió la tapa. Dentro, pulcramente alineadas, se encontraban las últimas bolsas de maría.

Los ojos azules del inglés se desorbitaron.

—Excelente —le dijo a Curt, dándole un codazo a su amigo—. Magnífico, ¿no te parece, William?

Y entonces, mientras buceaba en su poncho buscando algo, sus modales cambiaron. Su sonrisa se esfumó;

su mirada amable, santurrona y algo ida se endureció. Caí en la cuenta de que el fulano podía ser un estupa, y de que yo podía pasar los próximos años de mi vida en la cárcel o en un reformatorio. Pero no, no sacó una placa, sino una terrorífica pipa de calibre 45 ¡igualita que la que llevaba Popo por el barrio en una bolsa de papel!

Apuntándonos a Curt y a mí, el tipo sonrió y dijo:

—Bien, caballeros, gracias por su agradable compañía —y mientras su amigo agarraba la maleta, el inglés *cool* retrocedió hasta la puerta con la pistola amartillada y diciendo cosas como—: Si alguien nos sigue, disparo.

Poco después el coche salía como un bólido del camino de acceso.

Parecía sacado de una película.

Pero aquello fue solo la primera parte.

La segunda tuvo que ver con un refrán de esos, algo como: "Puedes sacar al chico de la ciudad, pero no a la ciudad del chico". Y debe de ser cierto, porque en cuanto Gilberto entró en la sala y se enteró de lo ocurrido, me miró y dijo:

—Venga, Rico, nos vamos.

No sabía qué tramaba, pero aunque le dije que aquellos tipos llevaban una pipa de verdad, se limitó a entrar en su cuarto y a salir con un bate de béisbol y una escopeta de aire comprimido que disparaba perdigones.

—Bromeas, ¿no? —pregunté; él meneó la cabeza.

—¿Qué otra cosa podemos hacer? ¿Llamar a la policía? No, vamos a cazar a esos tipos. ¡No pienso dejar que se salgan con la suya!

No me había dado cuenta de lo frenético que podía llegar a ponerse mi socio, pero supongo que a la gente que ha sido pobre le revienta que le roben. Aunque lo robado sea una cosa por la que puedes dar con tus huesos en la cárcel.

Pues allá que fuimos. Nos montamos en su furgoneta y seguimos las marcas de los neumáticos –hacia el este– hasta que vimos que habían atajado por un camino de tierra y bordeaban el lindero más alejado de un campo que distaba varios kilómetros, dejando una nube de polvo a su paso. Al verlos, Gilberto pisó a fondo de verdad, y nos lanzamos tras ellos como maniacos. Era emocionante, pero al mismo tiempo daba miedo: no hacía más que preguntarme qué haría Gilberto en caso de alcanzarlos: ¿les dispararía con su escopeta o les remostaría el coche con el bate mientras, por un casual, ninguna de sus balas lograba darnos?

En cualquier caso, mientras avanzábamos como centellas, quizá a cien kilómetros por hora en una carretera comarcal, oímos una sirena. Miré hacia atrás y…

El sheriff Nat nos perseguía en su viejo Oldsmobile.

Gilberto aflojó la marcha, aparcó a un lado y metió la escopeta debajo del asiento.

El sheriff se acercó a nosotros con la mano en la pistolera hasta que nos reconoció. Entonces empezó a menear la cabeza y, tocándose el ala del sombrero, dijo:

—Eh, siento molestar, chicos, pero ¿alguno puede decirme a qué venían tantas prisas?

Miré a Gilberto; él me miró a mí.

Por último, a Gilberto se le ocurrió un cuento chino:

—Necesitaba desfogarme un poco: acabo de pelearme con mi chica.

—Ajá —dijo el sheriff como si no se lo tragara—. Y el bate de béisbol, ¿para qué es? —inquirió mirando el interior de la furgoneta.

—Es que luego pensábamos jugar un poco —contestó Gilberto—. ¿Verdad, Rico?

—Claro.

—Mira, chico —dijo el sheriff Nat al cabo de un momento—, debería ponerte una multa por exceso de velocidad pero, por esta vez, lo dejaremos en una advertencia. Procura que no se repita, ¿de acuerdo?

—¡Claro, señor! —dijo Gilberto.

Y el sheriff volvió a su coche.

A esas alturas la nube de polvo, y con ella el resto de nuestra cosecha, se había esfumado en la lejanía.

Fue uno de esos días en que pierdes algo y ganas algo.

El pobre Curt se quedó hecho polvo. Sin embargo, Gilberto, en cuanto se calmó, no parecía muy afectado.

—Si no puede ser, no puede ser —dijo encogiéndose de hombros y saliendo de casa en compañía de Rex.

Con todo aquel jaleo me olvidé de la carta de Nueva York hasta que Jimmy volvió del trabajo, después de las seis, algo alicaído por las noticias del robo.

—Hola, Jimmy —dije—. He recibido una carta.

—¿De quién?

—De esa editorial de cómics —informé recogiéndola de la mesa.

—¿Y qué dice? —preguntó con un punto de emoción que noté a pesar de su fingida indiferencia.

—No la he leído todavía. Te estaba esperando.

—Pues dale, socio —dijo abriendo una cerveza.

Puede resultar extraño, pero entonces, cuando estaba a punto de rasgar el sobre, me sentía más tenso que cuando el fulano aquel sacó la pistola. Era como si el futuro de uno de mis sueños estuviese en el aire.

Quiero decir que me temblaban las manos y el corazón me latía a mil por hora.

¿Eran buenas noticias?

Pues no.

Si hubiera sido un árbol, me habría desplomado; si hubiera sido una piedra en un estanque, me habría hundido.

Esto decía:

Estimado Ricardo:

¡Muchísimas gracias por enviarnos la magnífica historia creada por ti y Jimmy Ortiz! ¡Felicidades tanto por el guión como por la ilustración! ¡A todos los que trabajamos aquí en DC nos ha impresionado su increíble energía!

Sin embargo, por mucho que aprecie personalmente el personaje, fantástico en mi opinión, mi jefe, director de la editorial y quien decide en última instancia, opina que es "demasiado étnico" y que, en consecuencia, no se adecúa a nuestra línea de superhéroes genuinamente estadounidenses.

Yo hubiera querido darte una oportunidad pero, por desgracia, las ventas han caído en los últimos tiempos: ni siquiera Supermán se vende como antes, y mi jefe es demasiado precavido para correr riesgos. No obstante, estoy seguro de que Dark Dude *tendrá algún día la suerte que merece.*

Con mis más sinceras excusas,
Julius Schwartz

P.D. ¡Sigue intentándolo!

No era un comentario espantoso, pero tampoco estupendo.

Como he dicho, era un día de esos que ni fu ni fa.

Por supuesto, debía contarle a Sheri que lo del cómic se había ido al garete, pero aquella era la menor de mis preocupaciones. El siguiente sábado, mientras paseábamos por el pueblo mirando escaparates y comiendo cucuruchos de helado de pistacho, no tuve ni que decírselo: en el fondo ya lo sabía. De vez en cuando me echaba una sonrisa triste y me apretaba la mano como si no quisiera soltármela nunca más. Oh, pero deja que te diga, amigo mío, que su dulzura me hizo desear otra señal que me indicara qué hacer.

Por eso al día siguiente muy de mañana, con la limpieza del retrete en perspectiva, fui a dar una vuelta por la granja y por el pequeño prado de flores silvestres donde a Jimmy y a Polly les gustaba sentarse a dibujar.

Con los pájaros gorjeando por todas partes y los árboles respirando y estirándose a placer, todo parecía tan bello como esos sueños que evocan los veranos de la infancia. Era tan hermoso que hasta las mariposas que revoloteaban alegremente sobre la hierba parecían henchidas de contento. ¿Pero sabes qué? Incluso en medio de aquel lugar tan bonito te das de narices con las tristezas, como el petirrojo que encontré yaciendo junto a un árbol, con las alas temblorosas y los sorprendidos ojos de perdigón mirando atontados al cielo. No pude evitar recogerlo; su corazoncito latía muy fuerte contra la palma de mi mano. Ya sé, suena idiota, pero utilicé varios métodos para revivirlo; insuflarle aire por el pico, frotarle la tripa, hasta hablarle:

—Venga, por favor, por favor, amiguito, despierta.

Cuando empezaba a sospechar que perdía el tiempo y acababa de dejarlo en el suelo, el pajarito volvió a la vida. Al principio solo anduvo en círculos, haciendo eses como un borracho con patitas de alambre, pero luego, tras sacudir su cabeza erizada de plumas, empezó a batir las alas como para comprobar si aún le funcionaban. Después miró el azul del cielo y, en un santiamén, se marchó volando adonde quiera que vayan los pajaritos.

Tengo que decirlo: aquello me sentó bien. Y también me hizo pensar en algo más: si volvía a casa, nadie se iba a creer lo del pájaro. Pero cuando dije "volver a casa" no me refería a la granja, sino a mi casa verdadera.

Unos días más tarde Sheri y yo estábamos sentados en la estación de autobuses. Y por Dios que era duro. Sheri lloraba y yo trataba de fingir que no era para tanto y que a mí no me afectaba. Pero me hacía polvo ver cómo trataba de sofocar sus sollozos mientras yo la abrazaba muy fuerte, y que aunque le repitiera miles de veces que volvería, no acababa de creérselo. Era lógico: al fin y al cabo yo tampoco sabía si creérmelo. Parecía una tontería más de esas que se dicen en las despedidas.

Sin embargo, me dio algo bonito en qué pensar: lo de volver algún día. Es que la noche anterior había estado al fresco hasta las tres de la madrugada y, al mirar esa locura de estrellas, tantas que si tuvieras visión de superhéroe las verías extendiéndose sobre Nueva York y hasta sobre Harlem, pensé que en casa nunca podría verlas, aunque estuvieran allí, en alguna parte. Sabía que iba a echar de menos aquella vista. Y Jimmy, socio, no podía imaginarme la vida en mi bloque sin mi Jimmy, pero al mismo tiempo, me gustaba verlo en el prado con Polly, y no pensaba interferir en eso, de ninguna manera. Y Gilberto estaba enseñándome a mantener el trasero sobre aquel caballo suyo, a montar de verdad. Es decir, que haber venido a Wisconsin era una de las mejores cosas que había hecho en mi vida aunque, al mismo tiempo, que bastante mierdoso, y no me refiero al retrete exterior. Como dijo Gilberto una vez, lo que parece fácil puede no serlo pero, diablos, como dicen por aquí: "que te quiten lo bailao". Estés donde estés: el Misisipi, el planeta Marte, una granja de Wisconsin o una ciudad como Nueva York, siempre habrá gente que te tocará las narices. La vida a veces te patea porque, ya sabes, el lugar donde estás no cambia lo que eres. Pensé en eso mientras estaba sentado con Sheri, y me sentí más yo mismo de lo que me había sentido en mucho tiempo, quizá más que nunca.

Pero con Sheri debía hablar de otros temas, por ejemplo de que su papá había vuelto a beber. Quería recordarle que si las cosas le iban mal, pensara en mí y en que nosotros no éramos como nuestros padres. Pero al ratito no podíamos ni hablar y nos limitamos a quedarnos allí unidos por la mano, abrazándonos. Por fin, rompí el silencio para prometerle que le escribiría lo antes posible, aunque eso no pareció animarla demasiado. Seguía suspirando, a punto de echarse a llorar. Al cabo de un tiempo, sin embargo, se tranquilizó, y juraría que sus dulces ojos se llenaron de buenos deseos para mí. Entonces llegó el autobús. Antes de subir, guitarra en mano, le regalé mi ejemplar de ese libro, *Huck Finn*, como recuerdo. Lo que escribí dentro de la tapa no lo diré, pero hizo que la ella sonriera, se sonrojara y exclamara:

—¡Oh, Rico!

Tras un último adiós subí a bordo y el bus salió rugiendo de la estación con mi cara apretada contra la ventanilla. Sheri me saludó con la mano una y otra vez hasta que nos perdimos de vista.

Bueno, amigos míos, marcharme de allí no me resultó nada fácil, pero a veces hay que hacer lo que hay que hacer. No hace falta ser un genio para saberlo, sobre todo si estás un poco harto de limpiar retretes exteriores. Sip, decidí que me iba mientras llenaba carretillas y más carretillas de aquellos maravillosos pegotes. Y en cuanto me decidí, sin importarme lo difícil que pudiera resultar, eché mi última paletada de ya-sabes-qué y entré en la granja. Después de una ducha fría me acerqué al teléfono y marqué el número de mis viejos.

Al oír la voz de mamá respiré hondo y, en mi mejor español, lo dije, primero a ella y luego a papá. Les dije que volvía a casa.